*RYSZARD
KAPUŚCIŃSKI*

―――――――

*MEINE REISEN
MIT HERODOT*

RYSZARD
KAPUŚCIŃSKI
MEINE REISEN
MIT HERODOT

———————

Aus dem Polnischen
von MARTIN POLLACK

Büchergilde Gutenberg

Die Übersetzung dieses Buches
wurde gefördert vom Book Institute
© Poland Translation Program.

Lizenzausgabe für die Büchergilde Gutenberg,
Frankfurt am Main, Zürich, Wien
www.buechergilde.de
Mit freundlicher Genehmigung
der Eichborn AG, Frankfurt am Main

Originaltitel: Podróże z Herodotem
Originalverlag: Wydawnictwo Znak, Kraków 2004
© 2004 by Ryszard Kapuściński
Copyright für die deutsche Ausgabe
© Eichborn AG, Frankfurt am Main 2005

ISBN 3-7632-5702-0

*Ich sehe, daß mir widerfahren ist,
was Schriften geschieht, die durch langes Liegen
zusammenkleben: man muß das Gedächtnis
gleichsam ausrollen und von Zeit zu Zeit alles
ausschütteln, was sich dort angesammelt hat.*
SENECA

Alle Erinnerung ist Gegenwart.
NOVALIS

*Wir sind einer für den anderen Pilger,
die auf verschiedenen Wegen
einem gemeinsamen Treffpunkt zuwandern.*
ANTOINE DE SAINT-EXUPÉRY

DIE GRENZE ÜBERSCHREITEN

Ehe Herodot seine Reise fortsetzt, felsige Gebirgspfade bezwingt, mit dem Schiff übers Meer fährt, auf dem Pferderücken die unwegsamen Weiten Asiens durchstreift, ehe er zu den mißtrauischen Skythen gelangt, die Wunder Babylons entdeckt und die Geheimnisse des Nils erforscht, ehe er hundert andere Orte kennenlernt und tausend unbegreifliche Dinge zu Gesicht bekommt, erscheint er für einen Moment in der Vorlesung über das antike Griechenland, die Frau Professor Bieżuńska-Małowist zweimal in der Woche für Studenten des ersten Jahres der Geschichte an der Universität Warschau hält.

Er erscheint und verschwindet gleich wieder.

Er verschwindet augenblicklich und so gründlich, daß ich jetzt, wenn ich Jahre später meine Mitschriften von diesen Vorlesungen durchsehe, seinen Namen darin gar nicht finde. Da gibt es Aischylos und Perikles, Sappho und Sokrates, Heraklit und Platon, doch keinen Herodot. Dabei verfaßten wir diese Notizen mit größter Sorgfalt, denn sie waren die einzige Quelle unseres Wissens: knapp fünf Jahre zuvor war der Krieg zu Ende gegangen, die Stadt lag in Trümmern, die Bibliotheken hatte das Feuer verschlungen, so daß wir keine Skripten besaßen und uns Bücher fehlten.

Unsere Frau Professor hatte eine ruhige, leise, gleichmäßige Stimme. Ihre dunklen, aufmerksamen Augen musterten uns durch dicke Gläser mit merklichem Interesse. Sie saß an einem hohen Katheder und hatte Hunderte junger Menschen vor sich, von denen die meisten keine Ahnung hatten, daß Solon groß war oder Antigone verzweifelt, und auch nicht erklären konnten, auf welche Weise Themistokles die Perser bei Salamis in die Falle gelockt hatte.

Um die Wahrheit zu sagen, wußten wir nicht einmal richtig, wo Griechenland lag und daß ein Land dieses Namens eine so unerhörte, beispiellose Geschichte besaß, die es wert war, daß man sie an der Universität studierte. Wir waren Kinder des Krieges, während des Krieges waren die Gymnasien geschlossen gewesen, und obwohl man sich in den großen Städten von Zeit zu Zeit in konspirativen Vorlesungen getroffen hatte, saßen hier, in diesem Saal, vorwiegend Mädchen und Jungen aus entlegenen Dörfern und kleinen Städten, unbelesen und ungebildet. Es war das Jahr 1951, und man wurde ohne Aufnahmeprüfung zum Studium zugelassen, denn es zählte vor allem die Herkunft – und Kinder von Arbeitern und Bauern hatten die besten Aussichten, immatrikuliert zu werden.

Die Bänke waren lang, wir saßen gedrängt, es fehlte an Platz. Mein Nachbar zur Linken war Z. – ein düsterer, schweigsamer Bursche aus einem Dorf in der Gegend von Radomsk, in dem die Leute, wie er erzählte, ein Stück trockene Wurst als Arznei aufbewahren, das sie einem Wickelkind zu saugen geben, wenn es krank ist. »Glaubst du, das hilft?« fragte ich skeptisch. »Natürlich«, antwortete er im Brustton der Überzeugung und verfiel wieder in Schweigen. Zu meiner Rechten saß der hagere W. mit einem zarten, spitznasigen Gesicht. Wenn das Wetter umschlug, begann er zu ächzen, weil es ihn, wie er mir einmal anvertraute, im Knie stach, und es stach ihn von einer Kugel, die er im Partisanenkampf abbekommen hatte. Doch wer gegen wen gekämpft und wer ihn angeschossen hatte, das wollte er nicht sagen. Es gab unter uns auch ein paar aus besseren Familien. Die waren sauber gekleidet, trugen neuere Sachen, und die Mädchen Schuhe mit hohen Absätzen. Doch das waren sofort ins Auge springende Ausnahmen, Einzelfälle – es überwog die arme, bäuerliche Provinz: zerknitterte, vom Militär ausgemusterte Mäntel, geflickte Pullover, Kattunröcke.

Die Frau Professor zeigte uns auch Photographien antiker Statuen und auf braune Vasen gemalte Gestalten von Griechen – ihre schönen, majestätischen Körper, die edlen, länglichen Gesichter mit sanften Zügen. Sie gehörten einer unbekannten, mythischen Welt an. Es war dies eine Welt aus Sonne und Silber, warm und hell, bewohnt von schlanken Heroen und tanzenden Nymphen. Wir wußten nicht, wie wir uns ihr gegenüber verhalten sollten. Z. betrachtete die Bilder in düsterem Schweigen, W. krümmte sich und massierte sein schmerzendes Knie. Andere sahen die Bilder aufmerksam an, aber auch gleichgültig, weil sie sich jene ferne, irreale Wirklichkeit nicht vorzustellen vermochten. Wir brauchten nicht darauf zu warten, daß Leute kamen, die einen Zusammenstoß der Zivilisationen prophezeiten. Zu diesem Zusammenstoß war es längst gekommen, zweimal in der Woche, in diesem Saal, in dem ich erfuhr, daß einst ein Grieche mit Namen Herodot gelebt hatte.

Ich wußte noch nichts über sein Leben und davon, daß er uns ein berühmtes Buch hinterlassen hatte. Dieses Buch mit dem Titel *Historien* hätten wir zu jener Zeit ohnehin nicht lesen können, weil die polnische Übersetzung weggesperrt worden war. Professor Seweryn Hammer hatte die *Historien* Mitte der vierziger Jahre des 20. Jahrhunderts übersetzt und das Manuskript im Verlag Czytelnik hinterlegt. Es ist mir nicht gelungen, die genauen Details herauszufinden, da die gesamten Unterlagen dazu verlorengingen, doch der Verlag schickte die Übersetzung im Herbst 1951 in die Druckerei. Wenn alles problemlos verlaufen wäre, hätte das Buch im Jahre 1952 erscheinen und in unsere Studentenhände gelangen können, zu einem Zeitpunkt, da wir uns noch mit antiker Geschichte befaßten. Dazu sollte es jedoch nicht kommen, denn der Druck des Buches wurde von einem Tag auf den anderen eingestellt. Heute läßt sich nicht mehr feststellen, wer diese Entscheidung traf. Der Zensor? Ich nehme an, daß er es war, doch genau weiß ich es nicht. Jedenfalls wurde das Buch erst drei Jahre später gedruckt, Ende 1954, und kam im Jahre 1955 in die Buchhandlungen.

Man kann sich denken, warum es so eine lange Pause zwischen der Lieferung des Manuskripts an die Druckerei und dem Erscheinen der *Historien* gegeben hat.

Diese Pause fällt nämlich in die Zeit vor dem Tod Stalins und unmittelbar danach. Das Manuskript der *Historien* gelangte in die Druckerei, als die westlichen Rundfunkstationen von einer ernsthaften Erkrankung Stalins zu reden begannen. Die Menschen kannten keine Details, doch sie befürchteten eine neue Welle des Terrors und zogen es vor, sich ruhig zu verhalten, keine Aufmerksamkeit auf sich zu ziehen, abzuwarten. Die Atmosphäre war gespannt. Die Zensoren verdoppelten ihre Wachsamkeit.

Doch Herodot? Sein Buch, geschrieben vor zweieinhalbtausend Jahren? Und dennoch – ja. Ja, denn damals herrschte eine Obsession der Anspielungen, sie beherrschte unser ganzes Denken, unser Sehen und Lesen. Jedes Wort nahm auf etwas Bezug, jedes besaß einen versteckten Sinn, einen doppelten Boden, eine verborgene Aussage, in jedem war etwas kodiert, geschickt chiffriert. Nichts war wörtlich und eindeutig zu verstehen, denn aus jeder Geste und jedem Wort ließ sich ein bedeutungsvolles Zeichen herauslesen, blinzelte uns jemand verschwörerisch zu. Ein schreibender Mensch hatte es schwer, sich seinen Lesern mitzuteilen, weil der Text unterwegs von der Zensur konfisziert werden konnte – doch auch wenn der Text endlich zum Leser gelangte, las dieser etwas ganz anderes, als dort schwarz auf weiß stand, er las das Geschriebene und stellte sich unablässig die Frage: »Was wollte mir der Autor damit wirklich sagen?«

Da greift also jemand, besessen, gepeinigt von zwanghaften Allusionen, zu Herodot. Wie vielen Anspielungen er dort begegnet! Die *Historien* setzen sich aus neun Büchern zusammen, und in jedem dieser Bücher finden sich Anspielungen ohne Ende. Nehmen wir einmal an, der Leser schlägt, ganz zufällig, das Fünfte Buch auf. Er öffnet es, liest und erfährt, daß in Korinth, nach dreißigjähriger blutiger Herrschaft, ein Tyrann namens Kypselos gestorben ist, und seinen Platz hat sein Sohn, Periandros, eingenommen, der, wie sich später erweisen wird, noch viel blutrünstiger ist als sein Vater. Als dieser Periandros noch ein junger Herrscher war, wollte er wissen, wie er seine Macht am besten erhalten könne, weshalb er einen Boten zum Diktator von Milet, Thrasybulos, schickte, mit der Frage, was er tun solle, um die Menschen in sklavischer Furcht und Unterwürfigkeit zu halten.

Thrasybulos aber, so schreibt Herodot, führte den Herold vors Tor in die Kornfelder, und während er mit ihm durch die Felder ging und dabei das Gespräch immer von neuem auf Korinth und den Zweck seiner Sendung brachte, riß er alle Ähren ab, die er hervorragen sah, und warf sie weg, bis er das Feld da, wo es am schönsten und dichtesten stand, auf diese Weise verwüstet hatte. Nachdem er ihn so durch die Felder geführt, entließ er den Herold, ohne ihm weiter eine Antwort mitzugeben. Als der Herold nach Korinth zurückkam, war Periandros gespannt, zu hören, was Thrasybulos ihm geraten. Der aber sagte, Thrasybulos habe ihm überhaupt keine Antwort mitgegeben; er begreife nicht, wie er ihn zu einem solchen Menschen habe schicken können, einem Verrückten, der auf seinen eigenen Schaden ausginge, und dabei erzählte er, was er da mitangesehen. Periandros aber begriff, was Thrasybulos damit gemeint hatte, daß er ihm geraten, die hervorragendsten Männer der

Stadt aus dem Weg zu räumen. Nun fing er an, gegen die Leute zu wüten und auch unter denen, die Kypselos verschont und am Leben gelassen, gründlich aufzuräumen.

Und der düstere, krankhaft mißtrauische Kambyses? Wie viele Anspielungen, Analogien, Parallelen lassen sich in dieser Person finden? Kambyses war König des damals mächtigen Reiches Persien und herrschte in den Jahren 529–522 vor Christus.

Kambyses aber, der schon vorher nicht recht bei Sinnen war, wurde ... infolge dieses Frevels wirklich verrückt. Die erste Untat, die er verübte, war, daß er seinen Bruder Smerdis ermorden ließ ... Das war die erste Untat des Kambyses gewesen, sagen sie. Die zweite hätte er gegen seine Schwester verübt, die ihn nach Ägypten begleitet und die er umgebracht hätte. Mit der hatte er sich verheiratet, obwohl sie seine rechte Schwester war ... Ein andermal ließ er zwölf vornehme Perser, die sich nicht das geringste hatten zuschulden kommen lassen, überkopf lebendig begraben ... So etwas verübte er in seiner Wut vielfach gegen Perser und Bundesgenossen. Während seines Aufenthaltes in Memphis ließ er alte Gräber öffnen, um sich die Leichen anzusehen.

Kambyses unternahm seinen Kriegszug ins tiefe Afrika ohne Vorbereitungen, plötzlich, aus bloßem Zorn. Er geriet dermaßen in Wut, *daß er beschloß, sogleich gegen die Äthiopier zu ziehen, ohne die nötigen Anordnungen über die Verpflegung des Heeres zu treffen, oder zu bedenken, daß er bis ans Ende der Welt ziehen wollte; sondern wie ein Rasender, der den Verstand verloren, unternahm er den Zug ... Aber schon bevor das Heer den fünften Teil des Weges zurückgelegt, gingen ihm die Lebensmittel aus, und man mußte die Zugtiere schlach-*

ten, doch auch die waren bald verzehrt. Hätte Kambyses, als er das sah, seinen harten Sinn bezwungen und, da die Sache doch einmal fehlgeschlagen, mit dem Heer kehrt gemacht, so hätte er vernünftig gehandelt. Aber er nahm keine Vernunft an und zog immer weiter. Solange die Soldaten etwas in der Erde fanden, aßen sie Gras und Kräuter und fristeten damit ihr Leben. Als sie aber in den Wüstensand kamen, halfen sich manche auf entsetzliche Weise. Sie losten nämlich unter sich den zehnten Mann aus und fraßen ihn auf. Als Kambyses das hörte, fürchtete er, sie könnten sich alle untereinander auffressen. Er gab deshalb den Zug gegen die Äthiopier auf und trat den Rückzug an.

Wie ich erwähnte, kamen die *Historien* Herodots 1955 in die Buchhandlungen. Seit dem Tod Stalins waren zwei Jahre vergangen. Die Atmosphäre lockerte sich, die Menschen atmeten auf. Damals war gerade der Roman Ilja Erenburgs erschienen, dessen Titel der eben anbrechenden Epoche ihren Namen gab – *Tauwetter*. Die Literatur mußte allen zu Diensten sein. Man suchte in ihr neue Lebenskraft, einen Wegweiser, Offenbarungen.

Ich beendete mein Studium und begann bei einer Zeitung zu arbeiten. Sie hieß »Sztandar Młodych« (Jugendfahne). Ich war ein junger Reporter und reiste auf der Spur von Leserbriefen durchs Land. Die Absender beklagten sich über erlittenes Unrecht und ihre Armut, darüber, daß ihnen der Staat die letzte Kuh weggenommen hatte oder daß es in ihrem Dorf immer noch kein elektrisches Licht gab. Die Zensur hatte nachgelassen, und man durfte zum Beispiel schreiben, daß es im Dorf Chodów zwar einen Laden gab, doch der war immer leer und man konnte dort nichts kaufen. Der Fortschritt bestand darin, daß man zu Lebzeiten Stalins nicht schreiben durfte, daß ein Laden leer war – alle mußten immer bestens beliefert sein, voller Waren. Ich fuhr von einem Dorf zum anderen, von einer Kleinstadt zur nächsten, mit einem Pferdewagen oder einem klapprigen Autobus, denn Privatautos waren eine Seltenheit, sogar ein Fahrrad war schwer zu bekommen.

Meine Route führte mich manchmal in Dörfer an der Grenze. Das geschah jedoch selten. Je näher man nämlich der Grenze kam, um so verlassener wurde die Gegend, man begegnete immer weniger Menschen. Die Leere ließ die Orte noch rätselhafter erscheinen, und auch die Stille entlang des Grenzstreifens weckte meine Aufmerksamkeit. Diese Rätselhaftigkeit und Stille zogen mich an und beunruhigten mich. Es reizte mich, zu sehen, was dahinter war, auf der anderen Seite. Ich dachte darüber nach, was man wohl erlebte, wenn man die Grenze überschritt. Was fühlte man dann? Was dachte man? Es mußte ein Augenblick großer Emotionen, Erregung, Spannung sein. Wie ist es auf der anderen Seite? Mit Sicherheit – anders. Doch was bedeutet das – anders? Wie sieht es aus? Ist es mit irgend etwas vergleichbar? Vielleicht war es auch mit nichts, was ich kannte, vergleichbar und dadurch unbegreiflich, unvorstellbar! Doch mein größter Wunsch, der mich quälte und verfolgte, war eigentlich ganz bescheiden, denn es ging mir nur um eines – um den Moment, den Akt, die simple Tätigkeit des Überschreitens der Grenze. Sie überschreiten und gleich wieder zurückkehren, so dachte ich mir damals, das würde mir völlig genügen, das würde meinen im Grunde unerklärlichen, aber dennoch nagenden psychischen Hunger stillen.

Eines Tages traf ich auf dem Gang der Redaktion meine Chefredakteurin. Eine stattliche, hübsche Blondine mit üppigem, zur Seite gekämmtem Haar. Sie hieß Irena Tarłowska. Sie sagte etwas über meine letzten Texte, und dann befragte sie mich über meine künftigen Pläne. Ich nannte ein paar Dörfer, in die ich fahren wollte, und Angelegenheiten, die mich erwarteten, und dann nahm ich all meinen Mut zusammen und sagte: »Irgendwann einmal würde ich gern ins Ausland fahren.« – »Ins Ausland?« sagte sie verwundert und leicht erschrocken, denn damals war es noch keine Selbstverständlichkeit, ins Ausland zu fahren. »Wohin? Wozu?« fragte sie. »Ich habe an die Tschechoslowakei gedacht«, antwortete ich. Es ging mir nicht darum, etwa nach Paris oder London zu reisen, o nein, solche Ziele versuchte ich mir gar nicht erst vorzustellen, und sie interessierten mich auch nicht, ich wollte nur irgendwo die Grenze überschreiten, egal, welche, denn wichtig war für mich nicht der Ort, das Ziel, das Ende, sondern der beinahe mystische und transzendentale Akt des Überschreitens der Grenze.

Seit diesem Gespräch war ein Jahr vergangen. In unserem Reporterzimmer läutete das Telefon. Die Chefin bat mich zu sich. »Weißt du, was?« sagte sie, als ich vor ihrem Schreibtisch stand. »Wir schicken dich ins Ausland. Du fährst nach Indien.«

Zuallererst war ich wie betäubt. Dann verspürte ich Panik: Ich wußte nichts über Indien. Fieberhaft suchte ich in meinem Kopf nach irgendwelchen Assoziationen, Bildern, Namen. Ich fand keine: Über Indien wußte ich rein gar nichts. (Auf die Idee, mich nach Indien zu schicken, war man gekommen, weil ein paar Monate zuvor der erste Premierminister eines Landes außerhalb des sowjetischen Blocks Polen besucht hatte, und das war der damalige Führer Indiens, Jawaharlal Nehru, gewesen. Erste Kontakte wurden geknüpft. Meine Reportagen sollten uns dieses Land näherbringen.)

Am Ende des Gesprächs, in dem ich erfuhr, daß ich in die Welt hinausfahren sollte, griff Frau Tarłowska in einen Schrank, holte ein Buch heraus und sagte, während sie es mir überreichte: »Das ist von mir, für unterwegs.« Es war ein dickes Buch mit einem steifen, gelben Leineneinband. Vorn sah ich den mit goldenen Lettern eingestanzten Namen des Autors und den Titel: Herodot. HISTORIEN.

Es war eine alte, zweimotorige Maschine, eine im Fronteinsatz ausgediente DC-3, sie hatte ölverschmierte Tragflächen und Flicken auf dem Rumpf, aber sie flog, sie flog beinahe leer, mit nur wenigen Passagieren, nach Rom. Ich saß beim Fenster und starrte erregt hinaus, da ich die Welt zum ersten Mal von hoch oben sah, aus der Vogelperspektive, ich war zuvor auch noch nie in den Bergen gewesen, gar nicht zu reden von solch einer himmelhohen Position. Unter uns zogen langsam verschiedenfarbige Schachbretter dahin, rechteckige Patchworks, graugrüne Teppiche, alles ausgebreitet, auf der Erde ausgelegt, wie um in der Sonne zu trocknen.

Doch bald begann es zu dämmern, und wenig später wurde es finster.

»n' Abend«, sagte mein Sitznachbar auf polnisch, allerdings mit fremdem Akzent. Er war ein italienischer Journalist, der nach Hause zurückkehrte, ich weiß nur noch, daß er mit Vornamen Mario hieß. Als ich ihm erzählte, wohin ich fuhr und zu welchem Zweck, daß ich zum ersten Mal in meinem Leben ins Ausland reiste und eigentlich überhaupt keine Ahnung hatte, lachte er und sagte etwas wie: »Sorg dich nicht!« – und er versprach, mir zu helfen. Ich freute mich und gewann etwas Selbstsicherheit. Die hatte ich auch nötig, denn ich reise in den Westen, und man hatte mir eingebleut, ich müsse den Westen fürchten wie das Feuer der Hölle.

Wir flogen im Finstern, sogar in der Kabine leuchteten die Lampen nur schwach, als die Spannung, unter der sich alle Teile eines Flugzeuges befinden, wenn die Motoren auf höchsten Umdrehungen laufen, plötzlich nachließ; der Ton der Motoren wurde leiser und ruhiger – wir näherten uns dem Ende der Reise. Mit einem Mal packte mich Mario an der Schulter und sagte, aufs Fenster deutend: »Schau!«

Ich sah hinaus, und es verschlug mir die Sprache.

Unter mir war die ganze Länge und Breite der Finsternis, die wir durchflogen, von Licht erfüllt. Es war ein intensives, in die Augen stechendes Licht, vibrierend und blinkend. Man hatte den Eindruck, dort unten brenne eine flüssige Materie, deren leuchtende Sphäre hell pulsierte, sich hob und senkte, sich ausdehnte und zerfloß, denn das ganze leuchtende Bild war lebendig, voller Bewegung und pulsierender Energie.

Zum ersten Mal in meinem Leben sah ich eine beleuchtete Stadt. Die paar Städte und Städtchen, die ich bisher kennengelernt hatte, waren beklemmend dunkel gewesen, dort gab es keine hellen Schaufenster, man sah keine Neonreklamen, und wenn es überhaupt Straßenlaternen gab, leuchteten diese nur schwach. Wer brauchte schon eine Beleuchtung? Am Abend waren die Straßen gähnend leer, und man sah kaum ein Auto.

Je näher der Moment der Landung kam, um so größer wurde die Welt des Lichts. Schließlich holperte das Flugzeug ächzend und quietschend über die Betonpiste. Wir waren da. Der Flughafen von Rom – ein großer, gläserner Kasten voller Menschen. Es war ein warmer Abend, und wir fuhren durch verkehrsreiche, überfüllte Straßen in die Stadt. Das Gewirr der Stimmen, die Lichter und Geräusche wirkten auf mich wie eine Droge. Für einen Moment verlor ich die Orientierung, wußte nicht mehr, wo ich mich befand. Ich muß gewirkt haben wie ein Tier aus dem Wald: betäubt, ein wenig verängstigt, mit weit aufgerissenen Augen, die etwas zu sehen, zu durchdringen, zu unterscheiden suchten.

Am Morgen vernahm ich im Nebenzimmer Stimmen. Ich konnte die Stimme Marios heraushören. Später erfuhr ich, daß sie darüber diskutierten, wie sie mich normal einkleiden sollten, denn ich war angekommen, gekleidet nach der Mode à la Warschauer Pakt, Jahrgang 56. Das heißt, ich trug einen Anzug aus Cheviot mit kräftigen, graublauen Streifen – eine zweireihige Jacke mit abstehenden, eckigen Schultern und zu lange, weite Hosen mit großem Umschlag. Dazu ein hellgelbes Nylonhemd mit einer karierten grünen Krawatte. Und schließlich die Schuhe – schwere Halbschuhe mit einem dicken, steifen Saum.

Die Konfrontation zwischen Osten und Westen fand nicht nur auf den Truppenübungsplätzen statt, sondern auch auf allen anderen Gebieten des Lebens. Wenn sich der Westen leger kleidete, dann trug der Osten – dem Gesetz der Opposition entsprechend – schwere Kleidung, wenn der Westen die Kleidung der Figur anpaßte, dann mußte im Osten, umgekehrt, alles einen Kilometer weit abstehen. Man brauchte gar keinen Reisepaß mitzuführen – jeder konnte schon auf die Entfernung sehen, wer von welcher Seite des Eisernen Vorhanges stammte.

Mit Marios Frau ging ich durch die Geschäfte. Das waren für mich richtiggehende Entdeckungsreisen. Drei Dinge beeindruckten mich am meisten. Erstens, daß es in den Läden Unmengen von Waren gab; sie barsten förmlich vor Waren, die Regale und Pulte niederdrückten und sich, übereinandergetürmt, in bunten Strömen auf die Gehsteige, Straßen und Plätze ergossen. Zweitens, daß die Verkäuferinnen nicht saßen, sondern standen und dabei die Eingangstür im Auge behielten. Seltsam erschien mir, daß sie schweigend dastanden, statt zu sitzen und miteinander zu schwatzen. Frauen haben doch so viel zu besprechen. Sorgen mit dem Mann, Probleme mit den Kindern, was man anziehen soll, ob gestern abend etwas angebrannt ist. Hier allerdings hatte ich den Eindruck, die Verkäuferinnen würden einander gar nicht kennen und auch nicht den Wunsch verspüren, miteinander zu plaudern. Die dritte Überraschung war, daß die Verkäuferinnen auf die ihnen gestellten Fragen antworteten. Sie antworteten in vollständigen Sätzen und sagten dazu noch am Ende – *grazie!* Marios Frau fragte etwas, und sie hörten freundlich und aufmerksam zu, gespannt und nach vorn gebeugt, als sollten sie im nächsten Moment in einem Rennen starten. Dann bekam man das unablässig wiederholte, unvermeidliche – *grazie!* zu hören.

Am Abend wagte ich mich allein in die Stadt. Ich muß irgendwo im Zentrum gewohnt haben, denn es war nicht weit bis zur Stazione Termini, von wo ich über die Via Cavour bis zur Piazza Venezia lief, und dann durch ein Winkelwerk kleiner Gassen wieder zurück zur Stazione Termini. Ich sah nicht die Architektur, nicht die Denkmäler und historischen Bauwerke, mich faszinierten allein die Cafés und Bars. Überall standen auf den Gehsteigen Tische, an denen Menschen saßen, etwas tranken und sich unterhielten oder auch nur die Straße und die Vorübergehenden beobachteten. Hinter den hohen, schmalen Theken schenkten die Barmänner Getränke aus, mischten Cocktails, bereiteten Kaffee zu. Überall liefen Kellner herum, Gläser, Karaffen und Tassen mit solch artistischer Geschicklichkeit und Bravour balancierend, wie ich es vorher nur ein einziges Mal gesehen hatte, nämlich im sowjetischen Zirkus, als ein Jongleur einen Holzteller, einen Glaspokal und einen mageren, krähenden Hahn aus der Luft zauberte.

Als ich in einem Café einen leeren Tisch entdeckte, setzte ich mich und bestellte einen Kaffee. Nach einiger Zeit fiel mir auf, daß mich die Menschen aufmerksam musterten, obwohl ich bereits einen neuen Anzug trug, ein schneeweißes italienisches Hemd und eine ganz moderne, getupfte Krawatte. Offensichtlich gab es in meinem Aussehen und meinen Gesten, in meiner Art, zu sitzen und mich zu bewegen, etwas, was meine Herkunft aus einer fremden Welt verriet. Ich spürte, daß sie mich als anders empfanden, und obwohl ich mich eigentlich hätte freuen müssen, daß ich hier saß, unter dem herrlichen römischen Himmel, fühlte ich mich unangenehm berührt und unwohl. Obwohl ich den Anzug gewechselt hatte, konnte ich das, was darunter war, was mich geformt und geprägt hatte, nicht verbergen. Da war ich also in dieser wunderbaren Welt und wurde doch ständig daran erinnert, daß ich darin einen Fremdkörper darstellte.

VERURTEILT ZU INDIEN

In der Tür des viermotorigen Kolosses der Air India International begrüßte eine Stewardeß in einem pastellfarbenen Sari die Passagiere. Die sanfte Farbe ihrer Kleidung suggerierte, daß uns ein ruhiger, angenehmer Flug erwartete. Sie hatte die Hände wie zum Gebet gefaltet, die Begrüßungsgeste der Hindus. Auf der Stirn, in Höhe der Augenbrauen, sah ich einen mit Schminke aufgemalten Punkt, markant und rot wie ein Rubin. In der Kabine nahm ich einen kräftigen, mir unbekannten Duft wahr, gewiß von irgendwelchem östlichen Räucherwerk, indischen Kräutern, Früchten und Harzen.

Wir flogen in der Nacht, durchs Fenster war nur das kleine grüne, am Ende der Tragfläche blinkende Licht zu sehen. Es war noch die Zeit vor der demographischen Explosion, und man flog komfortabel, oft beförderten die Flugzeuge nur wenige Passagiere. So war es auch diesmal. Die Menschen schliefen bequem quer über den Sitzen liegend.

Ich wußte, daß ich kein Auge zumachen konnte, weshalb ich aus meiner Tasche das Buch herausnahm, das mir Frau Tarłowska auf die Reise mitgegeben hatte. Herodots *Historien* sind ein umfangreiches, viele hundert Seiten zählendes Werk. So dicke Bücher sehen verlockend aus, sie sind wie eine Einladung an einen üppig gedeckten Tisch. Ich begann mit der Einleitung, in der Seweryn Hammer, der polnische Übersetzer, das Geschick Herodots beschreibt und eine Einführung in dessen Werk gibt. Herodot, so schreibt Hammer, wurde um das Jahr 485 vor Christus in Halikarnassos geboren, einer Hafenstadt in Kleinasien. Um das Jahr 450 übersiedelte er nach Athen und von dort ein paar Jahre später in die griechische Kolonie Thurioi in Süditalien. Er starb um das Jahr 425. In seinem Leben ist er viel gereist, und er hinterließ uns ein Buch – man kann annehmen, das einzige, das er geschrieben hat –, eben jene *Historien*.

Hammer versucht uns die Gestalt des Dichters näherzubringen, der vor zweieinhalbtausend Jahren lebte und von dem wir nicht viel wissen; wir haben nicht einmal eine Vorstellung davon, wie er aussah. Was er hinterlassen hat, ist ein Werk, das in seiner ursprünglichen Form nur einer Handvoll Spezialisten zugänglich war, die nicht nur die altgriechische Sprache beherrschen, sondern auch imstande sein mußten, diese besondere Art der Niederschrift zu lesen – der Text sah nämlich aus wie ein einziges, nicht enden wollendes Wort, das sich über Dutzende von Papyrusrollen erstreckte: »Man trennte weder einzelne Wörter noch Sätze«, schreibt Hammer, »so wie man auch keine Kapitel und Bücher kannte, der Text war undurchdringlich wie ein Gewebe.« Hinter diesem Gewebe verbarg sich Herodot wie hinter einem dichten Vorhang, den schon seine Zeitgenossen nicht zur Gänze zu lüften vermochten – um so weniger kann das uns gelingen.

Die Nacht verstrich, der Tag brach an. Als ich aus dem Fenster blickte, sah ich zum ersten Mal so ein riesiges Gebiet unseres Planeten. Es ist ein Anblick, der einem die Idee von der Unendlichkeit der Welt näherbringen kann. Der Teil der Welt, den ich bisher kennengelernt hatte, war vielleicht fünfhundert Kilometer lang und vierhundert breit. Und hier flogen wir die ganze Zeit dahin, und nur tief unter uns veränderte die Erde fortlaufend ihre Farbe – einmal war sie braun, wie verbrannt, dann wieder grün und schließlich die längste Zeit über dunkelblau.

Am späten Abend landeten wir in New Delhi. Sofort umfing mich schwüle Hitze. Ich stand schweißgebadet und ratlos an diesem seltsamen, fremden Ort. Die Menschen, mit denen ich geflogen war, verschwanden nach wenigen Augenblicken, fortgerissen von der bunten, geschäftigen Menge der Wartenden.

Ich war allein und wußte nicht, was ich tun sollte. Das Flughafengebäude war klein, dunkel und leer. Es stand einsam in der Nacht, und ich wußte nicht, was weiter draußen, in der Finsternis war. Nach einiger Zeit tauchte ein alter Mann in einem weißen, losen, bis zu den Knien reichenden Gewand auf. Er hatte einen grauen, schütteren Bart und trug einen orangefarbenen Turban. Er sagte etwas zu mir, was ich nicht verstand. Ich glaube, er fragte, warum ich hier so allein herumstünde, mitten im leeren Flughafen. Ich hatte keine Ahnung, was ich antworten sollte, ich schaute mich um und überlegte, was ich tun könnte. Für die Reise war ich denkbar schlecht vorbereitet. Ich hatte keine Namen und keine Adressen in meinem Notizbuch.

Mein Englisch war miserabel. Ich hatte eigentlich nur den Wunsch gehabt, ein einziges Mal das Unerreichbare zu erreichen, nämlich das Überschreiten der Grenze. Mehr wollte ich nicht. Doch nun hatte mich der einmal in Gang gesetzte Lauf der Dinge bis hierher, ans fernste Ende der Welt verschlagen.

Der Alte überlegte eine Weile und gab mir schließlich durch Zeichen zu verstehen, ihm zu folgen. Vor dem Eingang zum Gebäude stand in einiger Entfernung ein zerbeulter, klappriger Autobus. Wir stiegen ein, der Alte startete den Motor, und wir fuhren los. Nach ein paar hundert Metern verlangsamte der Lenker und begann kräftig zu hupen. Auf der Straße vor uns sah ich einen weißen, breiten Strom, der irgendwo in weiter Ferne in der dichten Dunkelheit der heißen, schwülen Nacht verschwand. Diesen Strom bildeten unter dem freien Himmel schlafende Menschen, einige lagen auf hölzernen Pritschen, Matten und kleinen Decken, die meisten hatten sich jedoch ohne eine Unterlage auf dem nackten Asphalt und den sandigen Rändern auf beiden Seiten der Straße ausgestreckt.

Ich dachte, die Menschen würden sich, geweckt vom Lärm der direkt über ihren Köpfen ertönenden Hupe wütend auf uns stürzen, uns zusammenschlagen, vielleicht sogar lynchen, doch nichts dergleichen geschah! Sie erhoben sich der Reihe nach, je weiter wir uns vorschoben, und gingen zur Seite, die Kinder mitziehend und Greise, die sich kaum rührten, vor sich herschiebend. Ihre beflissene Nachgiebigkeit, ihre fügsame Demut hatte etwas Zaghaftes, Entschuldigendes an sich, als hätten sie, indem sie auf dem Asphalt schliefen, ein Verbrechen begangen, dessen Spuren sie nun eilig zu tilgen suchten. So krochen wir auf die Stadt zu, die Hupe kreischte unablässig, die Menschen erhoben sich und traten zur Seite, es dauerte und dauerte. Aber auch in der Stadt war kaum ein Durchkommen in den Straßen, alles schien eine einzige riesige Lagerstatt von in Weiß gekleideten, schläfrigen, traumwandlerischen nächtlichen Erscheinungen zu sein.

Schließlich kamen wir zu einem von einer roten Lampe beleuchteten Gebäude: HOTEL. Der Fahrer ließ mich am Empfang stehen und verschwand wortlos. Dann führte mich der Mann von der Rezeption, der zur Abwechslung einen blauen Turban trug, in den ersten Stock, in ein kleines Zimmer, in dem nur ein Bett, ein Tisch und ein Waschtisch standen. Wortlos zog er ein Leintuch vom Bett, unter dem aufgescheuchtes Ungeziefer panisch herumwuselte. Der Hotelangestellte wischte es mit einer Handbewegung auf den Boden. Er murmelte so etwas wie einen Gutenachtgruß und ging.

Ich blieb allein. Ich setzte mich aufs Bett und überdachte meine Lage. Negativ war, daß ich nicht wußte, wo ich mich befand, positiv, daß ich ein Dach über dem Kopf hatte und daß eine Institution (ein Hotel) mir Unterschlupf bot. Fühlte ich mich sicher? – Ja. Fremd? – Nein. – Seltsam? – Ja. Aber ich hätte nicht erklären können, auf welche Weise ich mich seltsam fühlte. Dieses Gefühl konkretisierte sich allerdings am Morgen, als ein Mensch mit bloßen Füßen in mein Zimmer trat und mir eine Kanne Tee und etwas Gebäck brachte. So etwas war mir zum ersten Mal im Leben begegnet. Er stellte alles wortlos auf den Tisch, verneigte sich und ging lautlos hinaus – in seinem Verhalten war eine natürliche Höflichkeit, ein tief empfundenes Taktgefühl, etwas so überraschend Feines und Würdevolles, daß ich auf Anhieb Bewunderung und Achtung für ihn empfand.

Der wahre Zusammenprall der Zivilisationen erfolgte allerdings eine Stunde später, als ich aus dem Hotel trat. Auf einem schmalen Platz auf der anderen Straßenseite hatten sich seit dem Morgengrauen Rikschafahrer versammelt – magere, gebeugte Männer mit knochigen, sehnigen Beinen. Sie mußten in Erfahrung gebracht haben, daß im Hotel ein Sahib abgestiegen war – und ein Sahib mußte per definitionem Geld besitzen – also warteten sie geduldig und dienstbereit. Mich aber erfüllte allein der Gedanke, bequem in einer Rikscha zu sitzen, die ein hungriges, schwaches, kaum noch schnaufendes Knochengerüst fortbewegte, mit tiefster Abscheu, mit Empörung und Entsetzen. Sollte ich mich zum Ausbeuter machen? Zum Blutsauger? Einen anderen Menschen unterdrücken? Schließlich war ich genau im entgegengesetzten Sinn erzogen worden! Nämlich so, daß diese lebenden Skelette meine Brüder waren, meine Kameraden, meine Nächsten, Fleisch von meinem Fleisch.

Als sich daher die Rikschafahrer, einander drängend und stoßend, mit einladenden und flehentlichen Gesten auf mich stürzten, wies ich sie entschieden protestierend zurück. Sie waren verblüfft, sie konnten nicht begreifen, was ich im Sinn hatte, sie konnten mich nicht verstehen. Sie hatten schließlich mit mir gerechnet, ich war ihre einzige Chance, die einzige Hoffnung auf wenigstens eine Schale Reis. Ich ging davon, ohne mich umzuwenden, gefühllos, unnachgiebig und stolz, weil ich mich nicht in die Rolle eines Parasiten hatte manövrieren lassen, der sich von menschlichem Schweiß ernährt.

Das alte Delhi! Seine engen, staubigen Gassen, die infernalische Hitze, der atemberaubende Geruch tropischer Fermentation. Und die Massen sich langsam vorwärts schiebender Menschen, die auftauchen und verschwinden, ihre dunklen, feuchten, anonymen, verschlossenen Gesichter. Die stillen Kinder, die keinen Laut von sich geben, ein Mann, der stumpf auf die Reste seines Fahrrads blickt, das mitten auf der Fahrbahn auseinandergefallen ist, eine Frau, die etwas in grüne Blätter Eingewickeltes verkauft, doch was ist es? Was verbirgt sich unter den Blättern? Der Bettler, der zeigt, daß die Haut seines Bauches direkt am Rückgrat anliegt – aber ist das überhaupt möglich, glaubhaft, vorstellbar? Man muß beim Gehen vorsichtig sein, achtgeben, weil viele Verkäufer ihre Ware direkt auf dem Boden, dem Gehsteig, dem Straßenrand ausbreiten. Hier ist ein Mann, der auf der Zeitung vor sich zwei Reihen menschlicher Zähne und eine alte Zahnarztzange liegen hat – auf diese Weise macht er Reklame für seine zahnärztlichen Dienste. Und sein Nachbar – ein vertrocknetes, eingeschrumpftes Männchen – verkauft Bücher. Ich wühle in den achtlos ausgebreiteten, verstaubten Stößen und kaufe schließlich zwei Bände: Hemingways *For Whom the Bell Tolls* (um die Sprache zu lernen) und von Pater J. A. Dubois *Hindu Manners, Customs and Ceremonies*. Pater Dubois kam im Jahre 1792 als Missionar nach Indien und verbrachte einunddreißig Jahre in diesem Land: das von mir erworbene

Buch, das erstmals im Jahre 1816 mit Unterstützung der Britischen Ostindienkompanie in England herausgegeben wurde, war die Frucht seiner Studien über die Gebräuche der Hindus.

Ich kehrte zum Hotel zurück. Dort schlug ich den Hemingway auf und begann mit dem ersten Satz: »He lay flat on the brown, pine-needled floor of the forest, his chin on his folded arms, and high overhead the wind blew in the tops of the pine trees.« Ich verstand kein Wort. Ich hatte eine kleines englisch-polnisches Taschenwörterbuch dabei, ein anderes hatte ich in Warschau nicht auftreiben können. In dem fand ich nur das Wort »brown« – braun. Ich las also den nächsten Satz: »The mountainside sloped gently...« Wieder – kein Wort. »There was a stream alongside...« Je mehr ich mich bemühte, etwas vom Text zu verstehen, um so größer wurden meine Mutlosigkeit und Verzweiflung. Ich fühlte mich plötzlich in der Falle, umzingelt. Umzingelt von der Sprache. Die Sprache erschien mir als etwas Materielles, etwas physisch Existierendes, eine Mauer, die vor uns emporwächst und uns nicht weiterkommen läßt, die uns den Weg in die Welt versperrt, uns nicht zu ihr gelangen läßt. Dieses Gefühl war deprimierend und erniedrigend. Es mag erklären, weshalb ein Mensch in der ersten Konfrontation mit etwas Fremdem Angst und Unsicherheit verspürt, weshalb sich ihm die Haare sträuben und er von ängstlichem Mißtrauen erfüllt wird. Was wird mir diese Begegnung bringen? Wie wird sie ausgehen? Lieber nichts riskieren und den sicheren Kokon des Vertrauten nicht verlassen! Lieber nicht über den Zaun schauen!

Ich wäre vielleicht auch sofort wieder aus Indien geflohen und nach Hause zurückgekehrt, wenn ich nicht eine Rückfahrkarte für den damals zwischen Gdańsk und Bombay verkehrenden Passagierdampfer »Batory« gehabt hätte. Doch dieses Schiff konnte nicht hierher gelangen, weil der ägyptische Staatspräsident Gamal Nasser gerade den Suezkanal nationalisiert hatte, worauf England und Frankreich mit einer bewaffneten Intervention antworteten. Es brach Krieg aus, der Kanal wurde blockiert, und die »Batory« steckte irgendwo im Mittelmeer fest. Auf diese Weise wurde ich, von zu Hause abgeschnitten, zu Indien verurteilt.

Ins tiefe Wasser geworfen, wollte ich nicht ertrinken. Ich erkannte, daß mich nur die Sprache retten könnte. Ich überlegte, wie Herodot auf seiner Reise durch die Welt mit den Sprachen zurechtgekommen war. Hammer schreibt, er habe keine andere Sprache außer Griechisch beherrscht, aber weil die Griechen damals über die ganze Welt verstreut lebten und überall ihre Kolonien, Häfen und Faktoreien besaßen, konnte der Autor der *Historien* sich überall auf die Hilfe von Landsleuten stützen, die ihm als Übersetzer und Führer dienten. Außerdem war Griechisch die *lingua franca* der damaligen Welt, und viele Menschen in Europa, Asien und Afrika beherrschten diese Sprache, die später durch Latein ersetzt wurde und dann durch Französisch und Englisch.

Da mir der Rückweg abgeschnitten war, hatte ich keine andere Wahl, als die Herausforderung anzunehmen. Ich begann, Tag und Nacht Vokabeln zu pauken. Ich wand mir ein feuchtes Handtuch um die Stirn, weil mir der Kopf zu platzen drohte. Ich legte Hemingway nicht aus der Hand, doch nun übersprang ich die unverständlichen Beschreibungen und las die Dialoge, weil die einfacher waren.

»How many are you?« Robert Jordan asked.
»We are seven and there are two women.«
»Two?«
»Yes.«

Das alles verstand ich! Und das folgende auch:
»Augustin is a very good man«, Anselmo said.
»You know him well?«
»Yes. For a long time.«

Das verstand ich ebenfalls. Ich faßte Mut. Ich ging durch die Stadt und notierte die Inschriften von Schildern, die Namen der Waren in den Geschäften, Wörter, die ich an Autobushaltestellen aufschnappte. Im Kino schrieb ich blind, im Dunkeln, die Wörter auf der Leinwand mit, ich schrieb die Losungen von den Transparenten ab, die Demonstranten durch die Straßen trugen. Ich erfaßte Indien nicht über Bilder, Töne oder Gerüche, sondern über die Sprache, noch dazu nicht über die heimische Sprache, Hindi, sondern eine fremde, aufgezwungene Sprache, die jedoch so weit heimisch war, daß sie für mich den unverzichtbaren Schlüssel zu diesem Land darstellte, mit ihm identisch war. In der ersten Runde war mein Kampf mit Indien eine Auseinandersetzung mit der Sprache. Ich begriff, daß jede Welt ihr eigenes Geheimnis besitzt und daß der Zugang zu diesem nur über die Sprache möglich ist. Ohne sie bleibt uns diese Welt unzugänglich und unverständlich, auch wenn wir viele Jahre in ihr zubringen. Mehr noch – ich stellte eine Verbindung fest zwischen Benennen und Existieren, denn nach meiner

Rückkehr ins Hotel wurde mir bewußt, daß ich in der Stadt nur das gesehen hatte, was ich benennen konnte, so erinnerte ich mich zum Beispiel an eine Akazie, jedoch kaum an den Baum daneben, dessen Namen ich nicht kannte. Kurz gesagt, ich begriff eines: Je mehr Wörter ich kannte, um so reicher, umfassender und verschiedenartiger würde sich die Welt mir darstellen.

In all den Tagen nach meiner Ankunft in Delhi quälte mich der Gedanke, daß ich nicht als Reporter arbeitete, daß ich kein Material für Texte sammelte, die ich später schreiben mußte. Ich war schließlich nicht als Tourist hierher gekommen! Ich war ein Abgesandter, der berichten, etwas übermitteln, erzählen sollte. Doch ich stand da mit leeren Händen, ich fühlte mich außerstande, etwas zu tun, im übrigen hatte ich keine Ahnung, wo ich anfangen sollte. Ich hatte schließlich nicht um Indien gebeten, von dem ich nicht das geringste wußte, ich hatte bloß davon geträumt, <u>die Grenze zu überschreiten</u>, ganz egal, welche und wo, in welche Richtung, <u>die Grenze zu überschreiten</u>, das war mein ganzer Wunsch gewesen, mehr wollte ich nicht. Jetzt aber, da mir der Suezkrieg den Rückweg versperrte, blieb mir nichts anderes übrig, als nach vorn zu schauen. Also beschloß ich, mich auf den Weg zu machen.

Die Rezeptionisten in meinem Hotel gaben mir den Rat, nach Benares zu fahren: »Sacred town!« erklärten sie. Schon vorher war mir aufgefallen, wie viele Dinge in Indien heilig sind: eine heilige Stadt, ein heiliger Fluß, Millionen heiliger Kühe. Es war unübersehbar, wie tief die Mystik das Leben durchdrang, wie viele

Tempel, Kapellen es gab, wie viele kleine Altäre man auf Schritt und Tritt entdeckte, wieviel Feuer und Räucherwerk entzündet wurde, wie viele Menschen rituelle Zeichen auf der Stirn trugen, wie viele reglos dasaßen und auf irgendeinen mystischen Punkt starrten.

Ich befolgte den Rat der Rezeptionisten und fuhr mit dem Autobus nach Benares. Auf der Fahrt dorthin kommt man durch das Tal des Yamuna und Ganges, durch flaches, grünes Land, eine Landschaft, bevölkert von den weißen Gestalten der Bauern, die in Reisfeldern waten, mit Hacken die Erde umgraben oder Garbenbündel, Körbe oder Säcke auf dem Kopf tragen. Doch das Bild vor dem Fenster änderte sich ständig, streckenweise war das Land überschwemmt. Es war die Zeit der Herbstflut, und die Flüsse hatten sich in weite Seen und Meere verwandelt. An den Ufern campierten barfüßige Flutopfer. Sie waren vor den steigenden Wassern geflüchtet, doch zogen sie sich nur so weit zurück, wie es unbedingt nötig war, um sofort wieder kehrtzumachen, sobald die Flut sank. In der infernalischen Glut des heißen Tages dampfte das Wasser, über allem stand milchiger, regloser Nebel.

Wir erreichten Benares spätabends, fast schon nachts. Die Stadt schien keinerlei Vorstädte zu besitzen, die schrittweise auf die Begegnung mit dem Zentrum vorbereitet hätten. Man kam unvermittelt von der dunklen, stillen und leeren Nacht in die hell erleuchtete, verstopfte, lärmende Innenstadt. Warum drängen und zwängen sich diese Menschen so, wo es doch rings um das Zentrum so viel freien Raum gibt, so viel Platz für alle? Ich stieg aus dem Autobus und unternahm zunächst einen Spaziergang, der mich bis an die Grenzen von Benares führte. Auf der einen Seite lagen Felder, totenstill und menschenleer, im Dunkeln, und auf der anderen wuchs mit einem Mal die Stadt aus dem Boden, vom ersten Schritt an voller Menschen, Verkehr, üppig beleuchtet, laute Musik. Dieses Bedürfnis nach einem Leben in Gedränge, während gleich daneben alles frei war und leer, konnte ich mir nicht erklären.

Die Einheimischen rieten mir, mich nachts nicht schlafen zu legen, damit ich mich rechtzeitig, noch vor dem Morgengrauen, zum Ganges aufmachen und dort auf den steinernen Stufen den Sonnenaufgang erwarten könne. »The sunrise is very important!« sagten sie, und in ihren Stimmen schwang das Versprechen von etwas wirklich Großartigem mit.

Es war in der Tat noch dunkel, als sich die Menschen in Richtung Fluß aufzumachen begannen. Einzeln und in Gruppen. Ganze Klans. Kolonnen von Pilgern. Krüppel an Krücken. Skeletthafte Greise, von Jungen auf dem Rücken geschleppt. Andere krochen verkrümmt und unter Schmerzen über den löchrigen Asphalt. Zusammen mit den Menschen zogen auch Kühe, Ziegen und sogar Horden hagerer, malariakranker Hunde dorthin. Am Ende schloß auch ich mich diesem seltsamen Mysterium an.

Es ist nicht leicht, zu den Stufen am Fluß zu gelangen, weil man zuerst durch enge, stickige, schmutzige Gassen kommt, voller Bettler, die die Pilger aufdringlich rempeln und dabei ein entsetzliches Lamento erheben, so daß es einem kalt über den Rücken läuft.

Nachdem man einige Durchgänge und Arkaden passiert hat, gelangt man schließlich zu den bis zum Fluß führenden Steinstufen. Obwohl es eben erst zu dämmern begann, waren die Stufen bereits übersät von Tausenden von Gläubigen. Die einen drängten hastig, keiner wußte, wohin und wozu. Andere verharrten im Lotossitz und streckten die Arme zum Himmel. Unten standen diejenigen, die das rituelle Bad nehmen wollten – sie wateten im Fluß und tauchten manchmal für einen Moment die Köpfe ins Wasser. Ich sah, wie eine ganze Familie eine dicke, schwabbelige Großmutter der rituellen Säuberung unterzog. Die Oma konnte nicht schwimmen und ging sofort, kaum war sie in den Fluß gestiegen, unter. Die Familie stürzte hinterher, um sie wieder an die Oberfläche zu holen. Die Oma schnappte verzweifelt nach Luft, doch als man sie losließ, versank sie sofort wieder. Ich sah ihre weit aufgerissenen Augen, das erschrockene Gesicht. Sie ging neuerlich unter, wieder wurde sie im Fluß gesucht, halb lebendig herausgezogen. Das ganze Ritual sah eher nach Folter aus, doch sie ertrug es widerspruchslos, vielleicht sogar in Ekstase.

Auf der anderen Seite des Ganges, der an dieser Stelle sehr breit ist und träge dahinfließt, standen Reihen von Holzstößen, auf denen Dutzende, ja Hunderte von Leichen verbrannt wurden. Wen das interessiert, der kann sich für ein paar Rupien mit dem Boot zu diesem gigantischen Freiluftkrematorium übersetzen lassen. Hier tummelten sich halbnackte, rußige Männer, aber auch viele junge Burschen, die mit langen Stangen die Stöße so richteten, daß sie einen besseren Zug bekamen und die Verbrennung schneller vor sich ging, denn es wartete eine endlose Schlange von Leichen. Immer wieder rafften die Bestatter die noch glühende Asche zusammen und warfen sie in den Fluß. Einige Zeit schwamm der graue Staub auf den Wellen, um dann, vollgesogen mit Wasser, unterzugehen und zu verschwinden.

HOF UND PALAST

Während man in Benares noch Anlaß für einen gewissen Optimismus finden kann (die Möglichkeit, sich im heiligen Fluß zu waschen, wodurch man eine Verbesserung seines seelischen Zustands und die Hoffnung erlangen kann, der Welt der Götter näher zu kommen), versetzt einen ein Aufenthalt in der Sealdah Station in Kalkutta in eine ganz andere Stimmung. Ich war von Benares mit dem Zug dorthin gefahren und hatte auf diese Weise, wie ich bald feststellen konnte, eine Reise vom relativen Himmel in die absolute Hölle unternommen.

Am Bahnhof von Benares musterte mich der Schaffner und fragte:

»Where is your bed?«

Ich verstand, was er sagte, doch offensichtlich sah ich aus wie jemand, der nichts versteht, denn er wiederholte gleich darauf die Frage, diesmal eindringlicher:

»Where is your bed?«

Es stellte sich heraus, daß sogar mäßig betuchte Leute im Zug nur mit dem eigenen Bett reisen – und dann erst ein Besucher aus dem reichen Europa! So ein Reisender erscheint am Bahnhof mit einem Diener, der auf dem Kopf eine zusammengerollte Matratze, Decke, Leintuch, Kissen und das übrige Gepäck trägt. Im Waggon (es gibt keine Bänke) bereitet der Diener seinem Herrn das Bett und verschwindet daraufhin wortlos, als hätte er sich in Luft aufgelöst. Mir, der ich im Geiste der Brüderlichkeit und Gleichheit der Menschen erzogen wurde, erschien diese Konstellation, daß einer mit leeren Händen dahinspaziert, während ein anderer ihm eine Matratze, den Koffer und einen Korb mit Essen nachträgt, äußerst anstößig, Protest und Auflehnung provozierend. Doch das vergaß ich rasch, denn als ich den Waggon betrat, schallten mir von allen Seiten verblüffte Stimmen entgegen:

»Where is your bed?«

Es war mir außerordentlich peinlich, nichts außer einer Reisetasche dabeizuhaben, doch woher hätte ich wissen sollen, daß ich neben einer gültigen Fahrkarte noch eine Matratze brauchen würde? Und selbst wenn ich das gewußt und eine Matratze gekauft hätte, hätte ich sie doch nicht selber tragen können, dafür hätte ich einen Diener gebraucht. Und was sollte ich dann mit dem Diener angefangen? Und mit der Matratze?

Denn es war mir schon aufgefallen, daß hier jede Sache und jede Tätigkeit einem besonderen Menschen zugeteilt wurde und daß dieser seine Rolle und seinen Platz eifersüchtig hütete – darauf beruht das Gleichgewicht dieser Gesellschaft. Einer bringt am Morgen den Tee und ein anderer putzt die Schuhe, wieder ein anderer wäscht die Hemden, und ein ganz anderer räumt das Zimmer auf – und so weiter und so fort. Behüte Gott, daß ich einen, der mir das Hemd bügelt, darum ersuchen würde, mir auch den fehlenden Knopf anzunähen. Natürlich wäre es für mich, erzogen im Geiste und so weiter, am einfachsten, den Knopf selber anzunähen, doch damit beginge ich einen fatalen Fehler, weil ich dem, der vom Annähen von Knöpfen an Hemden lebt und obendrein in der Regel mit einer vielköpfigen Familie gesegnet ist, seine Chance auf einen Verdienst rauben würde. Diese Gesellschaft war ein pedantisch und kunstvoll gewirktes Geflecht von Rollen und Einteilungen, Zuordnungen und Bestimmungen, und es bedurfte großer Erfahrung, Intuition und Kenntnisse, um in diese bis ins Kleinste geordnete Struktur eindringen und sie verstehen zu können.

Im Zug verbrachte ich eine schlaflose Nacht, denn in den alten, noch aus der Kolonialzeit stammenden Waggons rüttelte und schüttelte es, und außerdem regnete es zu den Fenstern herein, die sich nicht richtig schließen ließen. Es war ein grauer, wolkenverhangener Morgen angebrochen, als wir in die Sealdah Station einfuhren. Überall in dem riesigen Bahnhof, auf den langen Bahnsteigen, auf stillgelegten Gleisen und in den sumpfigen Feldern ringsum saßen oder lagen Zehntausende ausgemergelter Menschen in Wasser und Schlamm, denn es herrschte Regenzeit, und die dichten, tropischen Niederschläge ließen für keinen Moment nach. Was sofort ins Auge stach, war das Elend dieser Menschen, die wie durchnäßte Skelette aussahen, ihre ungeheure Zahl und vor allem ihre Reglosigkeit. Sie schienen ein Teil dieser düsteren, niederdrückenden Landschaft zu sein, die nur durch den dichten, vom Himmel strömenden Regen belebt wurde. Doch der totalen Passivität dieser Unglückseligen wohnte eine, freilich verzweifelte, Logik und Rationalität inne: sie suchten keinen Schutz vor den Wassermassen, weil es keinen Schutz gab, hier war ihr Weg zu Ende, und sie bedeckten sich mit nichts, weil sie nichts hatten.

Sie waren Flüchtlinge des vor ein paar Jahren zu Ende gegangenen Bürgerkrieges zwischen Bekennern des Hinduismus und Moslems – eine Folge der Entstehung der unabhängigen Staaten Indien und Pakistan, die Hunderttausende, ja vielleicht Millionen Tote und viele Millionen Flüchtlinge nach sich gezogen hat. Diese Flüchtlinge irrten seit langem umher, ohne Hilfe zu finden, und sich selber überlassen, vegetierten sie an Orten wie eben der Sealdah Station dahin, um schlußendlich an Hunger und Krankheiten zugrunde zu gehen. Doch da war noch etwas, da gab es noch mehr. Denn die durchs Land irrenden Kolonnen von Kriegsflüchtlingen trafen unterwegs auf andere Kolonnen – von Hochwasseropfern, die die Überflutungen der mächtigen, ungebändigten indischen Flüsse aus ihren Dörfern und kleinen Städten vertrieben hatten. So kam es, daß Millionen heimatloser, apathischer Menschen über die Straßen zogen und irgendwann vor Erschöpfung zusammenbrachen, oft für immer. Andere versuchten, die Städte zu erreichen, in der Hoffnung, dort an etwas Wasser und vielleicht eine Handvoll Reis zu kommen.

Ohne Hilfe aus dem Waggon zu steigen war schwierig – ich fand auf dem Bahnsteig keinen Platz, wohin ich meinen Fuß hätte setzen können. Für gewöhnlich zieht eine andere Hautfarbe stets Aufmerksamkeit auf sich, doch diese Menschen hier interessierten sich für nichts mehr, sie schienen sich bereits außerhalb des Lebens zu befinden. Ich sah, wie neben mir eine alte Frau aus den Falten ihres Sari eine Handvoll Reis holte. Sie schüttete die Körner in einen Topf. Dann schaute sie sich um, vielleicht nach Wasser, vielleicht nach Feuer, um den Reis zu kochen. Ich beobachtete, wie die um sie herumstehenden Kinder auf den Topf starrten. Sie standen reglos, wortlos da und starrten. Das dauerte eine ganze Weile. Die Kinder stürzten sich nicht auf den Reis, der gehörte der Alten, etwas war diesen Kindern eingeimpft worden, das stärker war als der Hunger.

Doch dann drängte sich ein junger Mann durch die Menge. Er schubste die Alte, so daß ihr der Topf aus der Hand fiel und der Reis über den Bahnsteig, in den Schlamm, den Schmutz verstreut wurde. In diesem Augenblick stürzten sich die Kinder drauf, warfen sich unter die Füße der Stehenden, wühlten im Dreck, um ein paar Reiskörner zu ergattern. Die Alte stand mit leeren Händen da, wieder rempelte sie jemand an. Die alte Frau, die Kinder, der Bahnhof, alles war unablässig in niederströmenden Regen getaucht. Und auch ich stand durchnäßt da und scheute mich, einen Schritt zu tun; im übrigen wußte ich nicht, wohin ich hätte gehen sollen.

Von Kalkutta fuhr ich nach Süden, nach Haiderabad. Meine Erlebnisse im Süden waren das genaue Gegenteil von den schmerzlichen Erfahrungen im Norden. Der Süden erschien friedlich, schläfrig, ein wenig provinziell. Die Diener eines lokalen Radschas verwechselten mich offenbar, denn sie hießen mich am Bahnhof feierlich willkommen und brachten mich geradewegs zu einem Palast. Dort wurde ich von einem freundlichen alten Mann begrüßt, der mich in einem breiten Lederfauteuil Platz nehmen hieß und sicher auf eine längere, ausgiebige Unterhaltung hoffte, doch eine solche ließ mein erbärmliches Englisch nicht zu. Ich stammelte etwas und spürte, wie ich rot wurde, Schweiß rann mir in die Augen. Der freundliche Mann lächelte zuvorkommend, das machte mir Mut. Alles war wie ein Traum. Surreal. Die Dienerschaft führte mich in ein Zimmer in einem Flügel des Palastes. Ich war Gast des Radschas und sollte hier wohnen. Ich wollte weg von hier, wußte jedoch nicht, wie – mir fehlten die Worte, um das Mißverständnis aufzuklären. Vielleicht verlieh die Tatsache, daß ich Europäer war, dem Palast eine besondere Bedeutung? Vielleicht. Ich weiß es nicht.

Ich paukte täglich Vokabeln, verbissen, fast mechanisch (was leuchtet am Himmel? – The sun; was fällt auf die Erde? – The rain; was bewegt die Bäume? – The wind; und so weiter und so fort, zwanzig Wörter am Tag), ich las Hemingway, in dem Buch von Pater Dubois versuchte ich das Kapitel über die Kasten zu verstehen. Der Anfang war gar nicht so schwer: es gibt vier Kasten, die erste, höchste, sind die Brahmanen – Priester, Menschen des Geistes, Denker, die einem den Weg weisen; die zweite, etwas niedrigere, sind die Kshatriyen – Krieger und Herrscher, Menschen des Schwertes und der Politik; die dritten – noch niedriger, die Vaishyen – Kaufleute, Handwerker und Bauern; und schließlich die vierte Kaste, die Shudren – Menschen, die körperliche Arbeit verrichten, Diener, Tagelöhner. Erst später tauchten Probleme auf, denn diese

Kasten zerfallen in Hunderte Unterkasten und diese wieder in einige, viele, zahllose Unterunterkasten und so weiter, ohne Ende. In Indien gibt es von allem unendlich viel, unendlich viele Götter und Mythen, Glaubensbekenntnisse und Sprachen, Rassen und Kulturen, wohin man auch blickt und woran man denkt, findet sich eine schwindelerregende Vielfalt.

Gleichzeitig spürte ich instinktiv, daß das, was ich um mich herum sah, nur äußerliche Zeichen waren, Bilder, Symbole, hinter denen sich eine weite und vielfältige Welt der Glaubensbekenntnisse, Begriffe und Vorstellungen verbarg, von denen ich keine Ahnung hatte. Ich zerbrach mir den Kopf, ob mir diese Welt nur deshalb unzugänglich war, weil ich keine theoretischen Kenntnisse, kein Bücherwissen, von ihr besaß, oder ob es dafür einen tieferen Grund gab, weil nämlich mein Denken zu sehr vom Rationalismus und Materialismus geprägt war, als daß ich mich in die Geistigkeit und Metaphysik einer Kultur wie den Hinduismus hätte einfühlen, sie begreifen können.

In diesem Geisteszustand, und obendrein verwirrt von der Fülle an Details, die mir im Werk des französischen Missionars begegnete, legte ich das Buch weg und begab mich in die Stadt.

Den Palast des Radschas – er bestand nur aus Veranden, vielleicht hundert verglasten Veranden, wenn man die Fenster öffnete, wehte eine leichte, frische Brise durchs Zimmer – umgaben üppig blühende, gepflegte Gärten, in denen sich zahlreiche Gärtner tummelten, die ständig etwas schnitten, mähten oder harkten, und dahinter, verborgen von einer hohen Mauer, begann die Stadt. Man gelangte dorthin durch ein Winkelwerk kleiner Gassen, die eng und ständig überfüllt waren. Auf dem Weg kam man an zahllosen bunten Läden, Ständen und Buden mit Lebensmitteln, Kleidern, Schuhen und Haushaltswaren vorüber. Obwohl es nicht regnete, waren die Straßen immer schlammig, weil hier alles einfach auf die Straße geleert wird – die Fahrbahn gehört niemandem.

Überall gibt es Lautsprecher, aus denen laute, schrille, langgezogene Gesänge tönen. Diese kommen aus den lokalen Tempeln. Die Tempel sind klein, oft nicht größer als die sie umgebenden ein- oder zweistöckigen Häuser, dafür gibt es viele. Alle ähneln einander, weiß bemalt, mit Blumengirlanden und Glitzerwerk geschmückt, elegant und hell, sehen sie aus wie Jungfrauen, die sich zur Hochzeit aufmachen. Auch die Stimmung in den Heiligtümern ist heiter, wie bei einer Hochzeit. Sie sind voller Menschen, die flüstern, Räucherwerk abbrennen, die Augen verdrehen, die Hände ausstrecken. Irgendwelche Männer (Meßdiener? Ministranten?) verteilen Essen an die Gläubigen – ein Stück Kuchen, Marzipan oder Bonbons. Wenn man die Hand etwas länger hinhält, bekommt man auch zwei oder drei Portionen. Die Gabe kann man essen oder auf den Altar legen. Der Eintritt zu den Heiligtümern ist frei, keiner fragt, wer du bist oder welchem Glauben du anhängst. Und es betet auch jeder nach eigenem Gutdünken, ohne vorgeschriebenen Ritus, so daß allgemeine Lockerheit und Ungebundenheit, ja sogar ein wenig Unordnung herrscht.

Von diesen Kultstätten gibt es so viele, weil die Zahl der Götter im Hinduismus unendlich groß ist. Niemand ist imstande, ein genaues Inventar anzulegen. Die Götter konkurrieren nicht miteinander, sondern existieren harmonisch und friedlich nebeneinander. Man kann an eine Gottheit glauben oder an ein paar gleichzeitig, und man kann auch eine Gottheit gegen eine andere austauschen, je nach Ort, Zeit, Stimmung oder Bedarf. Es ist das Bestreben der Anhänger einer Gottheit, dieser ein Sanktuarium, einen Tempel zu errichten. Man kann sich die Folgen davon ausmalen, wenn man bedenkt, daß dieser liberale Polytheismus bereits seit zweitausend Jahren währt. Wie viele Tempel, Kapellen, Altäre, Skulpturen in dieser Zeit errichtet wurden, wie viele jedoch gleichzeitig durch Hochwasser, Feuersbrünste, Taifune oder in Kriegen gegen die Moslems zerstört wurden! Wenn man alle diese Heiligtümer nebeneinander aufstellte, ließe sich damit die halbe Welt verbauen!

Meine Wanderungen führten mich auch zum Tempel der Kali. Kali ist die Göttin der Zerstörung, sie repräsentiert das verheerende Wirken der Zeit. Ich weiß nicht, ob man sie um Versöhnung anflehen kann, denn die Zeit läßt sich schließlich nicht anhalten. Kali ist groß, schwarz, sie streckt die Zunge heraus, trägt eine Halskette aus Totenköpfen und steht mit ausgebreiteten Armen da. Obwohl sie eine Frau ist, ist es nicht ratsam, ihr in die Arme zu fallen.

Den Weg zum Tempel säumen zwei Reihen von Verkaufsständen. Dort kann man Räucherwerk, farbigen Puder, Bildchen, Anhänger und allerlei Jahrmarktstand erwerben. Vor dem Standbild der Göttin steht eine dichtgedrängte, sich langsam vorwärts schiebende

Schlange schwitzender, andächtiger Menschen. Ein schwerer, betäubender Geruch liegt in der Luft, es ist stickig, heiß und dunkel. Vor dem Standbild findet ein symbolischer Austausch statt: man reicht dem Priester einen zuvor gekauften Stein und erhält von ihm einen anderen. Sicher läßt man einen nicht geweihten Stein zurück und bekommt einen geweihten. Aber ob das wirklich so ist, kann ich nicht sagen.

Der Palast des Radschas ist voller Dienstboten, eigentlich sieht man hier sonst niemand, als wäre ihnen der ganze Besitz zum uneingeschränkten Gebrauch übergeben worden. Scharen von Kammerdienern, Lakaien, Kellnern, Dienstboten und Garderobieren, Spezialisten für das Aufbrühen von Tee und das Glasieren von Kuchen, Bügler und Boten, Kammerjäger für Moskitos und Spinnen und vor allem solche, deren Behuf und Bestimmung sich nicht wirklich beschreiben läßt, wandern unablässig durch die Zimmer und Salons, durch Korridore und über die Treppen, stauben Möbel ab und reinigen Teppiche, klopfen Kissen aus, rücken Fauteuils zurecht, beschneiden und gießen Blumen.
Alle bewegen sich schweigend, fließend, vorsichtig, so daß sie einen etwas ängstlichen Eindruck erwecken, man sieht keinerlei Aufgeregtheit, kein Laufen, kein Wedeln mit den Händen, man könnte meinen, hier schleiche irgendwo ein bengalischer Tiger umher, vor dem man sich bloß durch eine einzige Verhaltensregel retten kann: nur keine plötzliche Bewegung! Sogar tagsüber, im Schein der grellen Sonne, erinnern sie an unpersönliche Schatten, um so mehr, als sie sich wortlos bewegen, immer bedacht, möglichst wenig gesehen

zu werden, um nicht nur keinesfalls unseren Weg zu kreuzen, sondern sogar jede Situation zu vermeiden, in der sie unbeabsichtigt in unser Blickfeld geraten könnten.

Sie sind unterschiedlich bekleidet, je nach Funktion und Rang: von golden glänzenden Turbanen, mit Edelsteinen zusammengehalten, bis zu einfachen Dhotis – einer Hüftschärpe, getragen von den Menschen am untersten Ende der Hierarchie. Manche gehen gekleidet in Seide, mit bestickten Gürteln und blitzenden Epauletten, andere tragen gewöhnliche Hemden und weiße Kaftans. Eines ist allen gemeinsam – sie gehen barfuß. Auch wenn Stickereien und Achselschnüre, Brokat und Kaschmir sie schmücken – an den Füßen tragen sie nichts.

Dieses Detail fiel mir sofort auf, weil ich in bezug auf Schuhe einen leichten Rappel habe. Der stammt noch aus der Zeit des Krieges, aus den Jahren der Okkupation. Ich erinnere mich, wie der Winter des Jahres 1942 näher rückte – und ich besaß keine Schuhe. Die alten waren auseinandergefallen, und für neue hatte Mama kein Geld. Erschwingliche Schuhe kosteten 400 Złoty, sie bestanden aus dickem Drillichstoff, bestrichen mit einem schwarzen, wasserabstoßenden Lack, die Sohlen waren aus hellem Lindenholz. Woher sollte ich 400 Złoty nehmen?

Wir wohnten damals in Warschau, in der Krochmalna, neben dem Eingang zum Getto, bei der Familie Skupiewski. Herr Skupiewski stellte in Handarbeit Toilettenseifen her, alle in einer Farbe, nämlich Grün. »Ich gebe dir Seifen in Kommission«, sagte er. »Wenn du 400 Stück verkaufst, hast du genug Geld für ein Paar Schuhe, die Schulden kannst du nach dem Krieg zurückzahlen.« Damals war man nämlich noch der Meinung, der Krieg werde gleich wieder zu Ende sein. Er riet mir, meinen Handel entlang der Linie der elektrischen Bahn Warszawa–Otwock zu treiben, dort waren Sommerfrischler unterwegs, die sich manchmal waschen wollten, also sicher Seife kaufen würden. Ich hörte auf seinen Rat. Ich war zehn Jahre alt, und damals habe ich die Hälfte der Tränen meines ganzen Lebens geweint, weil mir keiner meine Seifen abkaufen wollte. Ich lief oft einen ganzen Tag umher, ohne etwas zu verkaufen, oder ich brachte nur ein Stück an den Mann. Einmal verkaufte ich drei, da kam ich freudestrahlend nach Hause.

Wenn ich an einer Tür läutete, begann ich inbrünstig zu beten: Gott, laß sie etwas kaufen, laß sie wenigstens eine kaufen! Eigentlich war das, was ich machte, Bettelei, denn ich versuchte, Mitleid zu erregen. Ich trat in eine Wohnung und sagte: »Liebe Frau, kaufen Sie mir eine Seife ab. Sie kostet nur einen Złoty, es kommt der Winter, und ich hab kein Geld für Schuhe.« Manchmal half das, manchmal nicht, denn es zogen noch viele andere Kinder umher, die sich irgendwie durchzubringen versuchten – indem sie stahlen, die Leute betrogen, mit etwas handelten.

Ein sehr kühler Herbst brach herein, die Kälte biß mich in die bloßen Fußsohlen, daß es schmerzte, ich mußte meinen Handel einstellen. Ich hatte bislang 300 Złoty verdient, doch Herr Skupiewski legte mir großzügig noch hundert drauf. Ich ging mit Mama Schuhe kaufen.

Als ich nun sah, daß in Indien Millionen Menschen keine Schuhe besaßen, verspürte ich ein Gefühl der Solidarität, der Gemeinsamkeit mit diesen Menschen und manchmal sogar ein Gefühl, wie wir es empfinden, wenn wir wieder ins Haus unserer Kindheit kommen.

Ich fuhr zurück nach Delhi, wo jeden Tag meine Rückfahrkarte nach Polen eintreffen sollte. Ich fand mein altes Hotel wieder und bekam sogar dasselbe Zimmer. Ich lernte die Stadt kennen, ging in die Museen, versuchte die »Times of India« zu lesen und studierte Herodot. Ich weiß nicht, ob Herodot bis Indien gekommen ist – wenn man die Verkehrsprobleme in damaligen Zeiten bedenkt, erscheint das wenig wahrscheinlich, aber ganz ausschließen kann man es auch nicht. Jedenfalls lernte er Orte kennen, die weit entfernt von Griechenland lagen! Und er beschrieb zwanzig Provinzen, genannt Satrapien, des damals größten Reiches der Welt, Persien, und Indien war eine dieser Satrapien, mit den meisten Bewohnern. *Die Inder aber* [sind] *das weitaus zahlreichste uns bekannte Volk*, stellt Herodot fest und schreibt dann über Indien, dessen Lage, die Bewohner und deren Sitten. *Östlich von Indien beginnt die Wüste. Von allen uns bekannten Völkern, von denen wir sichere Kunde haben, sind die Inder das östlichste. Denn östlich von Indien ist Asien des Sandes wegen unbewohnbar. In Indien gibt es viele Völker, und sie reden verschiedene Sprachen. Einige von ihnen sind Wandervölker, andere aber nicht. Andere leben in den Flußniederungen und essen rohe Fische, zu deren Fang sie auf kleinen, aus Rohr gemachten Kähnen ausfahren ... Diese Inder tragen Kleider aus Schilf.*

Wenn sie das Schilf im Flusse gehauen und gesammelt haben, flechten sie Matten daraus, mit denen sie sich wie mit einem Panzer bekleiden.

Im Osten Indiens aber gibt es auch ein Wandervolk, die Padaier, welche rohes Fleisch essen, und bei ihnen soll folgende Sitte herrschen. Wenn einer von ihnen, sei es ein Mann oder ein Weib, krank wird, so töten ihn, wenn es ein Mann ist, seine nächsten Freunde, weil sie glauben, wenn er an der Krankheit stürbe, würde ihnen sein Fleisch verderben. Sagt er auch, er sei gar nicht krank, so hilft ihm das nichts, er wird doch geschlachtet und von ihnen verzehrt. Und wenn eine Frau krank wird, so machen es ihre Freundinnen mit ihr wie dort die Männer. Wenn er alt wird, wird jeder geschlachtet und verzehrt. Sehr alt aber werden die wenigsten von ihnen, weil sie jeden, der von einer Krankheit befallen wird, gleich abschlachten.

Bei anderen Indern ist wieder folgendes Sitte. Sie töten kein lebendes Wesen, sie säen nicht, wohnen auch nicht in Häusern. Sie leben nur von Pflanzenkost ... Wenn einer von ihnen krank wird, so geht er in die Wüste, wo er liegen bleibt und niemand sich darum kümmert, was aus ihm wird.

Alle die Inder, von denen bisher die Rede war, begatten sich auf offener Straße wie das Vieh, und sie haben alle dieselbe Hautfarbe, so wie die Äthiopier. Auch ihr Same, den sie in die Weiber lassen, ist nicht hell, wie bei anderen Menschen, sondern schwarz wie ihre Haut. Ebenso sieht auch der Same der Äthiopier aus ...

Dann fuhr ich noch nach Madras und Bangalore, nach Bombay und Chandigarh. Je mehr ich herumreiste, um so deutlicher kam mir die bedrückende Hoffnungslosigkeit meines Bemühens zu Bewußtsein, die Unmöglichkeit, das Land kennenzulernen und zu verstehen, in dem ich mich befand. Indien ist so riesengroß! Wie soll man etwas beschreiben, was, wie mir schien, grenzenlos war und kein Ende hatte?

Ich bekam eine Rückfahrkarte von Delhi über Kabul und Moskau nach Warschau. Nach Kabul gelangte ich mit dem Flugzeug, bei Sonnenuntergang. Der intensiv rosa, beinahe violett gefärbte Himmel warf einen letzten Schimmer auf die dunkelroten Berge, die das Tal umgaben. Der Tag verlosch, er versank in totaler, tiefer Stille – es war die Stille einer Landschaft, einer Welt, die weder das Bimmeln eines am Hals eines Esels hängenden Glöckchens noch das leise Stampfen einer an der Baracke des Flughafens vorbeiziehenden Schafherde zu stören vermochte.

Da ich kein Visum besaß, hielt mich die Polizei fest. Zurückschicken konnten sie mich nicht, weil das Flugzeug, das mich hierher gebracht hatte, sofort weitergeflogen war, und auf der Landebahn stand keine andere Maschine. Die Polizisten berieten sich, was sie mit mir machen sollten, schließlich fuhren sie in die Stadt. Wir blieben zu zweit zurück – ich und ein Wächter des Flughafens. Ein großer, breitschultriger Kerl mit rabenschwarzen Bartstoppeln, sanften Augen und einem unsicheren, schüchternen Lächeln. Er trug einen langen Militärmantel und hatte einen vom Militär ausgemusterten Mauser-Karabiner.

Die Dunkelheit brach unvermittelt herein, und ebenso plötzlich wurde es kalt. Ich zitterte, denn ich war direkt aus den Tropen gekommen und trug nur ein Hemd. Der Wächter holte Holz, Reisig und trockenes Gras und entzündete auf dem Beton ein Feuer. Er gab mir seinen Mantel und hüllte sich selber bis zu den Augen in eine dunkle Kameldecke. Wir saßen einander wortlos gegenüber, ringsum regte sich nichts, irgendwo in der Ferne waren Zikaden zu hören und noch weiter weg der Motor eines Autos.

Am Morgen kamen die Polizisten mit einem älteren Mann, einem Händler, der in Kabul Baumwolle für Fabriken in Łódź einkaufte. Herr Bielas versprach, sich um das Visum zu kümmern, er lebte schon einige Zeit hier und hatte Kontakte. Und wirklich verschaffte er mir nicht nur das Visum, sondern nahm mich in seiner Villa auf, zufrieden, daß er nicht allein wohnen mußte.

Kabul besteht nur aus Staub, überall Staub. Durch das Tal, in dem es liegt, wehen ständig Winde, die aus den umliegenden Wüsten Massen von Sand herbeischaffen. Er überzieht alles mit einer hellbraunen, gräulichen Schicht, dringt überall ein, es läßt nur nach, wenn sich der Wind legt, dann wird die Luft durchsichtig und kristallklar.

Jeden Abend sehen die Straßen aus, als fände hier ein spontanes, improvisiertes Mysterium statt. Die alles umhüllende Finsternis wird nur vom Flackern von entlang der Straßen entzündeten Funzeln, Lampen und Kienspänen erhellt, deren zitternder, hin und her huschender Schein die billigen, ärmlichen Waren beleuchtet, die von den Verkäufern direkt auf die Erde, auf ein Stück der Fahrbahn, auf Hausschwellen ausgelegt werden. Zwischen diesen Lichterreihen bewegen sich schweigende Menschen dahin, verhüllte Gestalten, getrieben von Hunger und Kälte.

Als das aus Moskau kommende Flugzeug über Warschau zur Landung niederging, begann mein Sitznachbar zu zittern, er packte die Lehnen mit den Händen und schloß die Augen. Er hatte ein graues, zerstörtes, von tiefen Furchen durchzogenes Gesicht. Der abgetragene, billige Anzug hing lose auf der hageren, knochigen Gestalt. Ich warf ihm heimlich, aus dem Augenwinkel, einen Blick zu. Ich sah, wie Tränen über seine Wangen liefen. Und dann hörte ich ein ersticktes, doch vernehmliches Schluchzen.

»Entschuldigen Sie«, sagte er zu mir. »Entschuldigen Sie. Ich habe nicht daran geglaubt, daß ich noch einmal zurückkomme.«

Es war Dezember 1956. Immer noch kehrten Menschen aus den Gulags zurück.

RABI SINGT DIE UPANISHADEN

Indien war meine erste Begegnung mit der Andersartigkeit, die Entdeckung einer neuen Welt. Diese außergewöhnliche, faszinierende Begegnung war gleichzeitig eine wichtige Lektion der Demut. Ja, die Welt lehrt einen Demut. Denn ich kehrte von dieser Reise zurück, beschämt über mein Unwissen, meine mangelnde Belesenheit, meine Ignoranz. Ich hatte mich davon überzeugen können, daß uns eine andere Kultur ihre Geheimnisse nicht auf ein Fingerschnippen hin enthüllt, sondern daß wir uns auf die Begegnung mit ihr lange und gründlich vorbereiten müssen.

Meine erste Reaktion auf diese Lehre, aus der sich die Notwendigkeit ergab, fleißig an mir selber zu arbeiten, war zunächst die Flucht zurück nach Polen, die Rückkehr zu bekannten, vertrauten Orten, zu der Sprache, die meine eigene war, zur Welt der Zeichen und Symbole, die ich auf Anhieb verstand, ohne vorheriges Studium. Ich versuchte Indien zu vergessen, weil ich dort gescheitert war: die ungeheuren Ausmaße und die Verschiedenartigkeit, das Elend und der Reichtum, die Rätselhaftigkeit und Unverständlichkeit hatten mich bedrückt, betäubt und besiegt. Mit Freuden fuhr ich also wieder durch Polen, um über seine Menschen zu schreiben, mit ihnen zu sprechen, zu hören, was sie zu sagen hatten. Wir verstanden uns ohne viel Worte, uns verband eine aus denselben Erfahrungen gewachsene Gemeinsamkeit.

Aber natürlich behielt ich Indien in Erinnerung. Je beißender der Frost war, um so lieber dachte ich zurück an das heiße Kerala, je rascher die Dämmerung hereinbrach, um so deutlicher erschien mir das Bild des berauschenden Sonnenuntergangs in Kaschmir. Die Welt war nicht mehr einheitlich eisig und schneebedeckt, sondern verdoppelt, differenziert: sie war gleichzeitig eisig und heiß, schneeweiß, jedoch auch grün und voller Blumen.

Wenn ich etwas Zeit hatte (denn in der Redaktion gab es eine Menge Arbeit) und etwas Geld in der Tasche (was leider selten der Fall war), suchte ich nach Büchern über Indien. Meine Abstecher in die Buchhandlungen und Antiquariate endeten meist erfolglos. In den Buchhandlungen fand sich nichts. Einmal trieb ich in einem Antiquariat den 1914 erschienenen Abriß der indischen Philosophie von Paul Deussen auf. Professor Deussen, so las ich, ein berühmter deutscher Indologe und Freund Nietzsches, erklärt das Wesen der hinduistischen Philosophie so: »Die Welt ist die Maya, ein Trugbild«, schreibt er. »Alles ist ein Trugbild, mit einer Ausnahme, mit Ausnahme meines eigenen Ichs, meines Atman... Wenn der Mensch lebt, empfindet er sich als alles, er kann daher nichts verlangen, weil er alles hat, was er haben kann, und da er sich als alles empfindet, wird er keinem und nichts schaden, weil keiner sich selber schadet.«

Deussen kritisiert die Europäer: »Die europäische Trägheit«, so beklagt er, »versucht das Studium der indischen Philosophie zu meiden«, vielleicht weil sich diese Philosophie in den viertausend Jahren ihrer ununterbrochen währenden Existenz und fortwährenden Differenzierung zu einer so gigantischen, unermeßlichen Welt entwickelt hat, daß sie jeden Wagehals und Enthusiasten, der versuchen möchte, sie zu erfassen und sich darin zu vertiefen, einschüchtern und lähmen muß. Darüber hinaus ist die Sphäre des Unfaßbaren im Hinduismus grenzenlos, und die sie ausfüllende Verschiedenartigkeit stützt sich auf die erstaunlichsten, widersprüchlichsten, radikalsten Kontraste. Alles geht auf natürliche Weise in sein Gegenteil über, die Grenzen der irdischen Dinge und mystischen Erscheinungen zerfließen, sie sind nicht festgelegt, eines wird zum anderen oder ist ganz einfach ständig das andere, das Sein verwandelt sich ins Nichts, es zerfällt und wird zum Kosmos, zur himmlischen Allgegenwart, zum göttlichen Weg, der in den Tiefen des abgründigen Nichtseins verschwindet.

Im Hinduismus gibt es eine unübersehbare Anzahl von Gottheiten, Mythen und Glauben, Sekten verschiedenster Schulen, Richtungen und Tendenzen, es gibt Dutzende Wege der Erlösung, Pfade der Tugend, Praktiken der Reinlichkeit und Regeln der Askese. Die Welt des Hinduismus ist so groß, daß darin für alle und alles Platz ist, für die gegenseitige Akzeptanz, Toleranz, Einigkeit und Einheit. Die Zahl der heiligen Bücher des Hinduismus ist unzählbar: ein einziges davon – die *Mahabharata* – besteht aus rund 106 000 Doppelversen, achtmal soviel wie *Odyssee* und *Ilias* zusammengenommen.

Einmal entdeckte ich in einem Antiquariat ein 1922 erschienenes zerfleddertes und von Mäusen angenagtes Buch von Yogi Ramacharaka mit dem Titel *Hatha-Yoga, die Yogi-Philosophie vom physischen Wohlbefinden und von der Kunst des Atmens, mit zahlreichen Übungen.* Das Atmen, so erklärt der Autor, ist die wichtigste Tätigkeit, die wir Menschen ausführen, weil wir auf diesem Weg mit der Welt kommunizieren. Wenn wir aufhören zu atmen, hören wir auf zu leben. Daher hängt von der Qualität unseres Atmens auch die Qualität unseres Lebens ab, ob wir gesund sind, kräftig und bei Verstand. Leider, so stellt Ramacharaka fest, atmen die meisten Menschen, vor allem im Westen, falsch, daher gibt es so viele Krankheiten und Depressionen, soviel Gebrechen und Siechtum.

Am meisten interessierten mich die Übungen zur Stärkung der schöpferischen Kräfte, weil ich selber damit die größten Probleme hatte. »Auf dem ebenen Boden oder einem Bett ruhend«, riet der Yogi, »legt die Hand, ohne die Muskeln anzuspannen, leicht und locker auf das Sonnengeflecht und atmet rhythmisch ein und aus. Wenn der Rhythmus festgelegt ist, konzentriert euer Wollen darauf (formuliert in Gedanken einen Wunsch), daß euch jedes Einatmen mehr Prana zuführt, oder Lebenskräfte aus dem kosmischen Quell, und sie an euer Nervensystem abgibt, wobei das Prana beim Sonnengeflecht gesammelt wird. Bei jedem Einatmen konzentriert das Wollen darauf, daß das Prana, oder die Lebenskraft, sich über den ganzen Körper verteilt...«

Ich hatte *Hatha-Yoga* kaum ausgelesen, da fielen mir die in Polen im Jahre 1923 erschienenen *Lebenserinnerungen* von Rabindranath Tagore in die Hände. Tagore war Schriftsteller, Dichter, Komponist und Maler. Er wurde mit Goethe und Jean-Jaques Rousseau verglichen. 1913 erhielt er den Nobelpreis. In seiner Kindheit zeichnete sich der kleine Rabi, wie er zu Hause genannt wurde, Nachkomme einer fürstlichen bengalischen Brahmanenfamilie, nach seinem eigenen Bekunden durch Gehorsam gegenüber den Eltern, gute Schulnoten und exemplarische Frömmigkeit aus. Er erinnert sich, daß ihn am Morgen, wenn es noch dunkel war, der Vater weckte, damit er »die Sanskritdeklinationen auswendig lernte«. Nach einiger Zeit, so schreibt er, wurde es hell, »die Sonne ging auf, der Vater, der seine Gebete gesprochen hatte, trank mit mir die Morgenmilch und wandte sich dann, mich an der Seite, noch einmal Gott zu, indem er die Upanishaden sang.«

Ich versuchte mir diese Szene vorzustellen: Der Morgen bricht an, der Vater und der kleine, verschlafene Rabi stehen zur aufgehenden Sonne gewandt und singen die Upanishaden.

Die Upanishaden sind philosophische Gesänge, die vor dreitausend Jahren entstanden, jedoch noch immer lebendig sind, im geistigen Leben Indiens fortwirken. Als ich mir das ins Bewußtsein rief und an den kleinen Jungen dachte, wie er die Morgenröte mit den Upanishaden begrüßte, zweifelte ich daran, daß ich dieses Land je würde verstehen können, in dem Kinder ihren Tag mit dem Singen philosophischer Verse beginnen.

Rabi Tagore kam in Kalkutta zur Welt, er war ein Sohn Kalkuttas, dieser monströsen, nirgends endenden Stadt, in der ich folgendes Erlebnis hatte: Ich saß im Hotelzimmer und las Herodot, als ich durchs Fenster das Heulen von Sirenen vernahm. Ich lief auf die Straße. Ambulanzen jagten dahin, die Menschen flüchteten in Hauseingänge, hinter einer Straßenecke stürmte eine Gruppe von Polizisten hervor, die mit langen Knüppeln auf die Passanten einschlugen. Es stank nach Tränengas und Verbranntem. Ich versuchte zu erfragen, was da los war. Ein Mann, der mit einem Stein in der Hand vorbeirannte, rief mir zu: »Language war!«, und lief weiter. Sprachkrieg! Ich kannte die näheren Umstände nicht, wußte jedoch bereits, daß Sprachkonflikte in diesem Land gewaltsame und blutige Formen annehmen können: Demonstrationen, Straßenschlachten, Mord und Totschlag, sogar Akte der Selbstverbrennung.

Erst in Indien erfuhr ich – wovon ich vorher keine Ahnung gehabt hatte –, daß meine Unkenntnis des Englischen insofern bedeutungslos war, als hier nur die Eliten Englisch sprachen. Weniger als zwei Prozent der Gesellschaft! Die anderen verständigten sich in einer der Dutzenden Sprachen des Landes. Die Unkenntnis des Englischen bewirkte auf gewisse Weise, daß ich mich den gewöhnlichen Passanten in den Städten und den Bauern in den Dörfern, durch die ich kam, näher, verwandter fühlte. Wir saßen im selben Boot – ich und eine halbe Milliarde Bewohner Indiens, die kein Wort Englisch verstanden!

Dieser Gedanke machte mir manchmal Mut (es ist nicht so schlimm, eine halbe Milliarde anderer befindet sich schließlich in derselben Lage wie ich), gleichzeitig jedoch beunruhigte er mich aus einem anderen Grund: Warum schäme ich mich, daß ich nicht Englisch kann, empfinde jedoch nicht das geringste Schamgefühl, weil ich kein Hindi, Bengali, Gudsharati, Telugu, Urdu, Tamil, Pendshabi oder keine der zahllosen anderen in diesem Land gebräuchlichen Sprachen beherrsche? Das Argument der Zugänglichkeit kam nicht in Betracht: Englischunterricht war in jener Zeit ebenso rar wie der Unterricht von Hindi oder Bengali. War es nicht Ausdruck des Eurozentrismus, daß ich glaubte, eine europäische Sprache sei wichtiger als die Sprachen des Landes, in dem ich mich gerade aufhielt? War andererseits die Anerkennung der Überlegenheit des Englischen nicht auch eine Beleidigung für die Inder, für die die Beziehung zu ihren lokalen Sprachen eine heikle und wichtige Frage darstellte? Für die Verteidigung ihrer Sprache waren sie bereit, ihr Leben hinzugeben, sich auf dem Scheiterhaufen zu verbrennen. Diese Entschlossenheit, dieser Fanatismus fanden ihre Erklärung darin, daß sich die Identität in ihrem Land in der Sprache ausdrückt, die dieser oder jener spricht. Ein Bengale ist also jemand, dessen Muttersprache Bengali ist. Die Sprache ist wie ein Personalausweis für den Menschen, mehr noch, sie ist sein Gesicht und seine Seele. Daher konnten Konflikte mit einem ganz anderen Hintergrund – sozial, religiös, national – in diesem Land die Form von Sprachkriegen annehmen.

Wenn ich nach Büchern über Indien suchte, fragte ich bei der Gelegenheit auch, ob es etwas zu Herodot gab. Ich begann mich für Herodot zu interessieren, ja er wurde mir zunehmend sympathisch. Ich war ihm dankbar, weil er in Indien in Zeiten so großer Verunsicherung und Verlorenheit an meiner Seite gewesen war und mir mit seinem Buch geholfen hatte. Die Art, wie er schrieb, ließ ihn als jemand erscheinen, der den Menschen wohlgesinnt war und der Welt neugierig gegenüberstand, der immer viele Fragen hatte und bereit war, Tausende von Kilometern zurückzulegen, um wenigstens auf ein paar Fragen eine Antwort zu finden.

Als ich mich jedoch in die Quellen vertiefte, stellte sich heraus, daß wir über das Leben Herodots nur wenig wissen, und auch das ist nicht wirklich gesichert. Im Gegensatz zu Rabindranath Tagore oder seinem Zeitgenossen Marcel Proust, die sich sehr eingehend über jedes Detail ihrer Kindheit verbreiten, verrät uns Herodot, ähnlich wie andere Große seiner Epoche, Sokrates, Perikles oder Sophokles, eigentlich nichts über seine Kinderjahre. War das nicht üblich? Waren sie der Ansicht, diese Zeit des Lebens sei unwichtig? Herodot selber stellt nur fest, daß er aus Halikarnassos stammt. Halikarnassos liegt an einer sanften und wie ein Amphitheater geformten Bucht, an einem schönen Punkt der Erde, wo die Westküste Asiens auf das Mittelmeer trifft. Es ist ein Land der Sonne, Wärme und des Lichts, der Oliven und Weinranken. Unwillkürlich kommt einem der Gedanke, daß jemand, der an einem solchen Ort zur Welt kam, von Natur aus ein gutes Herz, ein offenes Denken, einen gesunden Körper und ein wohlwollendes Gemüt haben mußte.

Die Biographen stimmen darin überein, daß Herodot zwischen den Jahren 490 und 480 vor Christus geboren wurde, vielleicht im Jahre 485. Das sind in der Geschichte der Weltkultur Jahre von großer Bedeutung: Ungefähr um das Jahr 480 verläßt Buddha die Welt, ein Jahr später stirbt Konfuzius im Fürstentum Lu, fünfzig Jahre darauf wird Platon geboren. Zu dieser Zeit ist Asien das Zentrum der Welt, sogar was die Griechen angeht, lebt der schöpferischste Teil ihrer Gesellschaft – die Ionier – auf dem Gebiet Asiens. Europa gibt es noch nicht, es existiert nur als Mythos, als Name eines schönen Mädchens, der Tochter des phönizischen Königs Agenor, die von Zeus, der sich in einen goldenen Stier verwandelt, nach Kreta entführt und dort in Besitz genommen wird.

Die Eltern Herodots? Seine Geschwister? Sein Heim? Nichts als Ungewißheit. Halikarnassos war eine griechische Kolonie, auf dem Boden der einheimischen, nichtgriechischen Karer, Untertanen der Perser. Sein Vater hieß Lyxes, was kein griechischer Name ist. Vermutlich war die Mutter Griechin. Herodot war also ein Bewohner der griechischen Randgebiete und noch dazu ein ethnischer Mischling. Solche Menschen heben sich in vielen Kulturen hervor, ihre Weltanschauung wird geformt durch Begriffe wie: Grenzland, Distanz, Andersartigkeit, Verschiedenheit. Wir begegnen unter ihnen einer erstaunlichen Vielfalt von Typen. Von fanatischen, engstirnigen Sektierern über passive, apathische Provinzler bis zu offenen, lernbegierigen Luftikussen – Weltenbürger. Es kommt darauf an, wie sich ihr Erbe vermischt, welche Geister sich darin festgesetzt haben.

Was für ein Kind ist der kleine Herodot?

Hat er für alle ein Lächeln, oder schmollt er oft und versteckt sich hinter dem Rock der Mutter? Ist er eine Heulsuse und ein Dickkopf, so daß seine gepeinigte Mutter von Zeit zu Zeit aufseufzt: »O Götter, warum habe ich nur dieses Kind zur Welt gebracht!« Oder hat er ein sonniges Gemüt und macht stets nur Freude? Ist er folgsam und brav, oder löchert er alle ständig mit Fragen: »Woher stammt die Sonne? Warum steht sie so hoch, daß man sie nicht erreichen kann? Und warum versteckt sie sich im Meer? Hat sie keine Angst, zu ertrinken?«

Und in der Schule? Mit wem sitzt er in der Bank? Lernt er rasch auf der Tontafel schreiben? Kommt er oft zu spät? Kann er nicht ruhig sitzen? Läßt er abschreiben? Ist er eine Petze?

Und sein Spielzeug? Womit spielt der kleine Grieche vor zweieinhalbtausend Jahren? Mit einem aus Holz gefertigten Roller? Baut er am Meeresufer Sandburgen? Klettert er auf Bäume? Formt er aus Ton kleine Vögel, Fische und Pferde, die wir heute in den Museen betrachten können?

Woran von alldem wird er sich sein Leben lang erinnern? Für den kleinen Rabi war der erhebendste Moment das Morgengebet an der Seite des Vaters, für den kleinen Proust – das Warten im dunklen Zimmer, daß die Mutter kam und ihn vor dem Einschlafen umarmte. Was für ein sehnsuchtsvolles Erlebnis gab es für den kleinen Herodot?

Womit beschäftigt sich sein Vater? Halikarnassos war eine Hafenstadt, am Handelsweg zwischen Asien, dem Nahen Osten und dem eigentlichen Griechenland gelegen. Hier liefen die Schiffe phönizischer Händler aus Sizilien und Italien ein, griechische aus Piräus und Argos, ägyptische aus Libyen und dem Nildelta. War Herodots Vater vielleicht Kaufmann? War er es, der im Sohn das Interesse für die Welt geweckt hat? Oder verschwand er für Wochen und Monate von zu Hause, und die Mutter antwortete auf die Fragen des kleinen Herodot, daß er in ... sei, und nannte dabei einen Ort, der ihm nur eines sagte: daß irgendwo weit weg eine allmächtige Welt existierte, die ihm den Vater für immer wegnehmen oder aber – wenn die Götter gnädig waren! – ihn zurückgeben konnte. Reifte auf diese Weise vielleicht Herodots Verlangen, diese Welt kennenzulernen? Sein Verlangen und sein Entschluß?

Von den wenigen uns überlieferten Daten wissen wir, daß der kleine Herodot einen Onkel mit Namen Panyassis hatte, ein Autor diverser Gedichte und Epen. Hat ihn dieser Onkel auf Spaziergänge mitgenommen und ihm die Schönheit der Dichtung, die Geheimnisse der Rhetorik, der Erzählkunst nähergebracht? Denn die *Historien* sind das Werk eines großen Talents, aber auch ein Beispiel für schriftstellerisches Können und große handwerkliche Meisterschaft.

Noch in seiner Jugend wurde Herodot – unseres Wissens das einzige Mal – in die Politik verstrickt, und zwar wegen seines Vaters und seines Onkels. Die beiden hatten sich an einer Revolte gegen den Tyrannen von Halikarnassos, Lygdamis, beteiligt, dem es jedoch gelang, die Rebellion niederzuschlagen. Die Aufständischen suchten Zuflucht in Samos – einer gebirgigen Insel, zwei Rudertage in nordwestlicher Richtung. Hier verbringt Herodot Jahre, vielleicht bereist er von hier aus die Welt. Falls er noch einmal nach Halikarnassos kam, dann nur für kurze Zeit. Zu welchem Zweck? Um sich mit der Mutter zu treffen? Das wissen wir nicht. Man kann annehmen, daß er nie mehr dorthin zurückkehrte.

Mitte des fünften Jahrhunderts kommt Herodot nach Athen. Das Schiff legt im Athener Hafen Piräus an, von hier bis zur Akropolis sind es acht Kilometer, die man auf dem Pferderücken oder zu Fuß zurücklegt. Athen ist eine Weltmetropole, die wichtigste Stadt der Erde. Herodot ist hier ein Provinzler, ein Nicht-Athener, also fast ein Ausländer, ein Metoike, und die werden zwar besser behandelt als Sklaven, aber nicht so gut wie geborene Athener. Diese bilden eine eigene Gesellschaft mit einem ausgeprägten rassischen Empfinden, einem stark entwickelten Gefühl der Überlegenheit, der Exklusivität, ja sogar Arroganz.

Es hat jedoch den Anschein, als habe sich Herodot rasch eingelebt. Der damals etwas über Dreißigjährige ist weltoffen und anderen gefällig, ein geborener Menschenfreund. Er hält Vorträge, hat Begegnungen, Autorenabende – davon lebt er vermutlich. Er macht wichtige Bekanntschaften – mit Sokrates, Sophokles, Perikles. Das ist gar nicht so schwierig: Athen ist nicht groß, es zählt hunderttausend Einwohner, es ist eine enge, chaotisch verbaute Stadt. Nur zwei Orte heben sich hervor: das Zentrum religiöser Kulte – die Akropolis – und der Ort der Begegnungen, Veranstaltungen, des Handels, der Politik und des gesellschaftlichen Lebens – die Agora. Hier versammeln sich die Menschen von den Morgenstunden an, reden und tagen.

Auf dem Platz der Agora drängen sich immer viele Menschen, er ist voller Leben. Hier treffen wir mit Sicherheit auch Herodot an. Doch er bleibt nicht lange in der Stadt. Ungefähr zur selben Zeit, als er in Athen ankommt, verabschieden die dortigen Behörden ein drakonisches Gesetz, wonach politische Rechte nur jenen zustehen, deren Eltern beide in Attika geboren wurden, das ist die Landschaft rund um Athen. Das bedeutet, daß Herodot nicht die Bürgerrechte der Stadt erwerben kann. Er verläßt Athen, geht wieder auf Reisen, bis er sich schließlich für den Rest seines Lebens in Süditalien niederläßt, in der griechischen Kolonie Thurioi.

Über das, was später geschah, gehen die Meinungen auseinander. Die einen sagen, er habe sich von dort nicht mehr wegbewegt. Andere meinen, er habe später noch einmal Griechenland besucht, er sei in Athen gesehen worden. In diesem Zusammenhang wird sogar Mazedonien erwähnt. Doch in Wahrheit ist das alles nicht sicher. Er stirbt mit ungefähr sechzig Jahren – aber wo? Unter welchen Umständen? Hat er die letzten Jahre in Thurioi verbracht, im Schatten einer Platane sitzend und sein Buch schreibend? Vielleicht hat er nicht mehr gut gesehen und es einem Skribenten diktiert? Hatte er Notizen dabei, oder genügte ihm sein Gedächtnis? Die Menschen jener Zeit hatten ein bewundernswertes Erinnerungsvermögen. Es ist gut möglich, daß er sich an die Geschichten von Kroisos und Babylon erinnerte, von Dareios und den Skythen, von den Persern, den Thermopylen, von Salamis. Und an die zahllosen anderen Erzählungen, die sich in den *Historien* finden.

Aber vielleicht starb Herodot auch an Bord eines Schiffes, das durchs Mittelmeer fuhr? Oder als er zu Fuß irgendwo unterwegs war und sich erschöpft auf einem Stein niederließ, um nicht mehr aufzustehen? Herodot verschwindet, er verläßt uns vor fünfundzwanzig Jahrhunderten in einem nicht näher bekannten Jahr, an einem nicht näher bekannten Ort.

Die Redaktion.
Fahrten in die Umgebung.
Versammlungen. Begegnungen. Gespräche.
In freien Momenten sitze ich umgeben von Wörterbüchern (endlich ist ein englisches erschienen!) und verschiedenen Werken über Indien (eben ist das fundamentale Werk Jawaharlal Nehrus, *Entdeckung Indiens*, herausgekommen, die große *Autobiographie* von Mahatma Gandhi und die wunderbare *Panchatantra, oder die fünf Bücher der indischen Weisheit*).

Mit jedem weiteren Titel begebe ich mich gleichsam auf eine neue Reise nach Indien, erinnere mich an die früher besuchten Orte, entdecke immer neue Dimensionen, einen ständig neuen Sinn der Dinge, von denen ich der Ansicht gewesen war, ich hätte sie längst begriffen. Diese Reisen jetzt haben unvergleichlich mehr Tiefe als jene erste, die ich absolviert habe. Gleichzeitig erkenne ich, daß sich solche Entdeckungen mit Hilfe von Büchern, dem Studium von Karten, dem Betrachten von Bildern und Photographien verlängern, wiederholen, vervielfältigen lassen. Eine solche Reise hat sogar einen gewissen Vorteil gegenüber einer wirklich und real unternommenen, weil man dabei an einem Punkt verharren kann, um etwas in Ruhe zu betrachten, zum vorigen Bild zurückzukehren und so weiter, wozu wir bei einer richtigen Reise oft weder die Zeit noch die Möglichkeit haben.

Ich vertiefte mich also zunehmend in die Ungewöhnlichkeiten und Reichtümer Indiens und dachte, dieses Land könne mit der Zeit zu meiner thematischen Heimat werden, als mich eines Tages im Herbst 1957 unsere allwissende Sekretärin Krysia Korta in der Redaktion aus dem Zimmer rief und mir geheimnisvoll und aufgeregt zuflüsterte:

»Du fährst nach China.«

HUNDERT BLUMEN
DES VORSITZENDEN MAO

Herbst 1957. – Nach China gelangte ich zu Fuß. Zuerst reiste ich mit dem Flugzeug über Amsterdam und Tokio nach Hongkong. In Hongkong brachte mich ein Lokalzug zu einer kleinen Bahnstation mitten im freien Feld, von wo ich, wie man mir sagte, nach China hinübergehen könne. Wie ich so auf dem Bahnsteig stand, kamen tatsächlich der Schaffner und ein Polizist auf mich zu und zeigten mir eine fern am Horizont sichtbare Brücke, und der Polizist sagte:

»China!«

Er war ein Chinese in der Uniform eines britischen Polizisten. Er führte mich ein Stück auf einer Asphaltstraße entlang, wünschte mir eine gute Reise und lief zurück zur Bahnstation. Weiter ging ich allein, in der einen Hand meinen Koffer und in der anderen eine mit Büchern vollgepackte Tasche schleppend. Die Sonne brannte unbarmherzig, sogar der Wind war heiß und schwer, und die Fliegen summten aufdringlich.

Die aus schrägen Metallnetzen bestehende Brücke war kurz, darunter rieselte ein halb ausgetrockneter

Fluß. Dann kam ich zu einem hohen Tor, das über und über geschmückt war mit Blumen, chinesischen Aufschriften und ganz oben einem Wappen – ein roter Schild und darüber vier kleinere und ein großer Stern, alles in Gold.

Beim Tor stand eine große Gruppe Wachsoldaten. Sie besahen sorgfältig meinen Reisepaß, schrieben die Daten in ein großes Buch und bedeuteten mir weiterzugehen, in Richtung eines Eisenbahnzuges, den ich in ungefähr einem halben Kilometer Entfernung stehen sah. Ich schleppte mich mühsam durch die Hitze, schwitzend, in Wolken von Fliegen gehüllt.

Der Zug war leer. Die Waggons waren die gleichen wie in Hongkong – die Bänke standen in Reihen, es gab keine eigenen Abteile. Endlich setzte sich der Zug in Bewegung. Wir fuhren durch sonniges, grünes Land, die durchs Fenster strömende Luft war heiß und feucht, es roch nach Tropen. Es erinnerte mich an Indien, an die Gegend von Madras oder Pondicherry. Diese indische Analogie bewirkte, daß ich mich heimisch fühlte, in einer Landschaft, die ich bereits kannte und liebte. Der Zug blieb alle Augenblicke stehen, in kleinen Bahnstationen stiegen immer neue Menschen zu. Alle waren ähnlich gekleidet: die Männer in dunkelblaue, bis zum Kragen zugeknöpfte Drillichjacken, die Frauen in blumige Kleider, die alle ähnlich geschnitten waren. Die Passagiere saßen kerzengerade und schweigend im Zug, das Gesicht in Fahrtrichtung.

Als der Waggon bereits voll war, stiegen an einer Station drei Menschen in grell indigofarbenen Uniformen zu, ein Mädchen und zwei Helfer. Das Mädchen richtete mit kraftvoller, energischer Stimme eine lange

Ansprache an uns, worauf einer der Männer jedem einen Becher reichte, in den der zweite aus einer metallenen Kanne grünen Tee goß. Der Tee war heiß, und die Passagiere bliesen hinein, um ihn auszukühlen, dann tranken sie ihn, laut schlürfend, in kleinen Schlucken. Immer noch herrschte Schweigen, keiner sprach ein Wort. Ich versuchte etwas aus den Gesichtern der sitzenden Menschen zu lesen, doch sie waren reglos, ohne jeden Ausdruck. Andererseits wollte ich sie auch nicht allzu aufdringlich mustern, weil das vielleicht als unhöflich empfunden worden wäre oder sogar hätte Verdacht erwecken können. Auch mich sah keiner an, obwohl ich mich in meinem eleganten italienischen Anzug, den ich im Jahr zuvor in Rom gekauft hatte, unter all dem Drillich und geblümten Perkal seltsam genug ausnehmen mußte.

Nach dreitägiger Fahrt kam ich in Peking an. Es war kalt, ein kühler, trockener Wind wehte und hüllte die Stadt und die Menschen in Wolken grauen Staubs. Auf dem spärlich beleuchteten Bahnhof erwarteten mich zwei Journalisten der Jugendzeitung »Zhongguo«. Wir reichten einander die Hände, und einer von ihnen stellte sich in steifer, beinahe staatstragender Positur vor mich hin und sagte:

»Wir sind erfreut über dein Kommen, unser Freund, weil uns dieses beweist, daß die vom Vorsitzenden Mao verkündete Hundert-Blumen-Bewegung Früchte trägt. Der Vorsitzende Mao empfiehlt uns nämlich, mit anderen zusammenzuarbeiten und unsere Erfahrungen mit ihnen zu teilen, und genau das tun unsere Redaktionen, indem sie ständige Korrespondenten austauschen. Wir begrüßen dich als ständigen Korrespondenten des

›Sztandar Młodych‹ in Peking, zum rechten Zeitpunkt wird unser ständiger Korrespondent im Austausch nach Warschau reisen.«

Ich hörte mir das vor Kälte zitternd an, denn ich hatte weder eine warme Jacke noch einen Mantel dabei, und sah mich nach einem warmen Platz um, bis wir endlich in ein Auto der Marke Pobieda stiegen und zum Hotel fuhren. Hier erwartete uns ein Mann, den mir die Journalisten von »Zhongguo« als Kollegen Li vorstellten; sie sagten, er werde mich als ständiger Übersetzer begleiten. Alle sprachen wir russisch, das von nun an meine Sprache in China sein sollte.

Ich hatte die Vorstellung, ich würde ein Zimmer in einem der Häuser bekommen, verborgen hinter den Lehm- und Sandmauern, die sich endlos durch die Straßen Pekings erstreckten. Im Zimmer würde es einen Tisch, zwei Stühle, einen Schrank, ein Bücherregal, eine Schreibmaschine und ein Telefon geben. Ich würde die Redaktion von »Zhongguo« aufsuchen, nach Neuigkeiten fragen, lesen, durchs Land fahren, Informationen zusammentragen, meine Artikel schreiben und abschicken und natürlich die ganze Zeit über Chinesisch lernen. Ich würde Museen besuchen, Bibliotheken und architektonische Sehenswürdigkeiten, Professoren und Schriftsteller treffen und überhaupt eine Menge interessanter Menschen in Dörfern und Städten, in Läden und Schulen kennenlernen; ich würde zur Universität gehen, auf den Markt und in die Fabriken, würde buddhistische Heiligtümer, Parteikomitees und Dutzende andere Orte aufsuchen, die es wert waren, besichtigt zu werden. China ist ein großes Land, sagte ich mir und dachte voll Freude daran, wie viele Eindrücke und Erlebnisse neben meiner Arbeit als Korrespondent und Reporter auf mich einstürzen würden, so daß ich um viele neue Erfahrungen, Entdeckungen und Kenntnisse reicher von hier wegfahren könnte.

Voller Zuversicht ging ich mit dem Kollegen Li in den ersten Stock, in mein Zimmer. Der Kollege Li begab sich ins Zimmer gegenüber. Als ich die Tür schließen wollte, stellte ich fest, daß sie weder Klinke noch Schloß besaß, und obendrein waren die Türbänder so montiert, daß die Tür ständig nach außen offenstand. Ich sah, daß die Tür zum Zimmer des Kollegen Li genauso zum Gang hin offen war, so daß er mich ständig im Auge behalten konnte.

Ich beschloß, so zu tun, als hätte ich nichts bemerkt, und begann meine Bücher auszupacken. Ich nahm den Herodot heraus, den ich ganz oben in der Tasche liegen hatte, dann die *Ausgewählten Werke* von Mao Zedong in drei Bänden und Bücher, die ich in Hongkong gekauft hatte: *What's Wrong with China* von Rodney Gilbert (1926); *A History of Modern China* von K. S. Latourette (1954); *A Short History of Confucian Philosophy* von Liu Wu-Chi (1955); *The Revolt of Asia* von Upton Close (1927); *The Mind of East Asia* von Lily Abegg (1952) und ein paar Lehrbücher und Wörterbücher der chinesischen Sprache, die ich zu erlernen beschlossen hatte.

Am nächsten Morgen brachte mich der Kollege Li in die Redaktion von »Zhongguo«. Zum ersten Mal sah ich Peking bei Tag. Ein Meer niedriger, hinter Mauern verborgener Häuser erstreckte sich in alle Richtungen.

Nur die Giebel der dunkelgrauen Dächer, ihre Enden wie Flügel nach oben geschwungen, ragten über die Mauern. Aus der Ferne sahen sie aus wie eine riesige Schar schwarzer Vögel, die reglos auf das Signal zum Abflug warteten.

In der Redaktion wurde ich mit großer Herzlichkeit empfangen. Der Chefredakteur, ein hochgewachsener, schlanker, junger Mann, sagte, er sei erfreut über mein Kommen, weil wir auf diese Weise gemeinsam die Anweisungen des Vorsitzenden Mao erfüllten: Laßt hundert Blumen erblühen!

In meiner Antwort betonte ich, wie froh ich sei über mein Kommen, ich sei mir der mich erwartenden Aufgaben bewußt, im übrigen wolle ich hinzufügen, daß ich die drei Bände der *Ausgewählten Werke* Maos mitgebracht hätte, die ich in freien Stunden zu studieren gedächte.

Das wurde mit großer Befriedigung und Beifall aufgenommen. Des weiteren beschränkte sich das ganze Gespräch, zu dem wir grünen Tee tranken, auf den Austausch von Höflichkeiten, wobei auch Lobreden auf den Vorsitzenden Mao und seine Hundert-Blumen-Bewegung ausgebracht wurden.

Dann verstummten meine Gastgeber plötzlich, wie auf ein Zeichen; der Kollege Li sah mich an, und ich ahnte, daß der Besuch zu Ende war. Sie verabschiedeten mich mit großer Herzlichkeit, lächelnd und die Arme weit ausgebreitet.

Alles war so ausgedacht und angelegt, daß wir während des ganzen Treffens eigentlich nichts erledigt hatten, es war nichts besprochen, nichts Konkretes gesagt worden. Sie hatten mich nichts gefragt und mir keine

Gelegenheit gegeben, Fragen zu stellen, wie sich mein weiterer Aufenthalt und meine Arbeit gestalten würden. Aber vielleicht, so sagte ich mir, herrschen hier nun einmal solche Sitten? Vielleicht schickt es sich nicht, sofort zur Sache zu kommen? Ich hatte schon oft darüber gelesen, daß man im Orient einen anderen, langsameren Lebensrhythmus kennt, daß hier alles seine Zeit braucht, daß man Ruhe bewahren, sich in Geduld üben und lernen muß zu warten, daß man innerlich zur Ruhe gelangen und gleichsam erstarren muß, daß das Dao nicht die Bewegung schätzt, sondern die Bewegungslosigkeit, nicht das Handeln, sondern die Untätigkeit, daß jede Eile, Hektik und Gewalt hier Verstimmung wecken und als Zeichen schlechten Benehmens und mangelnder Rücksichtnahme gewertet werden.

Ich war mir auch bewußt, daß ich nur ein winziges Staubkorn in diesem riesigen China darstellte und daß ich selber und meine Arbeit nichts bedeuteten angesichts der großen Aufgaben, vor denen hier alle standen, einschließlich der Redaktion von »Zhongguo«, und daß ich geduldig warten mußte, bis die Reihe an die Erledigung meiner Angelegenheiten kam. Immerhin hatte ich ein Hotelzimmer, etwas zu essen und den Kollegen Li, der mich für keinen Moment aus den Augen ließ; wenn ich im Zimmer war, saß er in der Tür seines Zimmers und schaute, was ich machte.

Ich saß in meinem Zimmer und las den ersten Band der Werke Mao Zedongs. Das entsprach dem Gebot der Stunde, denn überall hingen rote Transparente mit der Losung: **STUDIERT EIFRIG DIE UNSTERB-**

LICHEN GEDANKEN DES VORSITZENDEN MAO! Also las ich das Referat, das Mao im Dezember 1935 bei der Sitzung des Parteiaktivs in Wajaopao gehalten hatte, in dem er auf die Ergebnisse des Großen Marsches einging, den er »einen in der Geschichte einmaligen Marsch« nannte: »Zwölf Monate lang wurden wir einerseits aus der Luft tagtäglich von Dutzenden Flugzeugen aufgespürt und mit Bomben belegt und andererseits auf dem Boden von einer starken Armee mit einigen hunderttausend Mann eingekreist, verfolgt, aufgehalten oder abgeriegelt, und wir stießen unterwegs auf unzählige Schwierigkeiten und Gefahren: wir haben uns aber aufgemacht und mehr als 20000 Li zurückgelegt, sind kreuz und quer durch elf Provinzen gezogen. Sagt nur: Hat es in der Geschichte derartige Feldzüge wie unseren Langen Marsch schon gegeben? Nein, niemals.« Mit diesem Marsch, in dem Maos Armee »hohe, mit ewigem Schnee bedeckte Gebirge überwand und durch versumpfte Ebenen zog, die kaum jemals von eines Menschen Fuß betreten worden waren«, vermied es die Armee, von Tschiang Kai-Scheks Truppen umzingelt zu werden, und konnte später zum Gegenangriff übergehen.

Wenn ich von der Lektüre Maos genug hatte, nahm ich ein Buch von Zhuangzi zur Hand. Zhuangzi, ein leidenschaftlicher Daoist, verachtete alles Diesseitige und empfahl Hu Ju – den großen daoistischen Gelehrten – zur Nachahmung. »Als Jao, der legendäre Beherrscher Chinas, ihm die Übernahme der Macht antrug, wusch er seine Ohren, die durch diese Nachricht verschmutzt wurden, und suchte Zuflucht auf dem entlegenen Berg K'i-schan.« Überhaupt ist für Zhuangzi, ähnlich wie für den biblischen Kohelet, die äußerliche Welt nichts, eine Erbärmlichkeit. »Wenn wir die äußere Welt bekämpfen oder ihr unterliegen, streben wir wie ein galoppierendes Pferd dem Ende zu. Ist das nicht traurig? Und daß wir uns ein Leben lang plagen und die Früchte unserer Arbeit nicht sehen, ist das nicht erbärmlich? Daß wir, müde und erschöpft, nirgendwohin zurückkehren können, ist das nicht ebenfalls erbärmlich? Die Menschen sagen, es gebe die Unsterblichkeit, doch welchen Nutzen bringt sie uns? Der Leib zersetzt sich, und zusammen mit ihm unser Geist. Ist das nicht am allererbärmlichsten?«

Zhuangzi ist voller Zweifel, nichts erscheint ihm gewiß: »Die Rede ist nicht nur ein Ausstoßen von Luft. Die Rede soll etwas aussagen, doch was sie sagen soll, ist noch nicht näher festgelegt. Gibt es wirklich so etwas wie die Rede, oder gibt es so etwas gar nicht? Kann man sie als etwas ansehen, das sich vom Gezwitscher der Vögel unterscheidet, oder nicht?«

Ich wollte den Kollegen Li fragen, wie ein Chinese diese Sätze interpretieren würde, doch angesichts der fortdauernden Kampagne, die zum Studium der Reden Maos aufrief, befürchtete ich, diese Sätze Zhuangzis könnten allzu provokant klingen, daher wählte ich eine unschuldige Stelle über einen Schmetterling:

»Einst träumte Zhuang Zhou, er sei ein Schmetterling, ein fröhlich herumflatternder Schmetterling, der nicht wußte, daß er Zhuang Zhou war. Als er plötzlich erwachte, war er tatsächlich wieder Zhuang Zhou. Nun wußte man nicht, war der Schmetterling ein Traum Zhuang Zhous oder war Zhuang Zhou ein Traum des Schmetterlings. Dabei unterscheiden sich Zhuang

Zhou und ein Schmetterling doch grundlegend voneinander. Dieses nennt man die Wandlung der Dinge.«

Ich ersuchte den Kollegen Li, mir den Sinn dieser Erzählung zu erläutern. Er hörte sie an, lächelte und notierte sie genau. Er sagte, er müsse sich beraten, dann werde er mir eine Antwort geben.

Doch eine Antwort bekam ich nie.

Ich beendete den ersten Band und begann mit der Lektüre des zweiten Bandes der Werke Mao Zedongs. Es ist Ende der dreißiger Jahre, die japanischen Truppen haben schon einen großen Teil Chinas besetzt und dringen immer weiter ins Landesinnere vor. Die beiden Rivalen Mao Zedong und Tschiang Kai-Schek schließen ein taktisches Bündnis, um den japanischen Invasoren die Stirn bieten zu können. Der Krieg zieht sich hin, der Okkupant ist grausam, das Land ist zerstört. Nach Ansicht Maos besteht die beste Taktik im Kampf gegen den übermächtigen Gegner in geschickter Elastizität und unablässigen Nadelstichen. Immer wieder spricht und schreibt er darüber.

Ich las gerade das Referat Maos über den langwierigen Krieg gegen Japan, das er im Frühjahr 1938 in Jenan gehalten hatte, als der Kollege Li in seinem Zimmer ein Telefongespräch beendete, den Hörer auflegte, zu mir herüberkam und erklärte, morgen würden wir zur Großen Mauer fahren. Die Große Mauer! Um sie zu sehen, kommen Menschen vom anderen Ende der Welt angereist. Schließlich ist sie eines der Weltwunder. Ein einmaliges Bauwerk, mythisch beinahe, unbegreiflich. Denn die Chinesen bauten an dieser Mauer, mit Unterbrechungen, zweitausend Jahre. Sie begannen zu einer Zeit, als Buddha und Herodot lebten, und arbeiten noch daran, als in Europa bereits Leonardo da Vinci, Tizian und Johann Sebastian Bach ihre Werke schufen.

Die Länge der Mauer wird unterschiedlich angegeben – von drei- bis zehntausend Kilometer. Unterschiedlich, weil es nicht eine Große Mauer gibt, sondern mehrere. Und diese wurden in verschiedenen Zeiten errichtet, an verschiedenen Orten und aus verschiedenen Materialien. Gemeinsam war ihnen nur eines: Sobald eine neue Dynastie an die Macht kam, begann sie sofort an der Großen Mauer zu bauen. Von der Idee der Errichtung der Großen Mauer ließen sich die chinesischen Dynastien nie abbringen. Wenn sie die Arbeit unterbrachen, dann höchstens, weil es ihnen an den nötigen Mitteln mangelte, doch sobald das Budget saniert war, setzten sie die Arbeit unverzüglich fort.

Die Chinesen errichteten die Große Mauer, um sich gegen die Einfälle der flinken und expansiven mongolischen Nomadenstämme zu schützen. Diese Stämme kamen mit riesigen Armeen, Reiterhorden, Streitmächten aus den mongolischen Steppen, von den Bergen des Altai und aus der Wüste Gobi gezogen, um die Chinesen anzugreifen. Sie bedrohten ihren Staat unablässig und beschworen Schreckensvisionen von Massakern und Sklaverei herauf.

Doch die Große Mauer war nur die Spitze eines Eisberges, ein Symbol, ein Zeichen Chinas, Wappen und Schild des Landes, das über Jahrtausende ein Land der Mauern war. Die Große Mauer markierte die nördlichen Grenzen des Kaiserreichs. Mauern wurden allerdings auch zwischen einander bekämpfenden Königreichen errichtet, zwischen Regionen und Bezirken. Sie befestigten Städte und Dörfer, Pässe und Brücken. Sie schützten Paläste, Regierungsgebäude, Tempel und Märkte. Kasernen, Polizeiposten und Gefängnisse. Mauern umgaben private Häuser, sie grenzten Nachbar von Nachbar, Familie von Familie ab. Wenn man davon ausgeht, daß die Chinesen ununterbrochen damit beschäftigt waren, Mauern zu bauen, Hunderte, ja Tausende von Jahren hindurch, und wenn man sich die große Anzahl von Menschen, ihre Hingabe und ihren Opferwillen, ihre beispielhafte Disziplin und ihren Ameisenfleiß vor Augen führt, dann kommen wir auf Hunderte, Aberhunderte Millionen Arbeitsstunden, die zur Errichtung dieser Mauern aufgewendet wurden, Stunden, die man in diesem armen Land schließlich auch dafür hätte verwenden können, Lesen oder einen Beruf zu erlernen, neue Felder zu bestellen und Vieh zu züchten.

Für so etwas wird die Energie in der Welt verschwendet.

Vollkommen irrational! Vollkommen sinnlos!

Denn die Große Mauer – und es handelt sich tatsächlich um eine Riesenmauer, eine Befestigungsmauer, die sich über Tausende von Kilometern über menschenleere Bergketten und Wüsten erstreckt, eine Mauer, die ein Objekt des Stolzes und, wie schon gesagt, ein Weltwunder darstellt – ist zugleich ein Beweis für menschliche Fehler und Schwächen, für einen schrecklichen Irrtum der Geschichte, für die Unfähigkeit der Menschen, sich in diesem Teil unseres Planeten miteinander zu verständigen, die Unfähigkeit, einen runden Tisch einzuberufen, um gemeinsam zu beraten, wie man die gesammelten Ressourcen menschlicher Energie und menschlichen Denkens nutzbringend verwenden könnte.

Diese Hoffnungen erwiesen sich als Wunschtraum, denn die erste Reaktion auf eventuelle Probleme bestand darin: eine Mauer zu bauen. Sich abzuschotten, sich abzugrenzen. Denn das, was von draußen kommt, VON DORT, kann nur eine Bedrohung darstellen, eine Ankündigung des Unheils, einen Vorboten des Bösen, ja, die Verkörperung des Bösen schlechthin.

Eine Mauer dient allerdings nicht nur der Verteidigung. Denn während sie uns gegen das schützt, was uns von außen bedroht, gestattet sie uns auch, das zu kontrollieren, was im Inneren vor sich geht. Die Mauer hat schließlich Durchgänge, Tore und Einfahrten. Wenn wir diese bewachen, können wir überprüfen, wer hereinkommt und wer hinausgeht, wir können fragen und examinieren, ob er eine gültige Genehmigung besitzt, wir können uns die Gesichter anschauen, beobachten, uns einprägen. So eine Mauer ist also gleichzeitig Verteidigungsschild und Falle, Schutz und Käfig.

Der schlimmste Aspekt der Mauer besteht jedoch darin, daß sie in vielen Menschen eine Haltung von Mauerverteidigern entstehen läßt, daß sie ein Denken hervorbringt, in dem durch alles eine Mauer verläuft, die unsere Welt in Böse und Niedrige – die da draußen – und Gute und Höherstehende – die drinnen – einteilt. Im übrigen braucht so ein Verteidiger gar nicht direkt an der Mauer zu stehen, er kann sich weit weg von ihr befinden, denn es genügt, daß er ein Bild der Mauer verinnerlicht hat und sich nach den Regeln richtet, die ihm die Logik der Mauer auferlegt.

Zur Großen Mauer fährt man eine Stunde in nördlicher Richtung. Zuerst geht es durch die Stadt. Es weht ein schneidender, eiskalter Wind. Die Fußgänger und Radfahrer sind nach vorn gebeugt – zu dieser Haltung zwingt sie der Kampf gegen den Wind. Überall sind Ströme von Radfahrern unterwegs. Jeder dieser Ströme hält vor den roten Ampeln, wie von einem plötzlichen Damm aufgehalten, um dann bis zur nächsten Ampel weiterzufließen. Dieser einheitliche, mühselige Rhythmus wird höchstens vom Wind durcheinandergebracht, wenn er allzu stark weht. Dann beginnt der Strom, zu wogen, zu zerreißen, der Wind treibt die einen vor sich her und zwingt andere, anzuhalten und abzusteigen. Sobald sich der Wind legt, kehrt alles wieder an seinen Platz zurück und strampelt eifrig weiter.

Die Gehsteige im Zentrum sind voller Menschen, oft sind auch Kolonnen marschierender Kinder in Schuluniform zu sehen. Die Kinder gehen paarweise, rote Wimpel schwenkend, vorneweg trägt einer eine rote Fahne oder ein Porträt des Guten Onkels – des Vorsitzenden Mao. Die Kolonnen skandieren hingebungsvoll etwas im Chor, singen oder bringen Hochrufe aus. »Was rufen sie?« frage ich den Kollegen Li. »Sie wollen die Gedanken des Vorsitzenden Mao studieren«, antwortet er. Die Polizisten an allen Ecken geben diesen Kolonnen stets Vorrang.

Die Stadt ist gelb-blau. Gelb sind die Mauern entlang der Straßen und blau die Drillichanzüge der Menschen. Die Drillichanzüge sind eine Errungenschaft der Revolution, erklärt mir der Kollege Li. Die Männer sind radikal geschoren wie Rekruten, das weibliche Geschlecht, vom Mädchen bis zur Greisin, trägt Bubikopf: vorn und hinten kurz geschnitten. Man muß gut hinsehen, um die Gesichter zu unterscheiden, doch es ist unhöflich, sie genau zu betrachten.

Wenn jemand eine Tasche trägt, dann gleicht diese allen anderen Taschen. Ähnliches gilt für die Mützen. Wie die Menschen, die bei einer großen Versammlung Tausende gleicher Mützen an der Garderobe abgeben müssen, diese später wiedererkennen, weiß ich nicht. Sie aber wissen es. Das zeigt, daß die wahren Unterschiede in winzigen Details stecken können – zum Beispiel ist ein Knopf anders angenäht – und nicht unbedingt in den großen, globalen.

Man betritt die Große Mauer über einen der verlassenen Türme. Die Mauer, ein gigantisches Bauwerk, gespickt mit massiven Zinnen und Türmen, ist so breit, daß oben zehn Menschen nebeneinander gehen können. Wenn man von der Stelle, wo wir stehen, die Mauer entlangblickt, windet sie sich in Serpentinen beinah endlos dahin und verschwindet irgendwo hinter den Bergen, in den Wäldern. Ringsum ist alles leer, keine Menschenseele, der Wind reißt einem beinahe den Kopf ab. Wenn man das sieht, die Steine berührt, die vor Jahrhunderten von vor Erschöpfung wankenden Menschen herangeschleppt wurden, fragt man sich: Wozu das alles? Was hat das für einen Nutzen? Was hat das für einen Sinn?

Je länger ich in China war, um so mehr betrachtete ich die Große Mauer als Große Metapher. Ich war von Menschen umgeben, mit denen ich mich nicht verständigen konnte, von einer Welt, in die ich nicht einzudringen vermochte. Meine Lage wurde immer seltsamer. Ich sollte etwas schreiben – aber worüber? Die Zeitungen waren alle chinesisch, daher verstand ich nichts. Anfangs bat ich den Kollegen Li, mir etwas zu übersetzen, doch jeder von ihm übersetzte Artikel begann mit den Worten: »Wie der Vorsitzende Mao lehrt«, oder »Den Anweisungen des Vorsitzenden Mao folgend« und so weiter und so fort. Ob das jedoch wirklich dort geschrieben stand, woher sollte ich das wissen? Meine einzige Verbindung zur Außenwelt war der Kollege Li, doch er war zugleich die unüberwindlichste Barriere. Auf jede Bitte nach einer Begegnung, einem Gespräch, einer Reise bekam ich zur Antwort, er werde das der Redaktion vorlegen. Doch die Antwort erfolgte nie. Ich konnte nicht einmal allein ausgehen – der Kollege Li begleitete mich. Wohin hätte ich auch gehen sollen? Zu wem? Ich kannte die Stadt nicht, kannte keine Menschen, hatte kein Telefon (das hatte nur der Kollege Li).

Vor allem aber konnte ich die Sprache nicht. Ich begann zwar sofort, auf eigene Faust Chinesisch zu lernen. Ich versuchte mich durch das Dickicht von Hieroglyphen und Ideogrammen zu kämpfen, bis ich in einer ausweglosen Sackgasse gelandet war: der Vieldeutigkeit der Zeichen. Irgendwo hatte ich gelesen, daß es mehr als achtzig englische Übersetzungen für das Daodejing gab (die Bibel des Daoismus), und alle waren kompetent und glaubwürdig, andererseits aber auch völlig verschieden. Meine Kräfte verließen mich. Nein, dachte ich mir, das schaffe ich nicht, das werde ich nie beherrschen. Die Zeichen verschwammen mir vor Augen, sie zuckten und pulsierten, veränderten ihre Gestalt und Lage, ihr Verhältnis zueinander und ihre Verbindung, ihre Abhängigkeit und Bezogenheit, sie mehrten und teilten sich, bildeten Türme und Kolonnen, die einen ersetzten die anderen, die Formen des z-ao wurden aus unerfindlichen Gründen zum Zeichen -ou, oder ich verwechselte plötzlich das Zeichen für -eng mit dem Zeichen -ong, was schon einen horriblen Fehler darstellte!

DAS CHINESISCHE DENKEN

Ich hatte viel Zeit, daher las ich die Bücher über China, die ich in Hongkong gekauft hatte. Die waren derart fesselnd, daß ich für einige Zeit die Griechen und Herodot vergaß. Ich war überzeugt, ich würde hier arbeiten, deshalb wollte ich zunächst einmal soviel wie möglich über das Land und die Menschen in Erfahrung bringen. Ich wußte nicht, daß die meisten der über China berichtenden Korrespondenten in Hongkong, Tokio oder Seoul saßen und daß sie Chinesen waren oder jedenfalls Menschen, die fließend Chinesisch sprachen, und daß meine Situation in Peking etwas Unmögliches und Irreales an sich hatte.

Ich spürte ständig die Anwesenheit der Großen Mauer, doch das war nicht die Mauer, die ich im Norden, in den Bergen gesehen hatte, sondern eine für mich um vieles bedrohlichere und schwerer überwindliche – die Große Mauer der Sprache. Diese Mauer umgab mich von allen Seiten, sie erhob sich vor mir, wann immer sich ein Chinese an mich wandte, sie wurde geschaffen durch die mir unverständlichen Gespräche, durch die unverständlichen Zeitungen und Rundfunksendungen, die Schriftzeichen auf Wänden und Transparenten, auf den Waren und an den Eingängen zu den Ämtern, überall, allerorten. Ich sehnte mich danach, mit dem Blick einen vertrauten Buchstaben oder Ausdruck zu erhaschen, daran hängenzubleiben, erleichtert aufzuatmen, mich geborgen, zu Hause zu fühlen – vergeblich. Alles war unleserlich, unverständlich, nichts konnte ich enträtseln.

In Indien war es mir im übrigen ganz ähnlich ergangen! Auch dort hatte ich mich nicht durch das Dickicht der lokalen, indischen Alphabete zu kämpfen vermocht. Und wenn ich weitergereist wäre, wäre ich dann nicht auf ähnliche Barrieren gestoßen?

Wie kam es überhaupt zu diesem sprachlich-schriftlichen Turm zu Babel? Wie entsteht ein Alphabet? Irgendwann, in den Uranfängen, muß es mit einem einzigen Zeichen begonnen haben. Jemand malt ein Zeichen, um etwas festzuhalten. Oder um etwas an einen zweiten weiterzugeben. Oder um einen Gegenstand oder ein Territorium zu verwünschen.

Aber warum beschreiben Menschen ein und denselben Gegenstand völlig unterschiedlich? Auf der ganzen Welt schauen die Menschen, Berge oder Bäume ähnlich aus, und doch entsprechen ihnen in allen Sprachen unterschiedliche Symbole, Begriffe, Lettern. Warum? Warum macht das erste, das allererste Wesen in einer Kultur, wenn es eine Blume beschreiben möchte, einen senkrechten Strich, andere hingegen malen einen Kreis und wieder andere zwei Striche und einen Kegel? Werden diese Entscheidungen von den Menschen einzeln getroffen oder im Kollektiv? Werden sie vorher besprochen? Beim Lagerfeuer diskutiert? Werden sie im Familienrat abgesegnet? In einer Versammlung des Stammes? Beraten sich die Ältesten? Die Schamanen? Die Seher?

Denn wenn die Entscheidung einmal gefällt ist, gibt es kein Zurück mehr. Aus diesem ersten, einfachsten Unterschied – daß wir den einen Strich links zeichnen und den anderen rechts – folgen alle anderen, immer raffinierter und verzwickter, weil die diabolische Logik des Alphabets es in der Regel mit sich bringt, daß alles immer noch komplizierter wird, für Uneingeweihte immer unlesbarer, und manchmal stellt sich heraus, daß sich in späteren Zeiten überhaupt nichts mehr entziffern läßt.

Doch obwohl mich das indische und das chinesische Alphabet gleicherweise vor große Probleme stellten, waren die Unterschiede im menschlichen Verhalten in beiden Ländern unübersehbar. In Indien waren die Menschen gelöst, in China – angespannt und wachsam. Eine Menge von Indern erscheint formlos, fließend und träge, eine chinesische Menge hingegen formiert sich in Reihen, zeigt Disziplin, marschiert. Man spürt, daß über der chinesischen Menge ein Führer steht, eine höhere Autorität, während sich über der Menge von Indern ein Areopag zahlloser, nichts fordernder Gottheiten erhebt. Wenn eine indische Menschenmenge etwas von Interesse entdeckt, bleiben alle stehen, betrachten es und beginnen zu diskutieren. In derselben Situation wird eine chinesische Menge weitergehen, geordnet, gehorsam, den Blick auf das gewählte Ziel gerichtet. Die Inder sind viel feierlicher, frommer, religiöser. Die geistige Welt und ihre Symbole sind überall anwesend, spürbar, greifbar. Auf den Straßen wandern

Heilige, Pilger streben zu den Heiligtümern, zum Sitz der Götter, Menschenmassen versammeln sich am Fuß heiliger Berge, baden in heiligen Flüssen, verbrennen ihre Verstorbenen auf heiligen Scheiterhaufen. Die Chinesen erscheinen weniger ostentativ, diskreter, verschlossener. Sie haben keine Zeit, um zu feiern, denn sie müssen die Anweisungen Maos oder anderer Autoritäten befolgen. Statt die Götter zu ehren, sind sie bestrebt, die Etikette einzuhalten, statt in Pilgerscharen marschieren sie in Produktionsbrigaden.

Eines Tages nahm mich der Kollege Li mit nach Shanghai. Was für ein Unterschied zwischen Peking und Shanghai! Die Riesenhaftigkeit der Stadt, die Verschiedenartigkeit der Architektur nahmen mir den Atem – ganze Viertel sind in französischem, italienischem oder amerikanischem Stil erbaut. Überall kilometerlange, von Bäumen beschattete Alleen, Boulevards, Promenaden, Passagen. Das Ausmaß der Bebauung, der großstädtische Verkehr, Autos, Rikschas, Fahrräder, Massen von Passanten, Läden und hier und da sogar Bars. Das Klima ist viel wärmer als in Peking, die Luft ist lau, man spürt die Nähe des Meeres.

Als wir einmal durch das japanische Viertel fuhren, sah ich das gedrungene Gebäude eines buddhistischen Tempels. »Steht dieser Tempel offen?« fragte ich den Kollegen Li. »Hier, in Shanghai, sicher«, antwortete er mit einer Mischung aus Ironie und Verachtung, als ob Shanghai zwar zu China gehörte, aber nicht hundertprozentig, als sei es nicht ganz Maozedong-haft.

Der Buddhismus fand in China nicht vor dem ersten Jahrtausend unserer Zeitrechnung Verbreitung. Bis zu dieser Zeit herrschten fünfhundert Jahre lang zwei geistige Richtungen, zwei Schulen, zwei Orientierungen nebeneinander – der Konfuzianismus und der Daoismus. Meister Konfuzius lebte in den Jahren 560–480 vor Christi Geburt. Die Historiker sind sich nicht einig, ob der Schöpfer des Daoismus – Meister Laozi – älter oder jünger war als Konfuzius. Viele Fachleute sind sogar der Ansicht, Laozi habe nie gelebt und das einzige Buch, das er hinterließ – das Daodejing, – sei nichts weiter als eine Sammlung von Fragmenten, Aphorismen und Sprüchen, die anonyme Schreiber und Kopisten zusammengetragen haben.

Wenn wir annehmen, daß Laozi lebte und älter war als Konfuzius, können wir auch die später oft wiederholte Erzählung für glaubwürdig halten, wonach der junge Konfuzius zu dem Ort pilgerte, an dem der Weise Laozi wohnte, um diesen um Rat zu bitten, wie er leben solle. »Lege alle Arroganz und Begierde ab«, antwortete ihm der Greis, »lege die Gewohnheit des Schmeichelns und die übertriebenen Ambitionen ab. Das alles fügt dir Schaden zu. Das ist es, was ich dir zu sagen habe.«

Wenn jedoch Konfuzius älter war als Laozi, dann konnte er seinem jüngeren Landsmann drei große Gedanken vermitteln. Erstens: »Wie kannst du glauben, du könnest Gott dienen, wo du nicht einmal weißt, wie du den Menschen dienen sollst?« Zweitens: »Weshalb Böses mit Gutem vergelten? Womit soll man dann Gutes vergelten?« Und drittens: »Wie kannst du wissen, was der Tod ist, da du nicht weißt, was das Leben ist?«

Die Denkweisen des Konfuzius und des Laozi (falls er lebte) haben ihren Ursprung in der ausgehenden

Tschou-Dynastie, in der Epoche der Kämpfenden Königreiche, als China zerrissen war und in zahlreiche Staaten zerfiel, die einander erbittert verlustreiche Kriege lieferten. Ein Mensch, dem es gelang, für den Augenblick dem Töten zu entkommen, der jedoch nach wie vor Unsicherheit und Angst vor dem Morgen verspürte, stellte sich die Frage: Wie kann ich überleben? Und auf ebendiese Frage sucht das chinesische Denken eine Antwort zu finden. Es ist möglicherweise die praktischste Philosophie, die unsere Welt kennt. Im Gegensatz zum hinduistischen Denken begibt es sich nur selten in Sphären der Transzendenz, sondern versucht dem einfachen Menschen zu raten, wie er in einer Situation überleben kann, in die er aus dem ganz einfachen Grund geraten ist, daß er, unfreiwillig und ohne sein Zutun, in diese grausame Welt geboren wurde.

An diesem grundlegenden Punkt laufen die Wege von Konfuzius und Laozi (falls er lebte) auseinander, oder genauer, jeder erteilt auf die Frage, wie man leben soll, eine andere Antwort. Konfuzius sagt, der Mensch werde in einer Gemeinschaft geboren, daher habe er gewisse Pflichten. Die wichtigsten davon sind, den Anweisungen der Staatsmacht zu folgen und den Eltern zu gehorchen. Und auch, die Ahnen und die Tradition zu ehren. Die sorgfältige Einhaltung der Etikette. Die Einhaltung der bestehenden Ordnung und Ablehnung jeder Veränderung. Bei Konfuzius ist der Mensch ein loyales, der Staatsmacht gegenüber gehorsames Wesen. Wenn du brav bist und gewissenhaft ihre Anweisungen befolgst – so sagt der Meister –, wirst du überleben.

Laozi (falls er lebte) empfiehlt eine andere Haltung. Der Begründer des Daoismus erteilt den Rat, sich stets aus allem herauszuhalten. Nichts ist von Dauer, sagt der Meister. Binde dich also an nichts. Alles Existierende wird vergehen, du sollst daher über allem stehen, Distanz wahren, sollst nicht versuchen, jemand zu sein, nach etwas zu streben, etwas zu besitzen. Handle, indem du nicht handelst, deine Kraft sei die Schwäche und Ratlosigkeit, deine Klugheit Naivität und Unwissenheit. Wenn du überleben willst, mache dich entbehrlich, so daß du keinem von Nutzen bist. Wohne weit weg von den Menschen, werde zum inneren Eremiten, begnüge dich mit einer Schale Reis, einem Schluck Wasser. Und am wichtigsten – halte das Dao ein. Doch was ist das Dao? Das läßt sich eben nicht sagen, denn das Wesen des Dao ist gerade seine Unbestimmtheit und Unaussprechlichkeit. »Wenn sich das Dao als Dao definieren läßt, ist es nicht das wahre Dao«, sagt der Meister. Das Dao ist der Weg, und das Dao zu befolgen bedeutet, diesen Weg einzuhalten und geradeaus zu gehen.

Der Konfuzianismus ist die Philosophie der Staatsmacht, der Ämter und Instanzen, der Ordnung und des Stillgestanden, die Philosophie des Daoismus ist die Weisheit derjenigen, die sich weigern, am Spiel teilzunehmen, die nur ein Teil der allem gegenüber gleichgültigen Natur sein wollen.

In gewissem Sinn stellen Konfuzianismus und Daoismus ethische Schulen dar, die uns verschiedene Strategien des Überlebens anbieten. In den Abschnitten, die sich an den einfachen Menschen wenden, haben sie eines gemeinsam: die Empfehlung der Demut. Es ist bemerkenswert, daß ungefähr zur selben Zeit, ebenfalls in Asien, zwei andere Denkschulen entstehen (der

Buddhismus und die ionische Philosophie), die dem kleinen, unbedeutenden Menschen genau dasselbe anraten wie Konfuzianismus und Daoismus – Demut.

Auf den Bildern der konfuzianischen Maler sehen wir höfische Szenen – der thronende Kaiser, umgeben von steif dastehenden Bürokraten, Verantwortlichen des Palastprotokolls, aufgeblasenen Generälen und demütig gebeugten Dienern. Auf den Bildern der Maler des Daoismus sehen wir weite pastellfarbene Landschaften, sich schemenhaft abzeichnende Bergketten, leuchtende Nebel, Maulbeerbäume und – im Vordergrund – schlanke, zarte, im Wind zitternde Bambusblätter.

Während ich mit dem Kollegen Li durch die Straßen von Shanghai spaziere, stelle ich mir immer wieder, wenn uns ein Chinese entgegenkommt, die Frage, ob er Konfuzianist, Daoist oder Buddhist ist, das heißt, ob er der Schule – in chinesischer Sprache – Dschu, Dao oder Fo angehört.

Doch diese Frage ist zu kompliziert und obendrein irreführend, sie verfehlt das Wesen der Dinge. Denn die große Kraft der chinesischen Idee besteht in ihrem biegsamen und einigenden Synkretismus, in der Vereinigung verschiedener Richtungen, Ansichten und Haltungen zu einer Gesamtheit, wobei in diesem Prozeß nie die Kerne, die Fundamente der einzelnen Schulen zerstört wurden. Im Verlauf der tausendjährigen Geschichte Chinas gab es verschiedene Entwicklungen – einmal überwog der Konfuzianismus, dann der Daoismus, dann wieder der Buddhismus (man kann sie kaum Religionen im europäischen Sinn nennen, da sie keinen Gottesbegriff kennen), zeitweise kam es zu Spannungen und Konflikten zwischen ihnen, einmal unterstützte ein Kaiser diese, dann jene geistige Richtung, manchmal versuchte einer die Richtungen zu vereinen, dann wieder, sie zu spalten und gegeneinander auszuspielen, doch am Schluß endete alles gütlich, in gegenseitiger Durchdringung, in einer Form der Koexistenz. Alles stürzte in den großen Schlund der Geschichte dieser Zivilisation, wurde von ihr absorbiert und erhielt dann unverkennbar eine chinesische Form und Gestalt.

Zu einem solchen Prozeß der Synthese, Verbindung und Veränderung konnte es auch im Denken eines einzelnen Chinesen kommen. Je nach Situation, Kontext und Umständen gewannen einmal die Elemente des Konfuzianismus, dann wieder die des Daoismus die Oberhand, denn nichts war ein für allemal festgelegt, nichts endgültig abgeschlossen, für immer besiegelt. Um zu überleben, konnte er gehorsam alle Befehle befolgen. Nach außen hin unterwürfig, doch im Inneren unverwechselbar, unzugänglich, unabhängig.

Wir waren wieder in Peking, in unserem Hotel. Ich kehrte zu meinen Büchern zurück. Ich begann die Geschichte des großen Dichters des neunten Jahrhunderts, Han Yus, zu studieren. Han Yu, ein Anhänger des Konfuzianismus, beginnt an einem gewissen Zeitpunkt, die Einflüsse des Buddhismus als eine China fremde, hinduistische Ideologie zu bekämpfen. Er schreibt kritische Essays, beißende Pamphlete. Diese chauvinistische Tätigkeit des großen Dichters bringt den damals herrschenden Kaiser Hsien, einen Anhänger des Buddhismus, so in Rage, daß er Han Yu zuerst zum Tode verurteilt und die Strafe dann, auf Bitten der Höflinge, in eine Verbannung in die heutige Provinz Kwangtung verwandelt, an einen Ort voller Krokodile.

Ehe ich herausfinden konnte, was weiter geschah, kam jemand aus der Redaktion von »Zhongguo« mit einem Herrn der Außenhandelszentrale zu mir, der aus Warschau einen Brief meiner Kollegen mitgebracht hatte. Die Kollegen des »Sztandar Młodych« schrieben mir, unser Redaktionskollektiv habe sich gegen die Schließung der Zeitschrift »Po prostu« ausgesprochen, deshalb sei es vom ZK aufgelöst worden, die Zeitung werde nun von drei eingesetzten Kommissaren geleitet. Als Zeichen des Protestes habe ein Teil der Kollegen gekündigt, andere wollten noch abwarten. In dem Brief fragten meine Kollegen auch, was ich so treibe.

Nachdem der Herr von der Außenhandelszentrale gegangen war, sagte ich, ohne lange zu überlegen, zum Kollegen Li, ich hätte die Anweisung erhalten, so rasch wie möglich nach Warschau zurückzukehren, deshalb müsse ich packen. Das Gesicht des Kollegen Li zeigte keinerlei Reaktion. Wir sahen einander eine Weile an, dann gingen wir hinunter in den Speisesaal, wo das Abendessen auf uns wartete.

Aus China fuhr ich, ähnlich wie aus Indien, mit einem Gefühl des Verlustes weg, sogar mit Bedauern, gleichzeitig hatte meine Abreise jedoch etwas von einer bewußten Flucht an sich. Ich mußte fliehen, weil mich die Begegnung mit dieser neuen, mir bislang unbekannten Welt völlig in ihren Bann zu schlagen begann, sie saugte mich ein, bemächtigte sich meiner, machte mich abhängig. Ich war auf Anhieb fasziniert und von dem brennenden Wunsch gepackt, diese Welt kennenzulernen, darin einzutauchen, unterzugehen, mich mit ihr zu identifizieren. Als wäre ich hier geboren und aufgewachsen, als hätte ich hier zu leben begonnen. Ich wollte auf der Stelle die Sprache erlernen, wollte jeden Winkel des unbekannten Landes erkunden, wollte eine Menge Bücher darüber lesen.

Das war wie eine Krankheit, eine gefährliche Schwäche, denn gleichzeitig machte ich mir bewußt, wie ungeheuer groß, vielfältig, komplex und verschieden diese Zivilisationen waren und daß ich, wenn ich nur den Bruchteil von einer davon kennenlernen wollte, dafür mein ganzes Leben aufwenden müßte. Diese Zivilisationen sind Gebäude mit zahllosen Räumen, Korridoren, Balkonen und Mansarden, angelegt in Mäandern und Labyrinthen, so daß es für denjenigen, der einmal eines dieser Gebäude betritt, keinen Ausweg, keine Rückkehr mehr gibt. Indologie, Sinologie, Arabistik oder Hebraistik sind hoch anspruchsvolle, den Menschen völlig in Beschlag nehmende Spezialfächer, neben denen man für nichts anderes mehr Zeit findet.

Mich hingegen zog auch das an, was jenseits der Grenze dieser Welten lag – mich lockten neue Menschen, neue Wege, neue Himmel. Der Wunsch, <u>die Grenze zu überschreiten</u>, zu sehen, was dahinter ist, war in mir nach wie vor lebendig.

Ich kehrte nach Warschau zurück. Meine seltsame Situation in China, wo ich nirgends dazugehört, mich in einem leeren Raum befunden hatte, erfuhr rasch

Aufklärung. Die Idee, mich nach Peking zu schicken, war im Zusammenwirken zweier Tauwetterprozesse entstanden: einmal in Polen, im Oktober 1956, und in China, die Hundert-Blumen-Bewegung des Vorsitzenden Mao. Doch ehe ich noch nach China gekommen war, hatten in Warschau und in Peking schon wieder gegenläufige Prozesse eingesetzt. In Polen führte Gomułka seine Kampagne gegen die Liberalen, und in China begann Mao die drakonische Politik des Großen Sprungs nach vorn.

Eigentlich hätte ich sofort nach meiner Ankunft in Peking wieder zurückfahren sollen. Doch meine Redaktion schwieg die ganze Zeit über – verschreckt und ums Überleben kämpfend, vergaßen sie mich. Oder vielleicht wollten sie nur mein Bestes, vielleicht dachten sie, ich würde in China überdauern? Die Redaktion von »Zhongguo« war meiner Überzeugung nach von der chinesischen Botschaft in Warschau allerdings sehr wohl darüber informiert worden, daß der Korrespondent des »Sztandar Młodych« von einer Zeitung geschickt wurde, die nur noch an einem einzigen Haar hing, und daß es nur noch eine Frage der Zeit sein konnte, wann sie unter die Guillotine käme. Vielleicht war es der traditionellen Gastfreundschaft zu verdanken, dem alles beherrschenden Wunsch, das Gesicht zu wahren, der den Chinesen angeborenen Freundlichkeit, daß sie mich nicht hinauswarfen. Sie rechneten eher damit, und schufen auch die entsprechenden Bedingungen, daß ich von selber erkannte, daß das zuvor vereinbarte Modell der Zusammenarbeit nicht länger aktuell war. Und daß ich von selber sagte: Ich fahre ab.

DIE ERINNERUNG
AUF DEN STRASSEN
DER WELT

Unmittelbar nach meiner Rückkehr nach Polen wechselte ich die Redaktion. Ich bekam eine Stelle in der Polnischen Presseagentur. Da ich aus China kam, war mein neuer Chef, Michał Hofman, der Meinung, ich müßte in den Angelegenheiten des Fernen Ostens Bescheid wissen, daher sollte ich mich mit diesem Gebiet befassen – es handelte sich um jenen Teil Asiens, der östlich von Indien liegt und die zahllosen Pazifikinseln mit einschließt.

Alle wissen wir von allem nur wenig, ich aber hatte von den mir zugeteilten Ländern überhaupt keine Ahnung, ich verbrachte daher Nächte damit, etwas über die Partisanen in den Dschungeln von Birma und Malaysien, von den Revolten auf Sumatra und Celebes oder über die Rebellion des Moro-Stammes auf den Philippinen in Erfahrung zu bringen. Neuerlich stellte sich mir die Welt als ein gigantisches Thema dar, das ich nicht zu ergründen und zu bewältigen vermochte. Um so weniger, als ich nicht viel Zeit dafür aufwenden konnte, weil mein ganzer Tag von der Redaktionsarbeit ausgefüllt wurde – ununterbrochen kamen aus den verschiedenen Ländern Depeschen herein, die gelesen, übersetzt, gekürzt, redigiert und an die Zeitungen weitergeschickt werden mußten.

Da ich nun jeden Tag Nachrichten über Rangun oder Singapur, Hanoi, Manila oder Bandung erhielt, ging meine in Indien und Afghanistan begonnene und dann in Japan und China fortgesetzte Reise durch die Länder Asiens faktisch ohne Unterbrechung weiter. Auf meinem Schreibtisch hatte ich, unter Glas, eine Vorkriegskarte des Kontinents liegen, über die ich manchmal mit dem Finger fuhr, um zu sehen, wo Phnom Penh lag, Surabaya oder das schwierig zu findende Laoag, wo gerade ein Putschversuch gegen Eine Wichtige Person stattgefunden hatte oder ein Streik der Arbeiter der Kautschukplantagen ausgebrochen war. In Gedanken reiste ich hierhin und dorthin, wobei ich mir die Orte und Ereignisse vorzustellen versuchte.

Manchmal, wenn sich die Redaktion abends leerte, es im Gang still wurde und ich ein wenig abschalten wollte von den Depeschen über Streiks und bewaffnete Kämpfe, Putsche und Explosionen, die mir unbekannte Länder erschütterten, griff ich nach den in der Schublade liegenden *Historien* des Herodot.

Herodot beginnt sein Buch mit einem Satz, in dem er erläutert, warum er es überhaupt geschrieben hat:

Dies ist die Darstellung der Forschung des Herodotos von Halikarnassos. Sie ist verfaßt, damit die von Menschen vollbrachten Taten nicht mit der Zeit in Vergessenheit geraten und die großen und bewundernswerten Leistungen, die einerseits von den Griechen, andererseits von den Nichtgriechen erbracht wurden, nicht ohne

Nachruhm bleiben. Insbesondere aber soll gezeigt werden, warum die Griechen und Nichtgriechen in eine kriegerische Auseinandersetzung miteinander geraten sind.

Dieser Satz ist der Schlüssel für das ganze Buch.

Erstens informiert uns Herodot darin, daß er Forschungen durchführte (ich würde lieber das Wort »Nachforschungen« verwenden). Heute wissen wir, daß sie ihn sein ganzes – für die damalige Zeit langes – Leben hindurch beschäftigten. Warum machte er das? Warum hat er in seiner Jugend diesen Entschluß gefaßt? Oder hat ihn jemand zu diesen Nachforschungen angeregt? Hat ihn jemand beauftragt, sie durchzuführen? Hat sich Herodot in den Dienst eines Mächtigen begeben? Eines Rates der Alten? Eines Orakels? Und wem nützten diese Nachforschungen? Wofür?

Aber vielleicht unternahm er alles aus eigenem Antrieb, besessen von einer Passion der Erkenntnis, getrieben von einem unruhigen, unbestimmbaren Zwang? Vielleicht war ihm von Natur aus ein forschender Geist gegeben, der unaufhörlich Tausende Fragen produzierte, der ihm keine Ruhe ließ und ihm nachts den Schlaf raubte? Wenn ihn wirklich, was ja vorkommen kann, so eine individuelle und ganz private Manie der Neugierde auszeichnete, wie fand er dann die Zeit, diese jahrelang zu befriedigen?

Herodot bekennt, daß er an einer Obsession der Erinnerung litt – er wußte, daß die Erinnerung etwas Flüchtiges, Brüchiges, nicht Dauerhaftes, ja Trügerisches ist. Daß sich das, was in ihr ist, was sie in sich bewahrt, verflüchtigen, spurlos verschwinden kann. Seine ganze Generation, alle Menschen, die damals auf Erden lebten, litten unter dieser Angst: Ohne Erinnerung kann man nicht leben, denn sie ist es, die den Menschen über die Welt der Tiere erhebt, die die Gestalt seiner Seele ausmacht, gleichzeitig ist sie jedoch so irreführbar, ungreifbar, trügerisch. Das hat zur Folge, daß sich der Mensch seiner selbst so wenig sicher ist. Halt, das war doch ...! Na, denk nach, wann war denn das? Das war doch dieser ...? Also, versuche dich zu erinnern, wer das war! Wir wissen es nicht, und hinter diesem »wir wissen es nicht« erstreckt sich ein riesiges Gebiet des Unwissens; des Unwissens oder – des Nichtexistierens.

Der moderne Mensch sorgt sich nicht um seine Erinnerung, denn er ist umgeben von aufbewahrten Erinnerungen. Er hat alles in Reichweite – Enzyklopädien, Nachschlagewerke, Wörterbücher, Kompendien. Bibliotheken und Museen, Antiquariate und Archive. Tonbänder und Filme. Das Internet. Unerschöpfliche Bestände von archivierten Wörtern, Tönen, Bildern – in Wohnungen, Magazinen, Kellern, auf Dachböden. Wenn er ein Kind ist, sagt ihm die Lehrerin in der Schule alles, wenn er ein Student ist – erfährt er es von seinem Professor.

Zur Zeit des Herodot gab es keine oder fast keine dieser Institutionen, Einrichtungen und Techniken. Der Mensch wußte das, und nur das, was er in seinem Gedächtnis gespeichert hatte. Einzelne Menschen lernten, auf Papyrusrollen und Tontafeln zu schreiben. Doch die übrigen? Die Beschäftigung mit der Kultur war stets eine aristokratische Domäne. Wo die Kultur von diesem Prinzip abweicht – geht sie zugrunde.

In der Welt Herodots ist der Mensch beinahe der einzige Bewahrer der Erinnerung. Um zu erfahren, was erinnert wurde, muß man daher zu einem Menschen gehen, und wenn er weit weg wohnt, müssen wir zu ihm wandern, uns auf den Weg machen, und wenn wir ihn treffen, müssen wir uns mit ihm hinsetzen und hören, was er uns zu sagen hat, zuhören, es uns einprägen, vielleicht aufschreiben. So beginnt die Reportage, aus einer solchen Situation wird sie geboren.

Herodot wandert also durch die Welt, er trifft Menschen und hört zu, was sie erzählen. Sie sagen ihm, wer sie sind, sie erzählen ihre Geschichte. Aber woher wissen sie, wer sie sind, von wo sie kommen? Ach, antworten sie, wir haben das von anderen gehört, vor allem von unseren Vorfahren. Die haben ihnen ihr Wissen übermittelt, so wie sie das jetzt mit anderen tun. Dieses Wissen hat die Form von Erzählungen. Die Menschen sitzen ums Lagerfeuer herum und erzählen. Später einmal wird man das Legenden und Mythen nennen, doch im Augenblick, während sie das sagen oder hören, glauben sie, es handle sich um die heilige Wahrheit, die wirklichste der Wirklichkeiten.

Sie hören zu, das Feuer brennt, jemand legt ein Scheit Holz nach, Licht und Wärme des Feuers beleben die Gedanken, wecken die Phantasie. Daß diese Erzählungen überhaupt gesponnen werden können, ist nur denkbar, wenn irgendwo ein Feuer brennt oder eine Funzel oder Kerze das Dunkel des Hauses erhellt. Das Licht wirkt anziehend, es eint die Gruppe, setzt gute Energien in ihr frei. Das Feuer und die Gemeinschaft. Feuer und Geschichte. Feuer und Erinnerung. Für Heraklit, älter als Herodot, ist das Feuer der Urbeginn jeglicher Materie, die allererste Substanz: Alles, sagte er, ist, so wie das Feuer, ständig in Bewegung, alles erlischt, um von neuem aufzuflammen. Alles fließt, doch im Fließen unterliegt es einer Veränderung. Genauso ist es mit der Erinnerung. Manche ihrer Bilder erlöschen, und an ihrer Stelle tauchen neue auf. Nur daß diese neuen nicht identisch sind mit den vorigen, sie sind anders – so wie man nicht zweimal in denselben Fluß steigen kann, ist es auch undenkbar, daß ein neues Bild genauso ist wie das vorige.

Dieses Gesetz des unwiederbringlichen Vergehens versteht Herodot sehr gut, und er möchte sich seiner zerstörerischen Kraft entgegenstellen: *damit die von Menschen vollbrachten Taten nicht mit der Zeit in Vergessenheit geraten...*

Was für ein Mut, was für eine Überzeugung von der eigenen Bedeutung und Mission, zu behaupten, man vollbringe etwas, von dem es abhängt, daß *die von Menschen vollbrachten Taten nicht bei der Nachwelt in Vergessenheit geraten...* Die von Menschen vollbrachten Taten, die Geschichte der Menschheit! Doch woher wußte er, daß es so etwas wie eine Geschichte der Menschheit geben kann? Sein Vorläufer – Homer – beschrieb die Geschichte eines konkreten Krieges, des Trojanischen Krieges, und dann die Abenteuer eines einsamen Wanderers: Odysseus. Aber die Geschichte der Menschheit? Das ist schon eine neue Form des Denkens, ein neuer Begriff, ein neuer Horizont. Mit diesem Satz erscheint uns Herodot nicht als irgendein Schreiberling, ein engstirniger Provinzler, ein Anhänger seiner eigenen kleinen Polis, ein Patriot eines der Dutzenden Kleinstadt-Staaten, aus denen das damalige Griechenland besteht. Nein, der Autor der *Historien* tritt uns auf Anhieb als Visionär dieser Welt entgegen, als ein schöpferischer Geist, befähigt zu globalem Denken, kurz, als der erste Globalist.

Natürlich ist die Karte der Welt, die Herodot vor Augen hat oder die er sich vorstellt, eine andere als die, mit der wir es heute zu tun haben – seine Welt ist viel kleiner als unsere. Ihr Zentrum sind die gebirgigen und damals bewaldeten Gebiete rund um die Ägäis. Die Gebiete am westlichen Ufer gehören zu Griechenland, die am östlichen – zu Persien. Und da haben wir schon den Kern des Problems, denn Herodot wurde geboren, wuchs heran und begann, etwas von dieser Welt zu begreifen, als er sah, daß diese Welt geteilt war, daß sie in Osten und Westen zerfiel, daß die beiden Gebiete verfeindet waren, sich im Konflikt, im Kriegszustand befanden.

Die Frage, die sich ihm, wie jedem denkenden Menschen, auf Anhieb stellt, lautete: Warum ist das so? Und genau diese Frage findet sich im ersten Absatz von Herodots Meisterwerk: *Insbesondere aber soll gezeigt werden, warum die Griechen und Nichtgriechen in eine kriegerische Auseinandersetzung miteinander geraten sind.*

Genau das ist es. Wir sehen, daß diese Frage die Menschheit seit Jahrtausenden beschäftigt und verunsichert, daß sie seit Anbeginn der Geschichte immer wiederkehrt: Warum geraten die Menschen in kriegerische Auseinandersetzungen? Was ist der Grund dafür? Wonach streben sie, wenn sie Krieg führen? Was leitet sie dabei? Was denken sie? Welches Ziel verfolgen sie? Fragen, eine endlose Litanei von Fragen! Herodot verbringt sein arbeitsames, umtriebiges Leben damit, eine Antwort darauf zu finden. Wobei er von allgemeinen und abstrakten Fragen eher die konkreten auswählt, Ereignisse, die sich vor seinen Augen abspielen oder noch frisch in Erinnerung sind, und selbst wenn die Erinnerung verblaßt ist, so ist sie doch noch da, kurz gesagt, er konzentriert seine Aufmerksamkeit und sein Forschen auf die Frage: Warum führt Griechenland (das heißt: Europa) Krieg gegen Persien (das heißt: Asien), warum bekämpfen diese beiden Welten einander, und zwar auf Leben und Tod? War das schon immer so? Wird es immer so sein?

Das alles interessiert ihn, damit beschäftigt er sich, das nimmt ihn unaufhörlich in Anspruch. Wir können uns so einen Menschen vorstellen, der besessen ist von einer Idee. Er ist rastlos, kann nicht an einem Ort bleiben, ständig sehen wir ihn woanders überall, wo er auftaucht, erzeugt er eine Atmosphäre der Anspannung und Unruhe. Menschen, die nicht gern aus dem Haus gehen und ihre nähere Umgebung nur selten verlassen – und solche Menschen sind immer und überall in der Mehrheit – , betrachten solche Typen als Sonderlinge, als Kranke, ja als Verrückte.

Vielleicht wurde Herodot von seinen Zeitgenossen genau so gesehen. Er selbst sagt nichts darüber. Hat er sich überhaupt für so etwas interessiert? Er war vollauf beschäftigt mit seinen Reisen, den Vorbereitungen dafür, und dann mit der Auswahl und Sichtung der mitgebrachten Materialien. Denn eine Reise beginnt nicht in dem Moment, da wir uns auf den Weg machen, und sie endet nicht, wenn wir ans Ziel gelangt sind. In Wahrheit beginnt sie viel früher, und sie ist faktisch nie zu Ende, weil sich das Band unserer Erinnerung in unserem Inneren weiterdreht, auch wenn wir längst angekommen sind. Es gibt so etwas wie eine Infizierung mit dem Reisebazillus, und das ist eine im Grunde unheilbare Krankheit.

Wir wissen nicht, in welcher Rolle er reiste. Ob als Kaufmann, ein beliebter Beruf der Menschen der Levante? Wohl eher nicht, da er sich nicht für Preise, Waren, Märkte interessiert. Als Diplomat? Diesen Beruf hat es damals noch nicht gegeben. Als Spion? Aber für welchen Staat? Als Tourist? Nein, Touristen reisen, um sich zu erholen, Herodot hingegen arbeitet während der Reise schwer – er ist Reporter, Anthropologe, Ethnograph, Historiker. Darüber hinaus ist er ein typischer Wanderer oder, wie man das später im mittelalterlichen Europa nennen wird, ein Mann der Landstraße. Doch sein Wandern gleicht nicht dem eines Taugenichts, es ist kein sorgloses Ziehen von einem Ort zum anderen – die Reisen Herodots sind zielgerichtet, er möchte die Welt und ihre Bewohner kennenlernen, um sie dann zu beschreiben. Vor allem möchte er *die großen und bewundernswerten Leistungen* beschreiben, *die einerseits von den Griechen, andererseits von den Nichtgriechen erbracht wurden...*

Das ist sein ursprüngliches Ziel. Doch mit jedem neuen Aufbruch wächst seine Welt, wird vielfältiger, größer. Es stellt sich heraus, daß hinter Ägypten noch Libyen liegt, und dahinter das Land der Äthiopier oder Afrika, daß es im Osten, wenn man das große Persien durchmessen hat (wofür man drei Monate strengen Fußmarsches braucht), das erhabene und unzugängliche Babylon gibt, und dann das Vaterland der Inder, von dem keiner weiß, wo es endet, und im Westen reicht das

Mittelmeer weit, bis nach Abylien und zu den Säulen des Herakles, und dann, so sagt man, gibt es sogar noch ein weiteres Meer, und auch im Norden existieren Meere und Steppen und Wälder, bewohnt von den zahllosen Völkern der Skythen.

Anaximander von Milet (eine schöne Stadt in Kleinasien), älter als Herodot, schuf als erster eine Weltkarte. Nach seiner Vorstellung hatte die Welt die Gestalt einer Walze. Auf der oberen Seite wohnen die Menschen. Sie ist umgeben von Himmeln. In gleicher Entfernung von allen Himmelskörpern ragt sie aufrecht in die Luft. In derselben Epoche entstehen noch verschiedene andere Weltkarten. Meist wird die Welt auf ihnen flach dargestellt, als ovale Scheibe, auf allen Seiten umgeben von den Wassern des großen Flusses Okeanos. Der Okeanos ist nicht nur die Grenze der Erde, er ist auch die Quelle aller Flüsse der Welt.

Das Zentrum dieser Welt war die Ägäis mit ihren Ufern und Inseln. Von dort bricht Herodot zu seinen Fahrten auf. Je weiter er in Richtung der Ränder der Erde vordringt, um so häufiger begegnet er Unbekanntem, Neuem. Er ist der erste, der die multikulturelle Natur der Welt entdeckt. Er argumentiert als erster, daß jede Kultur Akzeptanz und Verständnis verdient. Will man sie begreifen, muß man sie erst kennenlernen. Wodurch unterscheiden sich die Kulturen voneinander? Vor allem durch ihre Gebräuche. Sag mir, wie du dich kleidest, wie du dich benimmst, welche Gewohnheiten du hast, welchen Göttern du huldigst – und ich sage dir, wer du bist. Der Mensch schafft nicht nur die Kultur und lebt in ihr, er trägt sie in sich, der Mensch ist die Kultur.

Herodot weiß zwar viel über die Welt, doch er weiß nicht alles. Er hat nie von China oder Japan gehört, er weiß nichts von Australien oder Ozeanien, er hat keine Ahnung, daß der große amerikanische Kontinent existiert und blüht, er weiß nicht einmal etwas vom viel näher liegenden West- und Nordeuropa. Seine Welt ist die Welt des Mittelmeeres und des Nahen Ostens, die sonnige Welt der Meere und Seen, der hohen Berge und grünen Täler, der Oliven und des Weins, der Ferkel und Lämmer, das sanfte Arkadien, durch das sich alle paar Jahre Ströme von Blut ergießen.

*GLÜCK UND UNGLÜCK
DES KROISOS*

Bei seiner Suche nach Antworten auf die für ihn wichtigsten Fragen, nämlich worauf sich der Konflikt zwischen Osten und Westen zurückführt, weshalb zwischen ihnen feindliche Beziehungen bestehen, geht Herodot sehr vorsichtig vor. Er ruft nicht: Ich weiß es! Ich weiß es! Im Gegenteil, er bleibt im Hintergrund und schiebt für die Antwort andere vor. Diese anderen sind in dem Fall *persische Gelehrte*. Diese gelehrten Perser, so Herodot, behaupten, den Weltkonflikt zwischen Ost und West hätten weder die Griechen noch die Perser heraufbeschworen, sondern ein drittes Volk, umtriebige Berufshändler – die Phönizier. Die Phönizier hätten mit dem Gewerbe des Frauenraubs begonnen, und das sei der Anfang aller globalen Unruhen gewesen.

Die Phönizier also rauben im griechischen Hafen Argos eine Königstochter namens Io und bringen sie mit dem Schiff nach Ägypten. Dann landen ein paar Hellenen in der phönizischen Stadt Tyros und entführen von dort die Königstochter Europa. Andere Hellenen entführen Medea, die Tochter des Königs der

Kolcher. Daraufhin raubt Alexander von Troja Helena, die Gemahlin des griechischen Königs Menelaos, und verschleppt sie nach Troja. Aus Rache ziehen die Griechen gegen Troja. Es bricht ein großer Krieg aus, dessen Geschichte Homer verewigt hat.

Herodot zitiert einen Kommentar der persischen Gelehrten:

Weiber zu entführen, so sagen die Perser, *sei ihrer Meinung nach zwar unrecht, töricht aber, sich darüber aufzuregen, jedenfalls sei es das klügste, sich um solche entführte Weiber nicht zu kümmern, denn sicherlich wären sie nicht entführt, wenn sie es nicht selber gewollt hätten.* Und als Beweis führt er den Fall der griechischen Königstochter Io an, wie die Phönizier ihn darstellen: *Sie behaupten nämlich, sie hätten sie nicht geraubt und nach Ägypten entführt, sondern sie hätte sich in Argos mit dem Schiffsherrn eingelassen und, als sie gemerkt, daß sie schwanger geworden, sich aus Furcht vor den Eltern mit den Phoinikiern freiwillig zu Schiff davongemacht, damit es nicht an den Tag käme.*

Warum beginnt Herodot seine große Beschreibung der Welt mit der, nach Meinung der persischen Gelehrten, nebensächlichen Angelegenheit des gegenseitigen Mädchenraubs? Weil er das Gesetz des medialen Marktes respektiert: Um eine Geschichte gut verkaufen zu können, muß sie interessant sein, eine Prise Pfeffer enthalten, etwas Sensationelles, einen Schauer. Alle diese Bedingungen erfüllen die Erzählungen vom Raub der Frauen.

Herodot lebt am Wendepunkt zwischen zwei Epochen – noch dominiert die Tradition der mündlichen Überlieferung, die Zeit der schriftlichen Geschichtsdarstellung beginnt eben erst. Es ist vorstellbar, daß der Lebens- und Arbeitsrhythmus Herodots folgendermaßen aussah: Er unternahm eine weite Reise, in deren Verlauf er Material zusammentrug, dann kehrte er zurück, fuhr durch verschiedene griechische Städte, organisierte so etwas wie Autorenabende und berichtete über die Erfahrungen, Eindrücke und Beobachtungen von seinen Reisen. Vielleicht lebte er von diesen Begegnungen und bezahlte damit die nächsten Reisen, deshalb war er daran interessiert, ein möglichst großes Auditorium um sich zu versammeln, Massen anzulocken. Aus diesem Grund war es gut, mit etwas zu beginnen, was die Aufmerksamkeit fesselte, Neugierde weckte, nach einer Sensation klang. In seinem ganzen Werk tauchen immer wieder Passagen auf, die das Publikum bewegen, verblüffen, in Erstaunen versetzen sollen, weil es ohne solche Anreize, gelangweilt, vorzeitig aufbrechen und den Sprecher vor einem leeren Saal zurücklassen könnte.

Doch in den Berichten über den Raub der Frauen ging es nicht nur um billige Sensationen, um zweideutige, pikante Hintergründe. Denn schon hier, gleich zu Beginn seiner Nachforschungen versucht er sein erstes Gesetz der Geschichte zu formulieren. Dieses Bestreben hat damit zu tun, daß Herodot auf seinen Reisen Unmengen von Material aus verschiedenen Epochen und Orten sammelte und ein Prinzip festlegen und definieren wollte, nach dem er die auf den ersten Blick chaotische und unübersichtliche Faktensammlung ordnen konnte. Ist es überhaupt möglich, ein solches Prinzip zu formulieren? Herodot antwortet darauf mit Ja. Es ist dies nämlich die Antwort auf die Frage: Wer hat angefangen? *Wer hat das erste Unrecht begangen?* Wenn wir uns diese Frage stellen, fällt es uns schon ein wenig leichter, uns durch die verwickelten und komplizierten Mäander der Geschichte zu bewegen und für uns selber zu klären, welche Gesetze und Kräfte sie lenken.

Die Definition dieses Gesetzes und das Wissen darum sind deshalb so wichtig, weil in Herodots Welt (und in verschiedenen Gesellschaften sogar heute noch) das ewige Gesetz der Rache, das Recht der Vergeltung, Aug um Aug, Zahn um Zahn, Gültigkeit besitzt. Die Rache ist nicht nur Gesetz, sie ist heiligste Pflicht. Wer nicht die Pflicht der Rache erfüllt, wird von seiner Familie, dem Klan, der Gesellschaft ausgestoßen. Die Pflicht der Rache lastet nicht nur auf jedem Mitglied des geschädigten Stammes. Auch alle Götter und sogar das unpersönliche und zeitlose Schicksal müssen diesem Gesetz Folge leisten.

Welche Funktion erfüllt die Rache? Die Angst vor der Rache, vor ihrer Unausweichlichkeit und ihrem Schrecken soll jeden von uns davon abhalten, eine böse Tat zu begehen, die einem anderen Schaden zufügt. Sie soll ein Hemmschuh, eine warnende Stimme sein. Wenn sie sich jedoch als unwirksam erweist und jemand eine Tat begeht, die anderen schadet, dann setzt der Täter damit eine Kette von Racheakten in Bewegung, die sich über Generationen, ja sogar über Jahrhunderte hinziehen kann.

Dem Mechanismus der Rache wohnt ein düsterer Fatalismus inne. Sie ist unausweichlich und unumkehrbar. Denn plötzlich trifft dich ein Unglück, und du weißt nicht, warum. Was ist geschehen? Ganz einfach, dich hat die Rache eingeholt für das Verbrechen eines

Vorfahren, der zehn Generationen vor dir gelebt hat und von dessen Existenz du nicht einmal gewußt hast.

Das zweite Gesetz Herodots, das sich nicht nur auf die Geschichte bezieht, sondern allgemein auf das Leben der Menschen, lautet: *Das Glück des Menschen ist nie von Dauer.* Und unser Grieche erbringt den Beweis für diese Wahrheit, indem er das dramatische, bewegende Schicksal des Königs der Lyder, Kroisos, schildert, das dem Fall des biblischen Hiob gleicht, dessen Vorläufer Kroisos vielleicht war.

Sein Königreich Lydien war ein mächtiger asiatischer Staat, zwischen Griechenland und Persien gelegen. Dort sammelte Kroisos in seinem Palast große Reichtümer an, Berge von Gold und Silber, für die er in der Welt berühmt war und die er gern seinen Besuchern vorführte. Die beschriebenen Ereignisse fanden in der zweiten Hälfte des sechsten Jahrhunderts vor Christus statt, einige Jahrzehnte vor Herodots Geburt.

Einmal fanden sich in der Hauptstadt Lydiens, Sardeis, *die Weisen jener Zeit, einer nach dem anderen, aus Griechenland dort ein, und so auch Solon aus Athen* (er war ein Dichter, der Schöpfer der Athener Demokratie, und berühmt für seine Weisheit). Kroisos empfing Solon persönlich. Er befahl den Dienern, ihm seine Schätze zu zeigen, und überzeugt, ihr Anblick müsse den Gast überwältigt haben, fragte er ihn: »...*nun verlangt mich aber auch von dir zu hören, wen du unter allen Menschen, die dir vorgekommen, für den Glücklichsten hältst.*«

Solon jedoch schmeichelte ihm nicht, er nannte als die Glücklichsten einige heldenhaft gefallene Athener und fügte hinzu: »*O Kroisos, ich weiß, wie neidisch und unberechenbar die Götter sind, und du fragst mich nach dem Schicksal der Menschen! Wieviel Schmerzliches erlebt man nicht im Laufe der Jahre? Nehmen wir an, das Leben währt siebzig Jahre. Diese siebzig Jahre machen fünfundzwanzigtausendzweihundert Tage ... Von allen diesen ... Tagen in den siebzig Jahren verläuft kein Tag wie der andere, und kein Mensch weiß, was der nächste Tag bringt. Ich sehe wohl, daß du sehr reich und ein großer König bist. Deine Frage aber kann ich nicht beantworten, bevor ich weiß, ob dein Leben bis zu Ende glücklich gewesen ... Vor seinem Ende aber dürfte man nie sagen, daß einer glücklich wäre, sondern höchstens, daß es ihm gut ginge ... Immer aber muß man abwarten, wie es mit ihm zu Ende geht; denn gar manchen, den die Gottheit mit Glücksgütern gesegnet, hat sie dann doch zugrunde gerichtet.*«

Und tatsächlich wurde Kroisos nach Solons Abreise schwer von der Strafe der Götter geschlagen, und zwar vermutlich deshalb, weil er sich für den allerglücklichsten Menschen der Welt gehalten hatte. Kroisos hatte zwei Söhne, den schöngewachsenen Atys und einen zweiten, taubstummen. Atys bewachte und hütete er wie seinen Augapfel. Und dennoch wurde dieser Sohn von einem Gast des Kroisos, einem gewissen Adrastos, unabsichtlich, während der Jagd getötet. Als Adrastos zu Bewußtsein kam, was er angerichtet hatte, war er völlig gebrochen. Beim Begräbnis des Atys wartete er, bis die Bestattungsfeierlichkeiten vorüber waren: *Adrastos aber ... hielt sich jetzt für den allerunglücklichsten Menschen, und nachdem die Menge sich verzogen, tötete er sich selbst auf dem Grabe.*

Nach dem Tod seines Sohnes lebt Kroisos zwei Jahre in tiefer Trauer. In dieser Zeit übernimmt bei den benachbarten Persern der große Kyros die Herrschaft, dem es zu verdanken ist, daß sich die Macht der Perser rasch ausweitet. Kroisos befürchtet, das Reich des Kyros könne zu mächtig werden und Lydien bedrohen, er erwägt daher, einem eventuellen persischen Angriff zuvorzukommen und selber als erster loszuschlagen.

Es herrschte damals der Brauch, daß die Mächtigen der Welt, bevor sie wichtige Entscheidungen trafen, den Rat eines Orakels einholten. Solche Orakel gibt es im damaligen Griechenland viele, doch das berühmteste hat seinen Sitz in einem auf einem hohen Berghang gelegenen Tempel, in Delphi. Um einen günstigen Spruch des Orakels zu erlangen, muß man die Delphische Gottheit mit Gaben gnädig stimmen. Kroisos ordnet daher eine gigantische Zahl von Opfergaben an.

Er befiehlt, dreitausend Rinder zu schlachten.

Er befiehlt, schwere Goldbarren einzuschmelzen und Gegenstände aus Silber zu zerschlagen.

Er befiehlt, einen hohen Scheiterhaufen zu errichten, auf dem er als Opfer goldene und silberne Betten, purpurne Mäntel und Chitone verbrennt.

Auch den Lydern befahl er, ihm, je nach Vermögen, Opfer zu bringen.

Wir können uns das zahlreiche, demütige Volk der Lyder vorstellen, wie es über die Landstraßen zu jenem Ort pilgert, an dem der große Scheiterhaufen lodert, und alles ins Feuer wirft, was es bisher als seinen wertvollsten Besitz ansah – Goldschmuck, alle möglichen sakralen und alltäglichen Gerätschaften, Festtagskleidung und Alltagsgewänder.

Die vom Orakel verkündeten Urteile zeichneten sich für gewöhnlich durch vorsichtige Doppeldeutigkeit und nebulose Unklarheit aus. Die Texte sind so formuliert, daß das Orakel im Fall eines Irrtums (und solche waren nicht selten) die Verantwortung von sich weisen und sein Gesicht wahren konnte. Und doch hörten die Menschen mit einem Eifer, der seit Jahrtausenden ungebrochen war, begierig und mit großer Aufregung die Urteile der Orakel und Wahrsager an – so stark und unüberwindlich war das Verlangen, den Vorhang vor dem Morgen wegzureißen. Wie wir sehen, war auch Kroisos nicht frei davon. Er erwartet ungeduldig die Rückkehr der Boten, die er zu mehreren griechischen Orakeln ausgeschickt hatte. Die Antwort des Orakels von Delphi lautete: Wenn du gegen die Perser ziehst, wirst du ein großes Reich zerstören. Und Kroisos, der ja diesen Krieg wollte, interpretierte den Wahrspruch, verblendet von seinem Aggressionsdrang, so: Wenn du gegen Persien ziehst – wirst du es vernichten. Denn Persien – und damit hatte er recht – war wirklich ein großes Reich.

Er zog also los, doch er verlor den Krieg, wodurch er – der Weissagung entsprechend – das eigene große Reich zerstörte und selber in Gefangenschaft geriet.

Die Perser aber, die ihn gefangen genommen, führten ihn vor Kyros. Der ließ einen hohen Scheiterhaufen errichten und Kroisos in Ketten darauf bringen, und vierzehn lydische Knaben mit ihm, sei es, um damit einem Gotte ein Erstlingsopfer zu bringen oder ein Gelübde zu erfüllen, sei es, um zu sehen, ob irgendein Gott Kroisos, dessen Gottesfurcht man ihm gerühmt, vielleicht vom Feuertode auf dem Scheiterhaufen erretten würde. Kroisos aber fielen hier auf dem Scheiterhaufen in seiner Not die Worte Solons ein, wie gottbegeistert der ihm gesagt, man dürfe niemand vor seinem Ende glücklich preisen. Als ihm die einfielen, seufzte er aus tiefster Brust, und nachdem er lange geschwiegen, rief er dreimal: »Solon!«

Nun fragen Dolmetscher auf Anweisung Kyros', der neben dem Scheiterhaufen steht, den Kroisos, wen er da anrief und was es zu bedeuten habe. Kroisos antwortet, doch während er spricht, hat der Scheiterhaufen schon Flammen gefangen und beginnt an allen Ecken zu lodern. Kyros ändert, von Mitleid gepackt, aber auch aus Furcht vor Rache, seinen Entschluß und befiehlt, den Scheiterhaufen auf der Stelle zu löschen und Kroisos zusammen mit den ihn begleitenden Knaben herunterzuholen. Doch trotz aller Versuche gelingt es nicht mehr, die Flammen zu ersticken.

Und nun ... als Kroisos ... sah, wie man sich vergeblich bemühte, das Feuer zu löschen, rief er unter Tränen mit lauter Stimme Apollon an ... Und als er den Gott so unter Tränen anrief, zog sich bei heiterer Luft und reinem Himmel plötzlich ein Gewölk zusammen, und es entlud sich ein Gewitter mit wolkenbruchartigem Regen und löschte das Feuer. Da merkte Kyros, daß er in der Tat ein guter, gottwohlgefälliger Mensch war, ließ ihn vom Scheiterhaufen holen und fragte ihn: »Aber Kroisos, wer hat dich denn nur dazu bewogen, mir ins Land zu fallen und den alten Freund mit Krieg zu überziehen?« Er aber antwortete: »Ach Herr, das habe ich dir zum Segen und mir zum Unsegen getan. Schuld daran ist der Gott der

Griechen, der mich zum Kriege verleitet hat. Wer wäre wohl so unvernünftig, den Krieg statt des Friedens zu wählen? Im Frieden begraben die Kinder ihre Eltern, im Kriege die Eltern ihre Kinder. Aber die Götter mögen es wohl so gewollt haben.«

Hierauf ließ er ihm die Ketten abnehmen, ihm einen Platz an seiner Seite einräumen und ihm große Ehre erweisen, wobei er und sein ganzes Gefolge mit Bewunderung auf ihn blickten. Kroisos aber saß lange in Gedanken, ohne ein Wort zu sagen.

Da sitzen nun die beiden größten Herrscher Asiens – der besiegte Kroisos und der siegreiche Kyros – nebeneinander, blicken auf die glosenden Reste des Scheiterhaufens, auf dem vor wenigen Augenblicken der eine den anderen verbrennen wollte. Wir können uns vorstellen, daß sich Kroisos, den noch vor einer Stunde ein Tod unter den schrecklichsten Qualen erwartete, nach wie vor in einem Schockzustand befindet; als ihn Kyros daher fragt, was er für ihn tun könne, beginnt er gegen die Götter zu wüten: *Er aber sagte: »Herr, das liebste wäre mir, wenn du mir erlaubtest, dem griechischen Gotte, den ich vor allen anderen Göttern hoch geehrt habe, diese meine Ketten zu schicken und ihn zu fragen, ob es bei ihm Brauch ist, seine Wohltäter zu betrügen.«*

Was für lästerliche Worte!

Damit nicht genug. Kroisos erlangt die Erlaubnis des Kyros. *Hierauf sandte Kroisos einige Lyder nach Delphi und befahl ihnen, die Ketten auf die Schwelle des Tempels zu legen und den Gott zu fragen, ob er sich nicht schäme, daß er ihn zum Kriege gegen die Perser verleitet ... Weiter auch sollten sie fragen, ob es bei den griechischen Göttern Brauch sei, ihren Wohltätern mit Undank zu lohnen.*

Darauf soll ihnen die Pythia mit einem Satz geantwortet haben, der das dritte Gesetz Herodots ausmacht:

»*Dem Schicksal kann niemand entgehen, auch ein Gott nicht. Kroisos büßte die Schuld eines Vorfahren im fünften Gliede, der als Trabant der Herakleiden, durch Weiberlist verführt, seinen Herrn ermordete und sich dessen Reich widerrechtlich aneignete. Loxias hat sich ernstlich bemüht, daß das Verhängnis wenigstens nicht bei Lebzeiten des Kroisos, sondern erst zur Zeit seiner Kinder über Sardeis hereinbräche, vermochte aber gegen das Schicksal nicht aufzukommen...*«

Mit dieser Antwort, die ihnen die Pythia gegeben, kehrten die Lyder nach Sardeis zurück und teilten sie Kroisos mit, und nachdem der sie vernommen, erkannte er auch an, daß er und nicht der Gott schuldig sei.

DAS ENDE DER SCHLACHT

Ich glaubte schon, ich hätte Kroisos für immer verlassen, der mir im übrigen durchaus menschlich erschien – in seinem naiven und unverhüllten Stolz auf seinen von aller Welt bewunderten Reichtum (es handelte sich um Tonnen von Gold und Silber, die zahllose Schatzkammern füllten), aber auch in seinem unbeugsamen, gottgläubigen Vertrauen auf die Weissagung des Orakels von Delphi und schließlich in seiner abgrundtiefen Verzweiflung nach dem Tod des Sohnes, den er selber mitverschuldet hatte, in seinem tragischen Zusammenbruch nach dem Verlust des Reiches und dem apathischen Einwilligen in den Feuertod, in seiner lästerlichen Auflehnung gegen den göttlichen Entschluß, der besagte, daß er so schrecklich büßen muß für die Sünde eines ihm unbekannten Vorfahren. Ich dachte also, wie gesagt, ich hätte mich für immer von dem bestraften und gedemütigten Kroisos verabschiedet, als er plötzlich erneut in Herodots Buch auftauchte, diesmal in Begleitung von König Kyros, der an der Spitze der persischen Armee aufbrach, um die im tiefsten Mittelasien, am Ufer des Flusses Araxes, hausenden kriegerischen und wilden Massageten zu unterwerfen.

Es ist das sechste Jahrhundert vor unserer Zeitrechnung, und die Perser rüsten sich zum großen Sturm – um die Welt zu erobern. Viele Jahre, Jahrhunderte nach ihnen werden immer wieder Reiche versuchen, die Herrschaft über die Welt zu erringen, doch das ehrgeizige Unternehmen der Perser in jener fernen Epoche ist möglicherweise das kühnste und großartigste.

Die Perser haben schon die Ionier und die Aioler geschlagen, sie haben Milet, Halikarnassos und zahlreiche andere griechische Kolonien in Westasien erobert, sie haben die Meder besiegt und Babylon eingenommen, kurz, alles, was es in der näheren und weiteren Umgebung zu beherrschen gibt, befindet sich in der Hand der Perser, und nun bricht Kyros auf, um einen Stammstaat irgendwo am äußersten Rand der damals bekannten und vorstellbaren Welt zu unterwerfen. Vielleicht handelt er in dem Glauben, wenn es ihm gelänge, die Massageten unters Joch zu zwingen, ihren Boden und ihre Herden zu erobern, würde er endlich jenem Augenblick nahe sein, in dem er triumphierend allüberall verkünden könnte: »Die Welt gehört mir!«

Doch dieses brennende Bedürfnis, alles zu besitzen, das zuvor schon Kroisos zu Fall gebracht hat, wird jetzt auch die Niederlage des Kyros verursachen. Dazu kommt, daß die Strafe für unersättliche Gier den Menschen immer in dem Moment ereilt – genau das macht ja ihre schmerzliche, zerstörerische Kraft aus! –, in dem er glaubt, er sei nur noch einen Schritt vom ersehnten Ziel entfernt. Diese Strafe geht daher mit einer tiefen

Enttäuschung über die Welt einher, mit heftigen Vorwürfen gegen das trügerische Schicksal und einem bedrückenden Gefühl der Erniedrigung und Machtlosigkeit.

Doch einstweilen zieht Kyros noch ins tiefe Asien und schickt sich an, die Massageten zu unterwerfen. *Dieser Kriegszug verwundert keinen, da sie längst wußten, daß Kyros nicht still sitzen würde, und sahen, wie er ein Volk nach dem anderen unterwarf ... Es waren verschiedene und gewichtige Gründe, die ihn dazu trieben und verlockten. Zunächst seine Abkunft, indem er mehr zu sein glaubte als ein Mensch, dann aber auch das Glück, das er in allen seinen Kriegen gehabt hatte; konnte doch kein Volk, gegen das er seine Waffen wandte, seinem Schicksal entgehen.*

Von den Massageten war nur bekannt, daß sie in den großen ebenen Steppen Mittelasiens wohnen, und auch auf den Inseln im Flusse Araxes, wo sie während des Sommers verschiedene Wurzeln ausgraben, die Früchte hingegen, die sie auf den Bäumen finden, bewahren sie nach ihrem Heranreifen als Nahrungsmittel auf, um sie während des Winters zu verzehren. Wir erfahren, daß die Massageten so etwas wie ein Narkotikum verwenden, daß sie also die Vorläufer unserer heutigen Kiffer und Schnüffler waren: *Angeblich gibt es dort auch Bäume, deren Früchte sie, während sie dicht gedrängt um ein Feuer sitzen, ins Feuer werfen und verbrennen, von deren Duft sie dann berauscht werden, wie die Griechen vom Wein. Je mehr sie hineinwerfen, um so berauschter werden sie, bis sie anfangen zu tanzen und Lieder anstimmen.*

Königin der Massageten ist zu jener Zeit eine Frau namens Tomyris. Zwischen ihr und Kyros entwickelt sich ein tödliches, blutiges Drama, in dem auch Kroisos eine Rolle zu spielen hat. Kyros beginnt zuerst mit einer List: Er tut so, als wolle er um die Hand der Tomyris anhalten. Doch die Königin errät rasch die wahren Absichten des persischen Königs, dem es ihrer Ansicht nach nicht um sie selber geht, sondern um ihr Königreich. Als Kyros sieht, daß er auf diesem Weg sein Ziel nicht erreicht, beschließt er, bewaffnet gegen die Massageten loszuschlagen, die sich auf der anderen Seite des Araxes befinden – jenes Flusses, den er an der der Spitze seines Heeres erreicht hat.

Von der Hauptstadt Persiens, Susa, zum Ufer des Araxes ist es ein langer und schwieriger Weg, das heißt, eigentlich gibt es gar keinen Weg – man muß über Bergpässe ziehen, die glutheiße Wüste Kara-Kum überwinden und dann durch nicht enden wollende Steppen marschieren.

Es erinnert an den wahnwitzigen Feldzug Napoleons gegen Rußland. Die Perser und die Franzosen wurden von derselben Leidenschaft angetrieben – erobern, erlangen, besitzen. Beide erleiden eine Niederlage, weil sie gegen das griechische Gesetz verstoßen, das Gesetz der Mäßigung: niemals allzu viel zu wollen, nicht alles zu begehren. Doch in dem Moment, als sie eben erst den Feldzug beginnen, sind sie zu verblendet, um das zu begreifen, die Eroberungsgier hat sie aller Urteilskraft beraubt, hat ihnen allen Verstand genommen. Wenn andererseits die Welt immer nur von der Vernunft regiert würde, gäbe es dann überhaupt eine Geschichte?

Einstweilen ist der Feldzug des Kyros jedoch noch im Gang. Es muß sich um eine beinah endlose Kolonne von Menschen, Pferden und Gerätschaften handeln. Immer wieder stürzen in den Bergen erschöpfte Soldaten von den Felsen, viele verdursten in der Wüste, und schließlich gehen ganze Abteilungen in den Weiten der Steppe verloren. Denn es gibt zu jener Zeit keine Landkarten, keinen Kompaß, kein Fernrohr, keine Wegweiser. Zweifellos müssen sie Auskünfte einholen bei Stämmen, auf die sie unterwegs treffen, müssen Fragen stellen, Dolmetscher aufnehmen, vielleicht Wahrsager zu Rate ziehen. Jedenfalls bewegt sich die große Armee quälend langsam vorwärts, jedoch ohne zu rasten, immer wieder, wie das bei den Persern so üblich ist, von Peitschenhieben angetrieben.

Nur Kyros genießt auf diesem langen, strapaziösen Weg alle Annehmlichkeiten. *Wenn der große König ins Feld zieht, so versieht er sich zu Hause nicht nur mit Getreide und Schlachtvieh, sondern auch mit Wasser aus dem bei Susa fließenden Choaspes, dem einzigen Flusse, von dessen Wasser der König trinkt. Und überall, wohin er auch zieht, befinden sich in seinem Gefolge eine Menge vierspänniger Maultierwagen mit abgekochtem Choaspes-Wasser in silbernen Gefäßen.*

Dieses Wasser interessiert mich. Das im voraus abgekochte Wasser. In kühlenden, silbernen Gefäßen – es gilt, die Wüste zu durchqueren. Wie wir erfahren haben, führen dieses Wasser zahlreiche vierspännige, von Mauleseln gezogene Wagen mit sich.

Wagen mit Wasser – und Soldaten, die unterwegs vor Durst verrecken. Die Soldaten sterben, und die Wagen fahren weiter, sie halten nicht an, das Wasser ist nicht für sie; das ist das abgekochte Wasser für Kyros, denn schließlich will der König kein anderes trinken, wenn es also zur Neige ginge, dann müßte er verdursten. Kann man sich so etwas überhaupt vorstellen?

Da ist noch etwas, was mich interessiert. In diesem Zug gibt es de facto zwei Könige – den großen, regierenden Kyros und den zweiten, den entthronten Kroisos, der gerade erst dem Tod auf dem Scheiterhaufen entronnen ist, den ihm der erste bereiten wollte. Wie sind die Beziehungen zwischen den beiden? Herodot meint, sie seien herzlich. Doch er selber hat an diesem Zug nicht teilgenommen, er war damals noch gar nicht auf der Welt. Fahren Kyros und Kroisos auf demselben Wagen, der gewiß vergoldete Räder, eine vergoldete Runge und eine vergoldete Deichsel besitzt? Seufzt Kroisos beim Anblick dieses Goldes nicht heimlich? Sprechen die beiden miteinander? Sie müssen sich mit Hilfe eines Übersetzers unterhalten, da der eine die Sprache des anderen nicht kennt. Worüber sollen sie sich im übrigen unterhalten – sie fahren Tage und Wochen dahin, am Ende haben sich alle Themen einmal erschöpft. Und wenn obendrein noch jeder von ihnen ein Schweiger ist, eine verschlossene, introvertierte Natur?

Es wäre interessant, zu erfahren, was geschieht, wenn Kyros Wasser trinken will. Ruft er zu den Dienern: »Bringt Wasser!«? Die Wasserträger müssen besonders vertrauenswürdige, vereidigte Leute sein, damit sie nicht heimlich vom unersetzlichen Naß trinken. Dann bringen sie also auf seinen Befehl den silbernen Krug. Trinkt Kyros nun allein, oder sagt er: »Da, Kroisos, nimm auch einen Schluck!« Davon schreibt Herodot nichts, dabei ist das ein wichtiges Detail – ohne Wasser kann man in der Wüste nicht leben.

Doch vielleicht fahren sie nicht gemeinsam – dann existiert dieses Problem nicht. Vielleicht hat Kroisos einen eigenen Krug mit Wasser, mit irgendeinem beliebigen Wasser, nicht unbedingt aus dem besonderen Fluß Choaspes? Darüber wissen wir nichts, denn Kroisos begegnen wir auf den Seiten Herodots erst wieder, als der Zug den breiten und ruhigen Araxes erreicht.

Kyros, dem es nicht gelang, Königin Tomyris zu besitzen, erklärt ihr den Krieg. Zunächst erteilt er den Befehl, Pontonbrücken über den Fluß zu bauen, um das Heer darauf hinüberzuführen. Doch während er mit diesen Arbeiten beschäftigt ist, übermittelt ihm ein Bote diese vernünftigen, abwägenden Worte von Tomyris: *»Mederkönig, laß ab von deinem Vorhaben; denn du weißt nicht, wie es ablaufen wird. Laß dir genügen an der Herrschaft über deine Untertanen und mich ruhig über meine herrschen. Willst du dir aber nicht raten lassen und dich durchaus nicht zufrieden geben, und verlangt dich so sehr darnach, den Kampf mit den Massageten zu wagen, so kannst du dir die Mühe sparen, Brücken über den Fluß zu schlagen. Komm nur herüber in unser Land, wir wollen uns drei Tagemärsche vom Flusse zurückziehen. Willst du uns aber in eurem Lande erwarten, so mach es dort auch so.«*

Als Kyros das hört, beruft er den Rat der Alten ein und fragt die Versammelten nach ihrer Meinung. Alle raten ihm einmütig, sich zurückzuziehen und Tomyris und ihre Armee auf der eigenen, persischen Seite des Flusses zu empfangen. Es gibt nur eine widersprechende Stimme, die von Kroisos. Kroisos beginnt philosophisch: »...*laß dir vor allem gesagt sein, daß die Geschicke der Menschen sich im Kreise drehen, und daß das Glück wetterwendisch ist.*«

Kroisos warnt ihn also unverhohlen, das Glück könne sich von Kyros abwenden und die Sache dann einen schlimmen Ausgang nehmen. Er rät ihm daher, auf die andere Seite des Flusses überzusetzen – er hat nämlich gehört, daß die Massageten nichts vom Reichtum der Perser wissen und selber nie viele Freuden erfahren haben –, eine Herde Schafe zu schlachten, ungewässerten Wein hinzustellen und verschiedene Gerichte und ihnen ein großes Festmahl zu bereiten. Die Massageten würden schmausen und trinken und dann, betrunken, einschlafen, worauf die Perser sie gefangennehmen könnten. Kyros akzeptiert den Plan des Kroisos, Tomyris zieht sich vom Fluß zurück, und die Perser betreten das Land der Massageten.

Die Spannung, die für gewöhnlich einem Moment des großen Zusammenstoßes vorangeht, wächst. Nachdem Kroisos davon gesprochen hat, daß sich das Glück dreht wie ein Rad, beginnt nun Kyros – der erfahrene Herrscher Persiens, der schon seit neunundzwanzig Jahren regiert – die Bedeutung der bevorstehenden Entscheidung zu erfassen. Er ist nicht mehr so selbstsicher, arrogant und zufrieden wie zuvor. In der Nacht hat er böse Traumbilder, worauf er am nächsten Tag, in Sorge um das Leben seines Sohnes Kambyses, diesen in Begleitung des Kroisos zurück nach Persien schickt. Auch macht er sich Gedanken über irgendwelche gegen ihn gerichtete Verschwörungen und Intrigen.

Doch er führt eine Armee, er muß also Befehle erteilen, alle warten auf das, was er sagen, wohin er sie führen wird. Und Kyros befolgt Punkt für Punkt den Rat des Kroisos, nicht gewahr, daß er damit Schritt um Schritt auf das eigenen Verderben zusteuert. (Hat Kroisos ihn absichtlich in die Irre geführt? Hat er ihm eine Falle gestellt, um sich für die erlittene Niederlage und die zugefügte Schmach zu rächen? Das wissen wir nicht – darüber schweigt Herodot).

Kyros schickt jedenfalls den Teil seiner Armee vor, der sich nicht für den Kampf eignet, Troßbuben, Strolche, Schwächlinge und Marode, alle möglichen *dochodiagi*, wie man das im Gulag nannte (in den KZs sagte man dazu Muselmänner); diese Menschen bestimmt er dazu, daß sie umkommen, was auch geschieht, denn in der Konfrontation mit der Truppenspitze der Massageten werden sie bis auf den letzten Mann niedergemacht. Als nun die Massageten den schwächsten Teil der Perser umgebracht haben und *wie sie nun nach diesem Siege das für sie bereitete Mahl vor sich sahen, fielen sie darüber her, bis sie sich voll gegessen und getrunken hatten und einschliefen. Da kamen die Perser, machten viele nieder, noch viel mehr aber lebendig zu Gefangenen, darunter auch den Oberfeldherrn der Massageten, den Sohn der Königin Tomyris, namens Spargapises.*

Als Tomyris vom Schicksal ihres Sohnes und des Heeres erfuhr, schickte sie einen Boten zu Kyros mit den Worten: »*Gib mir meinen Sohn heraus und hebe dich weg aus diesem Lande, ehe du dafür büßen mußt, daß du einem Drittel meines Heeres diesen schändlichen Streich gespielt. Wo nicht, so schwöre ich dir bei der Sonne, der mächtigen Gottheit der Massageten, daß ich dich, so unersättlich du auch bist, mit Blut sättigen werde.*«

Das sind starke und unheilvolle Worte, doch Kyros schenkt ihnen keine Beachtung. Siegestrunken freut er sich, daß es ihm gelungen ist, Tomyris in die Irre zu führen und sich an der zu rächen, die seine Avancen zurückgewiesen hat. In diesem Augenblick weiß die Königin noch nicht, welches Unglück sie getroffen hat, denn: *Spargapises aber bat Kyros, als er wieder nüchtern und gewahr geworden war, was ihm widerfahren, ihm die Fesseln abnehmen zu lassen. Diese Bitte wurde ihm auch gewährt; aber sobald er seiner Fesseln ledig und seiner Hände mächtig war, nahm er sich selbst das Leben.*

Nun setzt eine Orgie von Tod und Blut ein.

Als Tomyris erkennt, daß Kyros nicht auf sie hören will, sammelt sie ihre Armee und liefert ihm eine Schlacht, *wie ich glaube,* so Herodot, *die mörderischste, die jemals unter Barbaren geschlagen worden ist.* Zu Beginn beschießen die beiden Armeen einander mit Pfeilen, und als diese verschossen sind, bekämpfen sie einander mit Lanzen und Dolchen, um einander schließlich mit Händen an die Gurgel zu fahren. Anfangs sind die Kräfte ausgeglichen, doch mit der Zeit gewinnen die Massageten die Oberhand. Der Großteil der persischen Armee wird erschlagen. Unter den Gefallenen befindet sich auch Kyros.

Nun kommt es zu einer Szene wie aus einer griechischen Tragödie: Das Feld ist übersät mit den Leichen beider Armeen. Auf dieses Schlachtfeld tritt Tomyris mit einem leeren Lederschlauch. Sie geht von einem

Getöteten zum anderen und zapft das Blut aus den noch frischen Wunden, um damit den Schlauch zu füllen. Die Königin muß über und über mit Blut beschmiert sein. Sie schaut sich um und sucht die Leiche des Kyros, ... *und als sie ihn gefunden, steckte sie seinen Kopf in einen Schlauch, den sie mit Menschenblut gefüllt hatte. Darauf verhöhnte sie den Toten und sagte: »Ich lebe und habe dich in der Schlacht besiegt, du aber hast meinen Sohn hinterlistig gefangen genommen und ums Leben gebracht. Dafür will ich dich mit Blut sättigen, wie ich dir gedroht habe.«*
So endet diese Schlacht.
So kommt Kyros ums Leben.
Die Bühne hat sich geleert, auf der nur noch die verzweifelte, haßerfüllte Tomyris steht.

Herodot kommentiert nichts, er fügt nur, der Reporterpflicht gehorchend, ein paar Informationen über die den Griechen schließlich unbekannten Sitten der Massageten hinzu: *Wenn nämlich einem Manne nach einem Weibe gelüstet, so hängt er seinen Köcher an den Wagen und vollzieht unbedenklich den Beischlaf mit ihr. Sonst läßt man die Leute leben und alt werden, aber wenn einer gar zu alt wird, kommen alle Verwandten zusammen und schlachten ihn, aber mit ihm auch Tiere, kochen das Fleisch und tun sich gütlich daran, und das ist für sie ein Hochgenuß. Ist aber einer an einer Krankheit gestorben, so essen sie ihn nicht, sondern begraben ihn, und bedauern nur, daß er nicht hat geschlachtet werden können.*

ÜBER DIE HERKUNFT
DER GÖTTER

Ich verlasse Tomyris auf dem leichenübersäten Schlachtfeld, eine besiegte, doch gleichzeitig siegreiche Tomyris, verzweifelt, doch auch triumphierend, Tomyris – die unbeugsame und zornlodernde Antigone der asiatischen Steppe, ich lege Herodot in meinem Redaktionszimmer wieder in die Schublade, um die neuesten Depeschen durchzusehen, die die Korrespondenten von Reuters und Agence France Presse soeben aus China, Indonesien, Singapur und Vietnam geschickt haben. Sie melden, die vietnamesischen Partisanen hätten sich bei Bing Long mit den Kräften von Ngo Dinh Dien eine weitere Schlacht geliefert (der Ausgang der Kämpfe und die Zahl der Opfer sind unbekannt); Mao Zedong habe eine neue Kampagne ausgerufen: keine Hundert-Blumen-Bewegung mehr, nun ist die vordringlichste Aufgabe die Umerziehung der Intelligenz – das heißt all jener, die schreiben und lesen können (das gilt auf einmal als belastender Umstand), es kommt zu Zwangsverschickungen in die Dörfer, wo sie den Pflug ziehen oder

Entwässerungskanäle graben müssen, um sich von den liberalen hundertblütigen Träumen zu befreien und das wahre proletarisch-bäuerliche Leben kennenzulernen; der Präsident von Indonesien, Sukarno, einer der Ideologen der neuen Politik der Pantscha Sila, habe die Holländer angewiesen, das Land zu verlassen – ihre ehemalige Kolonie. Diesen kurzen Informationen läßt sich nicht viel entnehmen, es fehlt der Kontext und das, was man Lokalkolorit nennen könnte. Vielleicht fällt es mir am leichtesten, mir die Pekinger Universitätsprofessoren vorzustellen, wie sie auf Lastwagen hocken, zusammengekrümmt vor Kälte und obendrein nicht wissend, wohin sie gebracht werden, es ist kalt, und der Nebel hat ihre Brillen beschlagen.

Ja, Asien ist voller Ereignisse, und die Dame, die die Depeschen in den Redaktionszimmern verteilt, legt mir immer neue Stöße auf meinen Schreibtisch. Und doch beginnt mit der Zeit ein anderer Kontinent meine Aufmerksamkeit zu fesseln – Afrika. Auch Afrika ist, ähnlich wie Asien, in Unruhe: Stürme und Revolten, Umstürze und Zusammenstöße, aber weil es näher bei Europa liegt (nur durch das Mittelmeer davon getrennt), sind die Stimmen von diesem Kontinent deutlicher zu vernehmen, als wären sie gleich nebenan.

Afrika spielte in den letzten drei Jahrhunderten eine große Rolle, es veränderte die Hierarchie in der Welt und verhalf – durch seine Arbeitskraft – der Neuen Welt dazu, die Alte zu überholen, Oberhand über sie zu gewinnen und damit ihren Wohlstand und ihre Macht zu festigen. Nachdem der afrikanische Kontinent viele Generationen seiner besten, kräftigsten und zähesten Menschen geopfert hatte, wurde er, entvölkert und erschöpft, leicht zur Beute der europäischen Kolonisatoren. Doch nun erwacht er aus seiner Lethargie und sammelt Kräfte, um endlich wieder seine Unabhängigkeit zu erringen.

Ich zog auch deshalb Afrika vor, weil Asien mich von Anfang an tief eingeschüchtert hatte. Die Zivilisationen Indiens, Chinas und der Großen Steppen erschienen mir als Giganten. Es hätte ein ganzes Leben erfordert, sich einer einzigen von ihnen auch nur anzunähern, von einem gründlichen Kennenlernen ganz zu schweigen. Afrika hingegen erschien mir zersplitterter, unterschiedlicher, in seiner ganzen Größe – kleinteiliger und daher leichter erfaßbar, zugänglicher.

Jahrhundertelang wurden alle von der geheimnisvollen Aura dieses Kontinentes angezogen, glaubten alle, daß es in Afrika etwas Einzigartiges, Verborgenes geben müsse, einen schimmernden, oszillierenden Punkt in der Finsternis, zu dem es schwierig oder sogar unmöglich war, vorzudringen. Und alle wollten jede erdenkliche Anstrengung unternehmen, um dieses rätselhafte, geheimnisvolle Etwas zu entdecken und ein für allemal zu enthüllen.

Diese Frage weckte auch Herodots Interesse. Er schreibt, er habe von Leuten aus Kyrene erfahren, sie wären beim Orakel des Ammon gewesen und hätten sich bei dieser Gelegenheit auch mit dem König der Ammonier, Etearchos, unterhalten. Die Ammonier wohnten in der Oase Sivah in der Libyschen Wüste. *Da hätte Etearchos gesagt, es wären einmal Nasamoner zu ihm gekommen. – Die Nasamoner sind ein libysches Volk, das an der Syrte und in dem etwas weiter östlich von der Syrte liegenden Lande wohnt.* Die Syrte ist eine Bucht im Mittelmeer, zwischen Tripolis und Bengasi. *Die hätten ihm auf seine Frage, ob sie ihm nichts Näheres über die Libysche Wüste mitteilen könnten, folgendes erzählt: Früher einmal hätte es bei ihnen einige unnütze Jungen gegeben, Söhne vornehmer Herren, die, als sie groß geworden, allerlei tolle Streiche gemacht und sogar einmal fünf unter sich ausgelost hätten, die eine Entdeckungsreise in die unbekannte Libysche Wüste unternehmen sollten. Libyen wird nämlich ... von vielerlei libyschen Völkern bewohnt ... Weiter landeinwärts aber, hinter der bewohnten Küstengegend, gehört Libyen den wilden Tieren. Hinter den Tieren aber ist Sand und gar kein Wasser und nichts als Wüste. Die von ihren Freunden ausgesandten jungen Leute wären nun, mit Wasser und Lebensmitteln reichlich versehen, zuerst durch die bewohnte Küstengegend gewandert, dann in das Land der wilden Tiere gekommen und von da immer in westlicher Richtung in die Wüste gelangt. Nachdem sie viele Tage nur durch Wüstensand gewandert, hätten sie mit einemmal wieder Bäume vor sich gesehen. Da wären sie hingegangen, um sich die an den Bäumen befindlichen Früchte zu pflücken. Aber während sie diese gepflückt hätten, wären kleine Männer, noch unter mittlerer Größe, gekommen, über sie hergefallen und mit ihnen abgezogen. Ihre Sprache hätten sie, die Nasamoner, so wenig verstanden wie jene die ihre. Lange Zeit hätte man sie durch Sümpfe geführt, dann aber wären sie in eine Stadt gekommen, wo die Leute alle schwarz und ebenso klein gewesen wie ihre Führer, und in der Stadt wäre ein großer Strom in der Richtung von Westen nach Osten vorbeigeflossen, in dem sich Krokodile gezeigt hätten.*

Das ist ein Auszug aus dem Zweiten Buch Herodots – ein Bericht von seiner Reise nach Ägypten. An diesem langen Text können wir die Schreibtechnik des Griechen untersuchen.

Wie arbeitet Herodot?

Er ist ein Vollblutreporter: er reist, schaut, unterhält sich, hört zu, um später zu notieren, was er erfahren und gesehen hat, oder um sich einfach etwas einzuprägen.

Wie reist er? Wenn auf dem Landweg – dann zu Pferd, auf dem Esel oder Maultier, meist jedoch zu Fuß, und wenn auf dem Wasser – auf einem Kahn oder einem Schiff.

Ist er auf seinen Reisen allein, oder führt er einen Sklaven mit sich? Das wissen wir nicht, doch damals hatte jeder, der es sich leisten konnte, einen Sklaven dabei. Der Sklave trug das Gepäck, einen Flaschenkürbis mit Wasser, einen Korb mit Lebensmitteln, Schreibutensilien – eine Rolle Papyrus, Tontäfelchen, Pinsel, Griffel, Tinte. Der Sklave war ein Weggefährte – die schwierigen Reisebedingungen nivellierten die Standesunterschiede –, er sprach Mut zu, verteidigte seinen Herrn, fragte nach dem Weg, holte Auskünfte ein.

Wir können uns vorstellen, daß die Beziehungen zwischen Herodot – einem tiefgründigen Romantiker, der sich nach Wissen um des Wissens willen sehnt, einem rastlosen Erforscher praxisferner Fragen, die keinen Nutzen brachten – und seinem Sklaven, der sich unterwegs um die praktischen, alltäglichen Dinge des Lebens kümmern mußte, ein wenig den Beziehungen zwischen Don Quichotte und Sancho Pansa gleichen, daß sie eine altgriechische Version dieses kastilischen Paares darstellen.

Neben dem Sklaven mietete man für eine Reise auch einen Führer und einen Dolmetscher. Die Reisegesellschaft Herodots dürfte also neben ihm noch mindestens drei Personen umfaßt haben. Doch für gewöhnlich schlossen sich auch noch andere Wanderer an, die denselben Weg hatten.

Im extrem heißen ägyptischen Klima reist man am besten frühmorgens. Die Reisenden stehen im Morgengrauen auf, essen ihr Frühstück (Weizenfladen, Feigen und Schafkäse, dazu trinken sie verdünnten Wein – sie dürfen Alkohol trinken, denn der Islam wird hier erst in tausend Jahren Einzug halten), dann brechen sie auf.

Ziel der Reise ist es, neue Kenntnisse über das Land und seine Leute und deren Sitten zusammenzutragen oder die Glaubwürdigkeit bereits gesammelter Informationen zu verifizieren. Denn Herodot gibt sich nicht mit dem zufrieden, was ihm jemand gesagt hat – er versucht die Dinge zu überprüfen, die gehörten Versionen zusammenzusetzen, sich eine eigene Meinung zu bilden.

So ist es auch diesmal. Als er nach Ägypten kommt, ist der König dieses Landes, Psammetichos, schon seit hundertfünfzig Jahren tot. Herodot bringt in Erfahrung (oder vielleicht hat er das auch bereits in Griechenland gehört), daß Psammetichos am meisten die Frage bewegte: *welches die ältesten Völker wären?* Die Ägypter hielten sich selber dafür, doch Psammetichos, obwohl König von Ägypten, hat da seine Zweifel. Er befiehlt daher einem Hirten, zwei neugeborene Kinder in den menschenleeren Bergen großzuziehen. Die Sprache, in der sie das erste Wort sagen, soll als Beweis dafür gewertet werden, welches Volk das älteste auf Erden ist. Als die Kinder zwei Jahre alt sind und Hunger verspüren, rufen sie *bekos!*, was in der Sprache der Phryger Brot bedeutet. Psammetichos verkündet daher, die Phryger seien das erste Volk auf Erden gewesen und erst dann seien die Ägypter gekommen – mit dieser Präzisierung erwirbt er sich einen Platz in der Geschichte. Herodot interessiert sich für die Untersuchungen des Psammetichos, da sie zeigen, daß der ägyptische König das unverrückbare Gesetz der Geschichte kennt, wonach derjenige, der sich selber erhöht, erniedrigt werden wird: Sei nicht begehrlich, dräng dich nicht vor, wahre Mäßigung und Demut, sonst ereilt dich die strafende Hand des Schicksals, das die eingebildeten Pinsel, die sich über andere erheben wollen, um einen Kopf kürzer macht. Psammetichos wollte diese Gefahr von den Ägyptern abwenden, weshalb er sie aus der ersten in die zweite Reihe schob: Die Phryger waren die ersten, und wir kommen erst nach ihnen.

Auch abgesehen von dieser Kindergeschichte habe ich in Memphis von den Hephaistos-Priestern noch manches gehört und mich deswegen nach Theben und Heliupolis begeben, um mich zu überzeugen, ob man darüber dort ebenso dächte wie in Memphis. Er reist also, um zu überprüfen, zu vergleichen, zu präzisieren. Er hört ihre Erzählungen über Ägypten, seine Ausmaße und Gestalt, und kommentiert: *Was sie mir über das Land sagten, schien mir auch ganz richtig zu sein.* Er bildet sich über alles eine eigene Meinung und sucht in den Erzählungen anderer eine Bestätigung dafür.

Am meisten fasziniert Herodot der Nil – das Rätsel dieses mächtigen und geheimnisvollen Stromes. Wo sind seine Quellen? Woher nimmt er das Wasser? Von wo trägt er den Schlamm herbei, mit dem er dieses riesige Land befruchtet? *Von den Quellen des Nils aber wußten sie nichts, bekannten mir alle, Ägypter, Libyer, und Griechen, mit denen ich darauf zu sprechen kam...* Er beschließt daher, selber nach ihnen zu suchen, und dringt so weit wie möglich nach Oberägypten vor. *So... habe ich dann doch noch folgendes ermittelt, indem ich mir bis zur Stadt Elephantine die Sache mit eigenen Augen angesehen; von da an bin ich freilich nur auf Erkundigungen angewiesen, die ich von anderen eingezogen. Oberhalb Elephantine steigt das Land steil an. Deshalb muß man auf beiden Seiten ein Seil an das Schiff binden und es wie einen Ochsen vorwärtsziehen, und wenn das Seil reißt, wird das Schiff von der Gewalt des Stromes mit fortgerissen. So geht es vier Tagereisen weiter stromaufwärts, und der Nil hat hier so viele Krümmungen wie der Maiandros.* Man wandert und fährt noch zwei Monate den Nil aufwärts. *Sodann kommt man an eine große Stadt, die Meroe heißt, und das soll die Hauptstadt von ganz Äthiopien sein...*

Weiterhin fehlt es an jeder sicheren Kunde. Denn das Land dort ist der Hitze wegen unbewohnt.

Er wendet sich vom Nil, dem Rätsel seiner Quellen, dem Geheimnis der sich je nach Jahreszeiten hebenden und senkenden Wasser des Flusses ab und beginnt die Ägypter genauer zu beobachten, ihr Leben, ihre Gebräuche. Er stellt fest, daß die Ägypter *ganz andere Sitten und Gewohnheiten als andere Menschen* haben.

Und er registriert aufmerksam und präzise:

So gehen bei ihnen die Weiber auf den Markt und treiben Kramhandel, während die Männer zu Hause bleiben und weben ... Lasten tragen die Männer auf dem Kopfe, die Weiber auf den Schultern. Die Weiber schlagen das Wasser im Stehen ab, die Männer im Sitzen. Die Notdurft verrichten sie im Hause und essen auf der Straße, denn nach ihrer Meinung muß man das Unanständige, wenn man es nötig hat, im Verborgenen tun, das Anständige aber vor aller Augen. Weiber versehen niemals Priesterdienste, weder bei Göttern noch bei Göttinnen, Männer dagegen bei allen beiden. Söhne brauchen ihre Eltern nicht zu ernähren, wenn sie es nicht wollen, Töchter aber müssen es, auch wenn sie es nicht wollen. Anderswo tragen die Priester der Götter langes Haar, in Ägypten schneiden sie es ab ... Andere Leute leben nicht mit ihrem Vieh zusammen, die Ägypter leben mit ihm unter einem Dache ... Sie kneten den Teig mit den Füßen und den Lehm mit den Händen (und fassen damit auch den Mist an). Die Geschlechtsteile lassen andere so, wie sie von Natur beschaffen sind, die Ägypter aber und solche, die es ihnen nachmachen, beschneiden sie.

Und so setzt er die lange Liste ägyptischer Gebräuche und Verhaltensweisen fort, die den fremden Reisenden in Erstaunen versetzen und durch ihre Andersartigkeit und Einmaligkeit verblüffen. Herodot sagt: Schaut her, die Ägypter und wir, die Griechen, sind so unterschiedlich und leben doch so gut miteinander (denn in Ägypten gibt es damals zahlreiche griechische Kolonien, deren Bewohner freundschaftlich mit den Einheimischen zusammenwohnen). Tatsächlich äußert Herodot nie Empörung über fremde Gebräuche, andersartiges Verhalten, er verurteilt sie nicht, sondern bemüht sich, sie kennenzulernen, zu verstehen und zu beschreiben. Eigenarten? Sie sollen bloß die Zusammengehörigkeit betonen, die Lebendigkeit und Verschiedenartigkeit eines Volkes unterstreichen.

Immer wieder wendet er sich seiner großen Leidenschaft, ja Obsession zu und hält seinen Landsleuten ihren Hochmut, ihre Einbildung, ihren Glauben an die eigene Überlegenheit vor. Der Begriff *barbaros* stammt ja aus dem Griechischen und bezeichnet jemanden, der nicht Griechisch spricht, unverständlich stammelt und daher niedriger, weniger wert ist. Ihre Hochnäsigkeit haben die Griechen später an andere Europäer vererbt, und sie ist es, die Herodot auf Schritt und Tritt bekämpft. Auch, indem er Griechen und Ägypter einander gegenüberstellt – als wäre er in der Absicht nach Ägypten gereist, dort Material und Beweise für seine Philosophie der Mäßigung, Bescheidenheit und Vernunft zu sammeln.

Er beginnt mit prinzipiellen, transzendentalen Dingen – von wo haben die Griechen ihre Götter? Woher stammen sie? »Was heißt, woher?« antworten die Griechen. »Das sind nun einmal unsere Götter.« – »Eben nicht«, antwortet Herodot darauf lästerlich, »wir haben unsere Götter von den Ägyptern geholt!«

Wie gut, daß er das in einer Welt sagt, in der es noch keine Massenmedien gibt, so daß nur eine Handvoll Menschen seine Ansichten hört oder liest. Wenn seine Behauptungen weitere Verbreitung fänden, würde der Grieche auf der Stelle gesteinigt, auf dem Scheiterhaufen verbrannt werden! Doch weil Herodot in einer prämedialen Epoche lebt, kann er ungestraft sagen:

Auch Festversammlungen, Aufzüge und Wallfahrten sind zuerst in Ägypten aufgekommen, und die Griechen haben sie erst von den Ägyptern gelernt. Und über den großen griechischen Helden Herakles: *Dafür aber, daß die Ägypter den Namen Herakles wenigstens nicht von den Griechen angenommen haben, sondern die Griechen von den Ägyptern, ... habe ich viele Beweise. Insbesondere spricht dafür, daß beide Eltern dieses Herakles, Amphytrion und Alkmene, aus Ägypten stammten ... Nein, Herakles ist ein alter ägyptischer Gott. Wie die Ägypter selbst sagen, war es siebzehntausend Jahre vor König Amasis, daß aus den acht Göttern die zwölf Götter entstanden, zu denen bei ihnen auch Herakles gehört. Um mich hiernach möglichst genau zu erkundigen, fuhr ich zu Schiff nach Tyros in Phoinike, weil ich gehört hatte, daß es dort einen Tempel des Herakles gäbe. Und ich habe ihn auch gesehen, reich geschmückt wie er war, mit vielen Bildwerken und zwei Säulen darin ... Als ich mich mit den Priestern des Gottes unterhielt, fragte ich sie, wie lange es her sei, daß man den Tempel hier errichtete, und fand, daß auch sie mit den Griechen nicht übereinstimmten.*

Was uns an diesen Nachforschungen auffällt, ist ihr weltlicher Charakter, im Grunde fehlen ein *sacrum* und die dazugehörige gehobene, gesalbte Sprache. In dieser Geschichte sind die Götter nicht unerreichbar, grenzenlos, überirdisch – die Diskussion ist sachlich, sie dreht sich um die Frage, wer die Götter erfunden hat: die Griechen oder die Ägypter?

BLICK VOM MINARETT

In Herodots Streit mit seinen Landsleuten geht es nicht um die Existenz der Götter selber (eine Welt ohne diese Höheren Wesen könnte sich unser Grieche möglicherweise gar nicht vorstellen), sondern darum, wer von wem ihre Namen und Vorstellungen entlehnt hat. Die Griechen behaupten, ihre Götter seien ihrer eigenen Welt entsprungen, während Herodot beweisen möchte, daß die Griechen ihren ganzen Pantheon, oder jedenfalls einen großen Teil desselben, von den Ägyptern übernommen haben.

Um seinen Standpunkt zu bekräftigen, greift er zu einem seiner Ansicht nach unschlagbaren Argument – dem der Zeit, des Altersunterschiedes, des Alters: Welche Kultur ist älter, fragt er, die griechische oder die ägyptische? Und gibt sofort die Antwort: *Als der Geschichtsschreiber Hekataios sich einstmals bei seiner Anwesenheit in Theben auf seinen Stammbaum etwas zugute tat und sein väterliches Geschlecht im sechzehnten Gliede auf einen Gott zurückführte, machten es die Priester des Zeus mit ihm wie mit mir, der ich mich freilich nicht mit meinem Stammbaum aufspielte. Sie führten mich nämlich ins Innere des großen Tempels und zeigten mir dort der Reihe nach die kolossalen Standbilder aller ... Oberpriester ... Und als Hekataios sich auf seinen Stammbaum berief, ... hielten sie ihm die Zahl dieser Priester entgegen ... dreihundertfünfundvierzig ... von einem Gotte ... aber stamme keiner von ihnen ab.*

Hekataios ist Grieche, die Kolosse jedoch sind ägyptisch, und jeder von ihnen symbolisiert eine Generation. Schaut also her, ihr Griechen, scheint Herodot zu sagen, unsere Herkunft reicht höchstens fünfzehn Generationen zurück, die der Ägypter jedoch – dreihundertfünfundvierzig und mehr. Wer konnte hier also von wem die Götter entlehnen, wenn nicht wir von den Ägyptern? Und um seinen Landsleuten die historische Kluft, die beide Völker trennt, noch deutlicher vor Augen zu führen, präzisiert er: Dreihundert menschliche Generationen bedeuten schließlich zehntausend Jahre, denn drei menschliche Generationen ergeben hundert Jahre. Und er führt die Ansicht der ägyptischen Priester an, wonach in dieser Zeit kein einziger neuer Gott in menschlicher Gestalt dazugekommen sei. Daher, so scheint Herodot zu folgern, gibt es die Götter, die wir als die unsrigen ansehen, in Ägypten schon seit über zehntausend Jahren!

Wenn man nun davon ausgeht, daß Herodot recht hat und nicht nur die Götter, sondern die ganze Kultur von Ägypten (das heißt aus Afrika) nach Griechenland (das heißt nach Europa) kamen, dann kann man auch die These der nichteuropäischen Wurzeln der europäischen Kultur aufstellen (über diese Frage wird übrigens seit zweieinhalbtausend Jahren gestritten, und in diesem Streit gibt es viel Ideologie und Emotionen). Statt uns nun in dieses gefährliche Minenfeld zu begeben, wollen wir unsere Aufmerksamkeit lieber auf einen Umstand richten: In Herodots Welt, in der zahlreiche Kulturen und Zivilisationen nebeneinander existieren, sind die Beziehungen zwischen diesen sehr unterschiedlich. Wir können Fälle beobachten, daß sich eine Zivilisation mit einer anderen im Konflikt befindet, gleichzeitig gibt es Zivilisationen, die mit anderen Beziehungen des Austausches und Entlehnens unterhalten, die beide bereichern. Und es gibt Zivilisationen, die einander früher einmal bekämpften, nun jedoch zusammenarbeiten, um sich morgen vielleicht wieder im Kriegszustand zu befinden. Mit einem Wort, die Multikulturalität der Welt ist für Herodot ein lebendiges Gewebe, in dem nichts ein für allemal bestimmt und festgelegt ist, es verändert sich ständig, und fortwährend werden neue Beziehungen hergestellt.

Im Jahre 1960 sah ich erstmals den Nil. Die erste Begegnung fand am Abend statt, als sich das Flugzeug Kairo näherte. Aus der Höhe wirkte der Fluß um diese Stunde wie ein schwarzer, glänzender, verzweigter Stamm, umwunden von den Girlanden der Straßenbeleuchtungen und den hellen Rosetten der Plätze der großen und verkehrsreichen Stadt.

Kairo ist in dieser Zeit das Zentrum der Befreiungsbewegung der Dritten Welt, hier leben viele Menschen, die bald schon Präsidenten neuer Staaten sein werden. Hier haben verschiedene antikoloniale Parteien Afrikas und Asiens ihren Sitz.

Kairo ist auch Hauptstadt der zwei Jahre zuvor entstandenen Vereinten Arabischen Republik (hervorgegangen aus der Vereinigung von Ägypten und Syrien), ihr Präsident ist der 42jährige Oberst Gamal Abd el-Nasser – ein hochgewachsener, massiger Ägypter, eine gebieterische und charismatische Figur. Im Jahre 1952 führte Nasser, damals vierunddreißig, einen Militärputsch an und stürzte König Faruk, um vier Jahre später selber als Präsident an die Spitze Ägyptens zu treten. Lange Zeit ist er mit einer starken inneren Opposition konfrontiert: von der einen Seite die Kommunisten und von der anderen die Muselmanische Brüderschaft, eine verschwörerische Organisation islamischer Fundamentalisten und Terroristen. Gegen diese Kräfte unterhält Nasser eine Vielzahl unterschiedlicher Polizeiformationen.

Ich stand am Morgen auf, um in die Innenstadt zu gehen, und das war ein ordentlicher Spaziergang. Ich wohnte in einem Hotel in Zamalek, einem bürgerlichen, ziemlich reichen Viertel, das einmal vorwiegend für Ausländer gebaut worden war und nun von ganz unterschiedlichen Menschen bewohnt wurde. Da ich wußte, daß man im Hotel meinen Koffer durchstöbern würde, beschloß ich, eine leere Pilsner-Bierflasche mitzunehmen und unterwegs wegzuwerfen (zu jener Zeit führte Nasser, ein eifriger Moslem, gerade eine fanatische Kampagne gegen den Alkohol). Damit die Flasche nicht zu sehen war, steckte ich sie in eine graue Papiertüte, und so ging ich auf die Straße. Obwohl noch früh, war es bereits stickig und heiß.

Ich schaute mich nach einem Abfallkorb um. Während ich so herumschaute, begegnete ich dem Blick eines Wächters, der in dem Haustor saß, aus dem ich soeben getreten war. Er sah mich an. Aha, dachte ich, vor dem werde ich die Flasche besser nicht wegwerfen, sonst schaut er nachher in den Abfallkorb, findet sie und hinterbringt das der Hotelpolizei. Ich ging ein paar Schritte weiter und sah eine leere Kiste. Ich wollte die Flasche schon hineinwerfen, als ich zwei Menschen in langen, weißen Galabijas dort stehen sah. Sie unterhielten sich miteinander, warfen mir jedoch gleichzeitig prüfende Blicke zu. Nein, nein, vor ihren Augen konnte ich die Flasche nicht wegwerfen, die würden das mit Sicherheit bemerken, außerdem war die Kiste nicht als Mülleimer gedacht. Ich ging weiter, bis ich einen Abfallkorb sah, doch im selben Moment fiel mein Blick auf einen im Tor daneben sitzenden Araber, der mich aufmerksam beobachtete. O nein, o nein, sagte ich mir, das riskiere ich lieber nicht, der schaut mich allzu mißtrauisch an. Ich spazierte also unschuldig dahin, die Tüte mit der Flasche in der Hand.

Wenig später kam ich zu einer Kreuzung, in deren Mitte ein Polizist mit Knüppel und Pfeife stand, und an einer Ecke saß auf einem Hocker ein Mann, der mich prüfend musterte. Ich stellte fest, daß er nur ein Auge hatte, doch mit dem fixierte er mich so eindringlich und bohrend, daß ich mich unwohl fühlte und sogar befürchtete, er könne mich auffordern, vorzuzeigen, was ich da in der Tüte hatte. Daher beschleunigte ich meine Schritte, um aus seinem Blickfeld zu gelangen, und das tat ich um so lieber, als ich vor mir einen Abfallkorb blinken sah. Leider saß unweit davon, im Schatten eines verkrüppelten Bäumchens, ein älterer Mann, er saß da und starrte mich an.

Nun machte die Straße eine Biegung, doch hinter der Kurve erwartete mich dasselbe. Nirgends konnte ich die Flasche wegwerfen, wo ich auch hinschaute, begegnete ich prüfenden Blicken. Auf der Straße fuhren Autos, Esel zogen mit Waren beladene Wagen, steifbeinig stelzte eine Herde Kamele dahin, doch das alles schien auf einer anderen Ebene, außerhalb meiner Welt zu geschehen, denn ich wurde beim Gehen ständig von den Blicken irgendwelcher Menschen begleitet, die in der Gegend herumstanden, saßen (in den meisten Fällen), spazierten, sich unterhielten und schauten, was ich machte. Meine Nervosität wuchs, ich begann immer mehr zu schwitzen, die Papiertüte wurde feucht, und ich befürchtete schon, die Flasche könnte herausgleiten und auf dem Gehsteig zerschellen, was noch zusätzlich die Aufmerksamkeit der Straße auf mich gelenkt hätte. Ich wußte schon nicht mehr, was ich machen sollte, und ging also zurück zum Hotel, wo ich die Flasche wieder im Koffer verstaute.

Erst in der Nacht wagte ich mich wieder hinaus. In der Nacht war es leichter. Ich stopfte die Flasche in einen Abfallkorb und legte mich erleichtert schlafen.

Während ich durch die Stadt schlenderte, begann ich mich genauer in den Straßen umzusehen. Alle hatten Augen und Ohren. Hier ein Hausmeister, dort ein Wächter, daneben eine reglose Gestalt in einem Liegestuhl, etwas weiter jemand, der tatenlos herumstand und schaute. Viele dieser Menschen machen nichts Konkretes, doch ihre Augen bilden ein feinmaschiges, dichtgeknüpftes Bobachtungsnetz, das die ganze Fläche der Straße bedeckt, in der nichts geschehen kann, was sie nicht rechtzeitig aufspüren und wahrnehmen würden. Wahrnehmen und melden.

Ein interessantes Thema: Überflüssige Menschen im Dienst der Gewalt. Eine entwickelte, gutorganisierte Gesellschaft ist eine Gemeinschaft, in der die Rollen genau festgelegt und definiert sind, was sich allerdings von einem großen Teil der Bewohner der Städte der Dritten Welt nicht sagen läßt. Dort werden ganze Stadtviertel von formlosen, fließenden Elementen bewohnt, ohne eindeutige Gliederung, ohne bestimmte Position, Funktion oder Bestimmung. Diese Menschen können jederzeit, aus unerfindlichen Gründen, einen Auflauf, ein Gedränge, eine Menge bilden, und diese Menge hat über alles ihre eigene Meinung, hat für alles Zeit, möchte an etwas teilhaben, etwas bedeuten – doch keiner schenkt ihr Aufmerksamkeit, von keinem wird sie gebraucht.

Alle Diktaturen bedienen sich eines solchen passiven Magmas. Damit ersparen sie sich teure Armeen bezahlter Polizisten. Sie brauchen nur auf diese Menschen zurückzugreifen, die nach etwas in ihrem Leben suchen. Ihnen das Gefühl zu geben, sie könnten sich nützlich machen, man würde auf sie zählen, sie wahrnehmen, ihnen Bedeutung beimessen.

Daraus ziehen beide Seiten einen gewissen Nutzen. Der Mann von der Straße, der sich der Diktatur andient, empfindet sich plötzlich als Teil der Macht, als jemand von Wichtigkeit, von Geltung, und darüber hinaus fühlt er, der meist irgendeinen kleinen Diebstahl, eine Schlägerei auf dem Kerbholz hat, sich nun in einem gewissen Sinn straflos. Die Diktatur wiederum hat in ihm einen billigen, ja beinahe kostenlosen, aber dennoch eifrigen und allgegenwärtigen Agenten-Schnüffler gefunden. Manchmal kann man diese Leute nicht wirklich als Agenten bezeichnen. Sie wollen nur von der Staatsmacht wahrgenommen werden, setzen alles daran, gesehen zu werden, auf sich aufmerksam zu machen – und sind jederzeit bereit, ihre Dienste anzubieten.

Als ich einmal aus dem Hotel auf die Straße trat, hielt mich einer von diesen Leuten an (ich war jedenfalls überzeugt, daß er zu ihnen gehörte, er stand immer am selben Platz, mußte also so etwas wie ein eigenes Revier besitzen) und sagte, ich solle ihm folgen, er wolle mir eine alte Moschee zeigen. Ich bin im allgemeinen recht leichtgläubig und betrachte Mißtrauen nicht als Zeichen der Vernunft, sondern als Charakterschwäche, weshalb ich die Tatsache, daß mir ein Geheimagent vorschlug, mir eine Moschee zu zeigen, und mir nicht befahl, ihm aufs Kommissariat zu folgen, mit einer gewissen Erleichterung aufnahm und mich darüber sogar freute, so daß ich mich, ohne zu zögern, einverstanden erklärte. Er war höflich, trug einen ordentlichen Anzug und sprach recht gut Englisch. Er sagte, er heiße Ahmed. »Und ich heiße Ryszard, aber sag Richard zu mir, das ist einfacher.«

Anfangs gingen wir zu Fuß. Dann fuhren wir lang mit dem Autobus. Wir stiegen aus. Wir befanden uns in einem alten Bezirk mit engen Gassen, verwinkelten kleinen Plätzen, Sackgassen, schiefen Mauern, schmalen Durchgängen, graubraunen Lehmmauern und geriffelten Blechdächern. Wer sich hier ohne Führer auf den Weg macht, findet nie mehr heraus. Nur hier und da gab es in den Mauern Eingänge, doch die waren verschlossen, für ewige Zeiten verriegelt. Es war keine

Menschenseele zu sehen. Manchmal huschte eine Frau wie ein Schatten vorbei, dann tauchte eine Schar Kinder auf, doch ein Ruf Ahmeds verjagte die Kleinen gleich wieder.

So kamen wir zu einem massiven metallenen Tor, auf das Ahmed einen Kode pochte. Drinnen hörte man ein Schlurfen von Sandalen, und dann das laute Knirschen eines Schlüssels im Schloß. Ein Wächter unbestimmbaren Alters und Aussehens öffnete uns und wechselte mit Ahmed ein paar Worte. Er brachte uns durch einen kleinen, geschlossenen Hof zu einer tief im Boden eingesunkenen Tür, die zum Minarett führte. Die Tür stand offen, und die beiden bedeuteten mir einzutreten. Drinnen herrschte dichte Finsternis, ich konnte nur die Umrisse einer gewundenen Treppe ausmachen. Sie lief an der Innenwand des Minaretts entlang, dessen Form an einen riesigen Kamin erinnerte. Wenn man hinaufschaute, sah man weit oben einen hellen Punkt leuchten, der aus dieser Entfernung wie ein weit entfernter und blasser Stern wirkte – der Himmel.

»We go!« sagte Ahmed mit aufmunternd-befehlender Stimme; vorher hatte er mir angekündigt, von der Spitze des Minaretts könne ich ganz Kairo sehen. »Great view!« hatte er mir versichert. Wir stiegen empor. Anfangs sah es nicht gut aus. Die Stufen waren schmal und rutschig, auf ihnen lagen Sand und abbröckelnder Verputz. Am schlimmsten war für mich jedoch, daß es kein Geländer gab, keine Griffe, Klammern, Seile, nichts, woran man sich hätte festhalten können.

Macht nichts – wir stiegen.

Wir stiegen und stiegen.

Es war finster und eng. Steil und gekrümmt. Von hier, von der Spitze des Minaretts aus, ruft der Muezzin, wenn die Moschee in Betrieb ist, fünfmal täglich die Gläubigen zum Gebet. Es ist dies ein langgedehnter Ruf in Form eines Gesangs, der manchmal sehr schön klingt – erhaben, eindringlich, romantisch. Doch nichts deutete darauf hin, daß unser Minarett noch in Verwendung gewesen wäre. Der Ort war seit Jahren verlassen, es roch nach Moder und altem Staub.

Ich weiß nicht, ob ich aus Anstrengung oder aus wachsender Angst eine gewisse Erschöpfung verspürte, jedenfalls wurde ich immer langsamer, worauf Ahmed mich anzutreiben begann.

»Up! Up!«, und da er hinter mir ging, machte er jeden Rückzug, jede Flucht unmöglich. Ich konnte mich nicht umdrehen und an ihm vorbeikommen – neben uns gähnte der Abgrund. Macht nichts, dachte ich mir, steigen wir weiter.

Wir stiegen und stiegen.

Wir waren schon hoch oben, und es wurde immer gefährlicher auf diesen Stufen ohne Geländer und Griffe, jede unvorsichtige Bewegung würde zur Folge haben, daß wir beide ein paar Stockwerke tief hinabstürzten. Wir waren in einem seltsamen Clinch der Unantastbarkeit miteinander verbunden – wer den anderen anstieß, fiel unausweichlich mit ihm hinunter.

Doch diese symmetrische Konstellation veränderte sich wenig später zu meinen Ungunsten. Am Ende der Treppe, ganz oben, war eine kleine, schmale Balustrade, die um das Minarett herumlief – der Platz für den Muezzin. Für gewöhnlich ist sie mit einer gemauerten oder metallenen Barriere eingefaßt. Hier hatte es offenbar einmal eine metallene Barriere gegeben, doch die war in Verlauf der Jahrhunderte verrostet und abgefallen, denn nun besaß der schmale Mauervorsprung kein Geländer mehr.

Ahmed stieß mich sanft nach draußen und sagte, selber sicher in die Mauernische gedrückt:

»Give me your money.«

Das Geld hatte ich in der Hosentasche, und ich befürchtete, schon die geringste Bewegung könnte einen Sturz in die Tiefe nach sich ziehen. Ahmed bemerkte mein Zögern und sagte noch einmal, diesmal schon schärfer:

»Give me your money!«

Ich blickte in den Himmel, nur um nicht in die Tiefe schauen zu müssen, steckte vorsichtig, ganz vorsichtig, die Hand in die Tasche und holte langsam, ganz langsam, das Portemonnaie heraus. Er nahm es wortlos, wandte sich um und begann mit dem Abstieg.

Am schwierigsten war nun jeder einzelne, tastende Schritt von der ungeschützten Balustrade zur ersten Treppenstufe – eine Entfernung von nicht einmal einem Meter. Und dann die Gehenna des Abstiegs, auf Beinen, die mir nicht gehorchen wollten, bleischwer und wie gelähmt.

Der Wärter öffnete mir das Tor, und ein paar Kinder – die besten Führer in so einem Winkelwerk – führten mich zu einem Taxi.

Ich wohnte noch ein paar Tage in Zamalek. Ich ging weiterhin durch dieselbe Straße in die Stadt. Täglich begegnete ich Ahmed. Er stand immer am selben Platz, um sein Revier zu kontrollieren.

Er sah mich ohne jeden Ausdruck im Gesicht an, als wären wir einander nie zuvor begegnet.

Und auch ich sah ihn, glaube ich, völlig ausdruckslos an, als wären wir einander nie zuvor begegnet.

EIN ARMSTRONG-KONZERT

Chartum, Aba, 1960. – Als ich aus dem Gebäude des Flughafens von Chartum trat, sagte ich zu einem Taxifahrer: »Victoria Hotel«, doch er brachte mich ohne Worte, Erklärung oder Rechtfertigung zu einem Hotel, das »Grand« hieß.

»So ist das immer«, sagte ein Libanese, den ich hier traf, »wenn ein Weißer in den Sudan kommt, meinen sie, er müsse Engländer sein, und wenn er Engländer ist, dann muß er natürlich im Grand wohnen. Aber es ist ein guter Ort für Begegnungen, am Abend kommen alle hierher.«

Der Fahrer holte mein Gepäck aus dem Kofferraum und formte mit der Hand einen Halbkreis, um mir zu zeigen, was für einen Blick ich haben würde, dann sagte er stolz: »Blue Nile!« Ich blickte auf den unter uns fließenden Strom – er war smaragdfarben, sehr breit und wälzte sich gemächlich dahin. Die lange, schattige Hotelterrasse ging auf den Nil; vom Fluß trennte sie ein breiter Boulevard, gesäumt von alten, ausladenden Feigenbäumen.

In dem Zimmer, in das mich der Portier brachte, brummte ein an der Decke befestigter Ventilator, doch seine Flügel verschafften keine Kühlung, sondern wirbelten nur die siedendheiße Luft durcheinander. Was für eine Hitze, dachte ich, und beschloß, in die Stadt zu gehen. Ich wußte nicht, was ich tat, denn kaum hatte ich ein paar hundert Meter zurückgelegt, erkannte ich, daß ich in eine Falle geraten war. Vom Himmel strahlte eine Glut, die mich an den Asphalt nagelte. In meinem Kopf begann es zu rauschen, und ich bekam keine Luft mehr. Ich fühlte mich außerstande weiterzugehen, und wußte doch gleichzeitig, daß ich nicht mehr genug Kraft besaß, um zum Hotel zurückzukehren. Mich erfaßte Panik, ich hatte den Eindruck, die Sonne würde mich umbringen, wenn ich nicht auf der Stelle Schutz im Schatten fände. Ich schaute mich hektisch um, erkannte jedoch, daß ich weit und breit das einzige sich regende Wesen war, sonst war alles leblos, abgestorben, tot. Weit und breit kein Mensch, kein Tier.

Mein Gott, was tun?

Und die Sonne hämmerte mir auf den Kopf, ich konnte ihre Schläge förmlich spüren. Ins Hotel war es zu weit, in der Nähe gab es kein Gebäude, keinen Hausflur, kein Dach, nichts, wohin ich mich hätte retten können. Am nächsten hatte ich es zu einem Mangobaum, zu dem ich mich schleppte.

Ich erreichte den Stamm und ließ mich zu Boden sinken, in den Schatten. Schatten ist in einem solchen Moment etwas ganz Materielles, der Körper nimmt den Schatten ebenso gierig auf wie ein durstender Mund Wasser. Er verschafft Erleichterung, stillt den Durst.

Nachmittags werden die Schatten länger, sie wachsen, legen sich übereinander, werden dunkler, bis sie schließlich in Schwärze übergehen – es wird Abend.

Die Menschen erwachen, ihr Lebenswille meldet sich wieder, sie grüßen einander, unterhalten sich, offenbar froh, den Kataklysmus irgendwie überstanden, das heißt einen weiteren höllengeborenen Tag überlebt zu haben. In der Stadt beginnt der Verkehr zu fließen, auf den Straßen zeigen sich Autos, die Läden und Bars füllen sich.

In Chartum warte ich auf zwei tschechische Journalisten, wir wollen zusammen in den Kongo fahren. Der Kongo brennt, er steht in den Flammen eines Bürgerkrieges. Ich bin verärgert, weil von den Tschechen, die aus Kairo hierher fliegen sollen, nichts zu sehen ist. Am Tag ist es unmöglich, durch die glutheiße Stadt zu laufen. Im Zimmer ist es vor Hitze ebenfalls kaum auszuhalten. Und auch auf der Terrasse kann ich mich nicht längere Zeit aufhalten, weil ständig jemand daherkommt und fragt, wer ich sei. Woher ich käme? Wie ich hieße? Was mich hierher geführt habe? Ob ich Geschäfte machen wolle? Eine Plantage kaufen? Wenn nicht – wohin wolle ich von hier aus fahren? Ob ich allein sei? Familie hätte? Wie viele Kinder? Was ich machte? Ob ich schon einmal im Sudan gewesen sei? Wie mir Chartum gefalle? Und der Nil? Und mein Hotel? Und mein Zimmer?

Die Fragerei findet kein Ende. In den ersten Tagen antwortete ich noch höflich. Vielleicht stellen die Leute ja, den hiesigen Sitten entsprechend, aus harmloser Neugierde Fragen? Oder vielleicht sind sie auch von der Polizei – dann sollte man sie besser nicht reizen. Die Fragenden lassen sich für gewöhnlich nur einmal blicken, am nächsten Tag kommen neue, die einen übergeben mich an die anderen, wie beim Staffellauf.

Doch zwei von ihnen – sie tauchen immer gemeinsam auf – kommen öfter. Sie sind sehr sympathisch. Studenten, deshalb haben sie jetzt viel Zeit, denn der Chef der herrschenden Militärjunta, General Abboud, hat ihre Hochschule geschlossen – als einen Hort der Unruhe und Rebellion.

Eines Tages sagen sie, während sie sich vorsichtig umschauen, ich solle ihnen ein paar Pfund geben – sie wollten Haschisch kaufen, damit würden wir aus der Stadt hinaus in die Wüste fahren.

Wie sollte ich auf ein solches Angebot reagieren?

Ich habe noch nie Haschisch geraucht und möchte gern wissen, was man dabei empfindet. Wenn sie andererseits von der Polizei sind und mich einsperren wollen, um dann Geld von mir zu erpressen oder mich auszuweisen? Und das am Anfang einer Reise, die sich so vielversprechend anläßt? Ich habe schlimme Befürchtungen, doch am Ende entscheide ich mich fürs Haschisch und gebe ihnen das Geld.

Sie kommen am frühen Abend mit einem klapprigen offenen Land-Rover. Er hat nur einen Scheinwerfer, doch der ist stark wie der Scheinwerfer einer Flak-Batterie. Das Licht verdrängt die tropische Dunkelheit, die, undurchdringlich wie eine schwarze Wand, für einen Moment zurückweicht, um das Auto passieren zu lassen, und sich dann, nach seiner Durchfahrt, sofort wieder schließt, so daß wir, wenn wir nicht über Schlaglöcher holperten, beinahe glauben könnten, der Wagen stehe in einem geschlossenen Raum auf der Stelle.

Wir sind vielleicht eine Stunde gefahren, der Asphalt, ohnehin überall schlecht und zerfressen, ist längst zu

Ende, wir rattern über eine Wüstenpiste, links und rechts große, wie aus Bronze gegossene Blöcke. Bei einem von ihnen machen wir eine scharfe Kurve, fahren noch eine Weile dahin und bleiben dann stehen. Hier beginnt ein Abhang, unter uns glitzert silbern im Mondlicht der Nil. Die Landschaft ist auf ein ideales Minimum reduziert – die Wüste, der Fluß, der Mond –, das in diesem Augenblick die ganze Welt ausmacht.

Einer der Sudanesen holt aus einer Tasche eine kleine, flache, angebrochene Flasche White Horse Whiskey, deren Inhalt für ein paar Schluck für jeden von uns reicht. Dann dreht er vorsichtig zwei dicke Joints, einen reicht er seinem Kollegen, den zweiten mir. In der Flamme des Zündholzes sehe ich plötzlich sein dunkles Gesicht aus der Nacht auftauchen, und seine blitzenden Augen, mit denen er mich aufmerksam mustert, als überlege er etwas. Vielleicht hat er mir Gift gegeben, denke ich mir, aber ich bin nicht sicher, ob ich tatsächlich an die Möglichkeit von Gift oder an etwas anderes denke, denn ich befinde mich bereits in einer anderen Welt, in der ich mein Gewicht nicht mehr spüre, in der alles bedeutungslos ist und sich in unablässiger Bewegung befindet. Diese Bewegung ist sanft, weich, wellenförmig. Wie ein leichtes Schaukeln. Nichts jagt hastig dahin, nichts explodiert. Alles ist Ruhe, Stille. Wie eine angenehme Berührung. Ein Traum.

Doch am aufregendsten ist der Zustand der Schwerelosigkeit. Das ist nicht diese plumpe, ungeschlachte Schwerelosigkeit, wie wir sie von Kosmonauten kennen, sondern eine elegante, geschickte, schwebende Schwerelosigkeit.

Ich weiß nicht, auf welche Weise ich mich in die Höhe abstoße, doch ich fühle genau, wie ich durch den Äther schwimme, dieser ist schwarz, von einer strahlend hellen, ja leuchtenden Schwärze, ich schwimme zwischen verschiedenfarbigen Rädern dahin, die sich öffnen und kreisen, die ganze Fläche ausfüllen und an die wirbelnden Hula-Hoop-Reifen erinnern, mit denen Kinder spielen.

Wie ich so dahinschwimme, verschafft mir ein Gefühl die größte Befriedigung: vom Gewicht des eigenen Körpers befreit zu sein, vom Widerstand, den er uns ständig entgegensetzt, von seiner hartnäckigen, unerbittlichen Opposition, der wir auf Schritt und Tritt begegnen. Auf einmal stellt sich heraus, daß der Körper nicht unbedingt ein Feind sein muß, sondern, jedenfalls für einen Augenblick, unter diesen außergewöhnlichen Umständen, auch ein Freund sein kann.

Ich sehe vor mir die Kühlerhaube des Land-Rovers und aus dem Augenwinkel einen zersprungenen Seitenspiegel. Der Horizont ist intensiv rosa, der Sand der Wüste graphitgrau. Der Nil ist in dieser frühen Morgenstunde hellblau. Ich sitze im offenen Auto und bibbere vor Kälte. Ich habe Schüttelfrost. Um diese Tageszeit ist es in der Wüste so kalt wie in Sibirien, die Kälte dringt einem bis in die Knochen.

Doch als wir in die Stadt zurückfahren, geht die Sonne auf, und es wird sofort wieder heiß. Ich habe schreckliche Kopfschmerzen. Das einzige, was ich möchte, ist schlafen. Schlafen. Nur schlafen. Mich nicht bewegen. Nicht sein. Nicht leben.

Zwei Tage später kamen die beiden Sudanesen ins Hotel, um nachzufragen, wie ich mich fühlte. Wie ich mich fühle? Ach, meine Freunde, wie ich mich fühle? Ja, wie du dich fühlst? Denn Louis Armstrong kommt, morgen gibt er im Stadion ein Konzert.

Ich war auf der Stelle gesund.

Das Stadion lag weit außerhalb der Stadt, es war klein, flach, für vielleicht fünftausend Zuschauer. Und trotzdem war nur die Hälfte der Plätze besetzt. In der Mitte des Rasens stand ein schwach beleuchtetes Podium, doch wir saßen nahe und hatten einen guten Blick auf Armstrong und sein kleines Orchester. Der Abend war heiß und stickig.

Als Armstrong aufs Podium trat, war er schon naß, denn trotz der Hitze trug er eine Jacke und ein Hemd mit Fliege. Er grüßte die Besucher, indem er die Hand hob, in der er seine goldglänzende Trompete hielt, und sagte ins schlechte, knatternde Mikrofon, er freue sich, in Chartum spielen zu dürfen, ja er freue sich nicht bloß, sondern sei glücklich darüber, worauf er ein herzliches, fröhliches Lachen hören ließ. Es war ein Lachen, das andere ansteckte, doch das Stadion schwieg abwartend, nicht sicher, wie es reagieren sollte. Dann erschienen der Schlagzeuger und der Kontrabassist, und Armstrong begann mit einem Lied, das wunderbar zu Ort und Zeit paßte – »Sleepy Time Down South«.

Wenn man Armstrongs Stimme zum ersten Mal hört, fällt es einem schwer, etwas darüber zu sagen, doch sie hat etwas an sich, das den Eindruck vermittelt, man habe sie schon immer gekannt. Wenn er anfängt zu singen, sagt deshalb jeder, zutiefst überzeugt von seinem Kennertum: »Ja, das ist er, Satchmo!«

Ja, das war er, Satchmo. Er sang »Hello Dolly, this is Louis, Dolly«, er sang »What a Wonderful World« und »Moon River«, er sang »I touch your lips and all at once the sparks go flying, those devil lips«, doch das Publikum saß immer noch stumm da und applaudierte nicht. Verstanden sie die Worte nicht? War in den Liedern für den islamischen Geschmack zuviel Erotik?

Nach jedem Werk, sogar während er spielte und sang, wischte sich Armstrong mit einem großen, weißen Tuch übers Gesicht. Das Tuch wurde pausenlos von einem Mann ausgetauscht, der sonst nichts zu tun hatte, als wäre er nur zu diesem Zweck mit Armstrong nach Afrika gekommen. Später sah ich, daß er eine ganze Tasche voller Tücher dabeihatte, ein paar Dutzend.

Nach dem Konzert gingen die Menschen rasch auseinander, verschwanden in der Nacht. Ich war erschüttert. Ich hatte mir sagen lassen, Armstrongs Konzerte lösten Enthusiasmus, Raserei, ja Ekstase aus. Im Stadion von Chartum war nichts von derartigen Gefühlen zu spüren, obwohl Armstrong viele Songs afrikanischer Sklaven aus dem amerikanischen Süden, aus Alabama und Louisiana, sang, von wo er selber stammte. Doch jenes Afrika und das gegenwärtige, das waren zwei unterschiedliche Welten, die keine gemeinsame Sprache besaßen, sich nicht miteinander verständigen konnten, keine gemeinsamen Emotionen hervorbrachten.

Die beiden Sudanesen begleiteten mich zum Hotel. Wir setzten uns auf die Terrasse und tranken Limonade. Nach einer Weile kam eine Limousine mit Armstrong.

Er setzte sich erleichtert in einen Sessel, ja er warf sich hinein. Ein dicker, gedrungener Mann mit breiten, abfallenden Schultern. Der Kellner brachte Orangensaft. Er trank das Glas in einem Zug leer, und dann noch ein Glas und noch eines. Er saß müde, mit gesenktem Kopf da und schwieg. Er war damals sechzig Jahre alt und hatte – was ich nicht wußte – bereits ein Herzleiden. Armstrong während des Konzerts und gleich danach, das waren zwei grundverschiedene Menschen: der eine war fröhlich, freundlich, lebhaft, mit einer kräftigen Stimme und einer beeindruckenden Tonskala, die er seiner Trompete entlockte, der andere schwerfällig, erschöpft, kraftlos, mit einem von Falten zerfurchten, erloschenen Gesicht.

Wer die sicheren Mauern Chartums verläßt und sich in die Wüste aufmacht, sollte wissen, daß dort gefährliche Fallen auf ihn lauern. Sandstürme verändern ständig die Konfigurationen der Landschaft und versetzen Orientierungszeichen, und wenn Reisende auf Grund dieses wechselhaften Verhaltens der Natur vom Weg abkommen, sind sie verloren. Die Wüste ist geheimnisvoll und furchteinflößend. Niemand zieht allein durch die Wüste, weil niemand imstande ist, genügend Wasser mit sich zu führen, um die Entfernung von einem Brunnen zum nächsten zu überwinden.

Herodot hielt sich auf seiner Reise durch Ägypten, in dem Wissen, daß ringsum Sahara war, vorsichtig am Fluß, blieb immer in der Nähe des Nils. Die Wüste ist wie das Feuer der Sonne, und das Feuer ist ein wildes Tier, das alles verschlingt: *Die Ägypter aber halten das Feuer für ein lebendiges Tier, das alles frißt, was man ihm vorwirft, und, wenn es sich davon vollgefressen, zugleich mit dem stirbt, was es gefressen.* Als Beispiel führt er an, daß der Perserkönig Kambyses, als er zum Feldzug gegen Ägypten aufbrach und dann nach Süden zog, um Äthiopien zu erobern, einen Teil seiner Truppen gegen die Ammonier schickte – ein Volk, das in den Oasen der Sahara lebte. Diese Truppen brachen von Theben auf und erreichten nach sieben Tagemärschen durch die Wüste eine Stadt namens Oasis. Dann verschwand die Armee spurlos: *Bis in die Gegend soll das Heer gekommen sein, was aber weiter aus den Leuten geworden, davon weiß kein Mensch etwas zu sagen, höchstens etwa die Ammonier selbst, und die es von ihnen gehört. Denn sie sind weder zu den Ammoniern noch wieder nach Hause gekommen. Die Ammonier selbst aber sagen, auf dem Wege durch die Wüste von Oasis zu ihnen, ungefähr in der Mitte zwischen Oasis und ihnen, hätte sich, als sie gerade beim Frühstück gesessen, ein furchtbarer Südwind erhoben und sie alle unter Massen von Wüstensand begraben, und so wären sie spurlos verschwunden. So, sagen die Ammonier, wäre es diesem Heere ergangen.*

Die Tschechen – Dušzan und Jarda – kamen endlich mit dem Flugzeug an, und wir brachen unverzüglich in den Kongo auf. Die erste Ortschaft auf kongolesischer Seite war eine Straßensiedlung: Aba. Sie stand im Schatten einer riesigen grünen Wand, und diese Wand war der Beginn des Dschungels, der hier unvermittelt anfängt, wie ein steiler Berg mitten in der Ebene.

In Aba gab es eine Tankstelle und ein paar Läden. Gegen die Sonne schützten hölzerne, morsche Arkaden, unter denen ein paar Männer saßen, tatenlos, reglos. Erst als wir anhielten, um uns zu erkundigen, was uns im Landesinneren erwartete und wo wir Pfund gegen lokale Franc eintauschen könnten, lebten sie auf.

Sie waren Griechen; sie bildeten eine Kolonie nach dem Muster Hunderter anderer, die schon zu Zeiten Herodots über die Welt verstreut gewesen waren. Offenbar hat diese Art von Siedlung bei ihnen bis zum heutigen Tag überdauert.

Ich hatte mein Exemplar des Herodot dabei und zeigte es vor der Weiterfahrt einem der Griechen, die uns verabschiedeten. Er sah den Namen auf dem Umschlag und lächelte, aber so, daß ich nicht wußte, ob aus Stolz – oder aus Ratlosigkeit, weil er keine Ahnung hatte, wer das war.

DAS ANTLITZ DES ZOPYROS

Wir warten am Rand der kleinen Stadt Paulis in der Ostprovinz des Kongo, etwas abseits von der Straße, weil uns das Benzin ausgegangen ist. Wir stehen hier in der Hoffnung, daß irgendwann jemand vorbeikommen und uns wenigstens einen Kanister abtreten wird. Untergekommen sind wir am einzig möglichen Ort, in einer Schule, die von belgischen Missionaren geführt wird, deren Prior der zarte, hagere, offensichtlich ernsthaft kranke Abbé Pierre ist. Da im Land der Bürgerkrieg tobt, bringen die Missionare den Kindern soldatischen Drill bei. Die Kinder haben lange, dicke Knüppel geschultert und marschieren in Viererreihen, wobei sie singen und Rufe ausstoßen. Was für einen strengen Ausdruck ihre Gesichter haben, wie schneidig ihre Bewegungen sind, mit wieviel Ernst und Hingabe sie dieses Soldatenspielen betreiben!

Ich schlafe auf einem Feldbett in einem leeren Klassenzimmer am Ende der Schulbaracke. Hier ist es ruhig, das Echo des soldatischen Drills dringt nur ganz schwach bis hierher. Vor meinem Fenster ist ein Beet voller Blumen, üppig, tropisch wuchernder Dahlien und Gladiolen, Tausendgüldenkraut und anderer Prächtigkeiten, die ich zum ersten Mal sehe und deren Namen ich nicht kenne.

Die Atmosphäre des Krieges hat sich auch auf mich übertragen, aber nicht die des hiesigen Krieges, sondern eines anderen, örtlich und zeitlich unendlich weit entfernten, den der Perserkönig Dareios gegen die aufständischen Babylonier führte, ein Krieg, den Herodot beschrieb. Ich sitze im Flur im Schatten, verjage Fliegen und Moskitos und lese in seinem Buch.

Dareios ist ein junger, etwa fünfundzwanzigjähriger Mann, der soeben König des damals mächtigsten Imperiums der Welt geworden ist: Persiens. In diesem multiethnischen Reich gibt es von Zeit zu Zeit Völker, die sich erheben, rebellieren und für ihre Unabhängigkeit kämpfen. Alle diese Aufstände und Revolten ersticken die Perser mit Leichtigkeit und rücksichtslos, doch nun taucht eine große, wirklich ernste Gefahr auf, die das Schicksal des Staates entscheiden könnte, es erhebt sich nämlich Babylon – die Hauptstadt eines anderen Imperiums, Babyloniens, das neunzehn Jahre zuvor, im Jahre 538, durch König Kyros dem Staat der Perser einverleibt worden war.

Babylon möchte seine Unabhängigkeit erlangen, und das ist kaum verwunderlich. Am Schnittpunkt der Wege gelegen, die den Osten mit dem Westen und den Norden mit dem Süden verbinden, gilt es als größte und dynamischste Stadt des gesamten Planeten. Babylon ist Mittelpunkt der Kultur und Wissenschaft, berühmt vor allem als Zentrum der Mathematik und Astronomie, der Geometrie und Architektur. Es wird ein Jahrhundert vergehen, ehe Athen von Babylon diese Rolle einer Welt-Stadt übernimmt.

Die Babylonier wissen, daß es am persischen Hof seit langem chaotisch zugeht, daß dort bis vor kurzem ein selbsternannter Magier herrschte, der schließlich von einer Gruppe persischer Notablen in einer Palastrevolte gestürzt wurde, und daß diese eben erst aus ihrer Mitte einen neuen König gewählt haben – Dareios. Nun bereiten die Babylonier einen Aufstand gegen die Perser vor, sie wollen ihre Unabhängigkeit ausrufen. Herodot notiert, daß sich die Babylonier *darauf schon länger sehr wohl vorbereitet hatten.* Offensichtlich, so schreibt er, *hatten sie sich in aller Stille auf eine Belagerung eingerichtet.*

Bei Herodot findet sich danach folgender Passus: *Als es dann zum offenen Aufstande kam, wählten sie sich außer ihren Müttern jeder nur noch eine Frau aus seinem Hause aus, die ihnen das Essen kochen mußte; alle übrigen Weiber aber erwürgten sie, damit sie sie nicht zu ernähren brauchten.*

Ich weiß nicht, ob Herodot sich bewußt war, was er da schrieb. Hat er sich diese Worte wirklich überlegt? Denn Babylon zählt damals, im sechsten Jahrhundert, mindestens zweihundert- bis dreihunderttausend Einwohner. Eine einfache Rechnung ergibt, daß Zehntausende von Frauen – Ehefrauen, Töchter, Schwestern, Großmütter, Cousinen, geliebte Mädchen – dazu verurteilt wurden, erwürgt zu werden.

Sonst schreibt der Grieche nichts über dieses Massaker. Wer hat diese Entscheidung getroffen? Eine Volksversammlung? Der Stadtrat? Ein Verteidigungskomitee? Gab es darüber eine Diskussion? Protestierte jemand? War jemand gegensätzlicher Meinung? Wer entschied darüber, daß die Frauen erwürgt werden sollten? Gab es keine anderen Vorschläge? Sie etwa mit Spießen zu erstechen? Mit Schwertern zu zerteilen? Auf Scheiterhaufen zu verbrennen? In den durch die Stadt fließenden Euphrat zu werfen?

Und es stellen sich weitere Fragen. Konnten die Ehefrauen, Töchter in den Gesichtern der Männer, die von der Versammlung zurückkehrten, etwas lesen? Sorge? Scham? Schmerz? Wahnsinn? Die kleinen Mädchen ahnten natürlich nicht, was auf sie zukam. Aber die Frauen? Ließ ihr Instinkt sie nichts Böses ahnen? Befolgten die Männer ausnahmslos das Schweigegelübde? Wurde keiner von Gewissensbissen gequält? Lief keiner laut schreiend durch die Straßen?

Und dann? Dann sammelten sie alle Frauen und erwürgten sie. Gab es städtische Wächter, die die ihnen zugeführten Mädchen und Frauen packten und der Reihe nach töteten? Oder mußten die Männer und Väter das selber besorgen? Herrschte Schweigen? War Jammern zu hören? Flehen um das Leben der Neugeborenen, der Töchter, der Schwestern? Und was geschah mit den Leichen? Mit den Zehntausenden von Opfern? Ohne eine würdige Bestattung kehren die Geister der Ermordeten zurück, um die Menschen in den Nächten heimzusuchen. Hatten die Männer von Babylon vor ihnen keine Angst? Wurden sie von Alpträumen heimgesucht? Konnten sie nicht schlafen? Spürten sie, wie der Dämon sie an der Gurgel packte?

Damit sie sie nicht zu ernähren brauchten. Ja, denn die Babylonier bereiteten sich auf eine lange Belagerung vor. Sie kannten den Wert Babylons, einer reichen, blühenden Stadt, einer Stadt der hängenden Gärten und der vergoldeten Tempel, und sie wußten, daß Dareios sich nicht zurückziehen würde, daß er sie besiegen wollte, wenn nicht mit dem Schwert, dann durch den Hunger.

Der König der Perser zögerte keinen Moment. Als ihn die Nachricht vom Aufstand erreichte, *bot er sein ganzes Heer gegen sie auf, zog damit vor Babylon und belagerte es. Die Babylonier aber machten sich aus der Belagerung nichts, stiegen auf die Stadtmauer, führten dort Tänze auf und verhöhnten Dareios und seine Leute, und einer von ihnen rief ihnen zu: »Was verliegt ihr euch hier, Perser, und geht nicht lieber nach Hause? Denn uns kriegt ihr erst, wenn die Maultiere gebären.« Das sagte er aber, weil er glaubte, ein Maultier würde eben niemals gebären.*

Sie verspotteten Dareios und sein Heer.

Können wir uns diese Szene überhaupt vorstellen? Da steht die größte Armee der Welt vor Babylon. Sie hat ihr Lager rings um die Stadt aufgeschlagen, die von mächtigen Mauern aus Schlammziegeln geschützt wird. Sie sind ein paar Meter hoch und so breit, daß oben ein Wagen fahren kann, der von vier nebeneinandergespannten Pferden gezogen wird. In diesen Mauern gibt es acht große Tore, und zusätzlich wird das Ganze durch einen tiefen Graben gesichert. Angesichts dieser monumentalen Mauern ist Dareios' Armee ratlos. Das Schießpulver wird in diesem Teil der Welt erst in eintausendzweihundert Jahren auftauchen. Die Feuerwaffen werden in zweitausend Jahren erfunden. Es gibt nicht einmal Belagerungsmaschinen. Die Perser besitzen offenbar keine Mauerbrecher, so daß sich die Babylonier unbesiegbar wähnen – keiner kann ihnen etwas anhaben. Es ist nachvollziehbar, daß sie auf der Mauer stehen und Dareios und seine Leute verhöhnen. So eine Armee!

Die Entfernung zwischen den beiden Seiten ist so gering, daß sich die Belagerten und die Belagerer miteinander unterhalten können. Wenn Dareios nahe an die Mauer heranfährt, kann er die ihm zugerufenen Beleidigungen und Spottworte hören. Das ist schrecklich erniedrigend, um so mehr, als es schon so lang dauert: *Nachdem darüber bereits ein Jahr und sieben Monate vergangen, war Dareios und mit ihm sein ganzes Heer sehr ungehalten, daß es ihm trotz aller erdenklichen darauf verwandten Mühe nicht gelingen wollte, Babylon zu nehmen.*

Doch auf einmal kündet sich eine Veränderung an. *Da, im zwanzigsten Monat, begegnete Zopyros ... ein Wunder. Ein Maultier, eins seiner Packtiere, warf ein Füllen.*

Der junge Zopyros ist der Sohn des persischen Notabeln Megabysos und gehört zur höchsten Elite des persischen Imperiums. Nun ist er ganz erregt wegen der Nachricht, daß sein Maultier geworfen hat, und sieht darin ein Zeichen der Götter, ein Signal, daß Babylon erobert werden kann.

Die Perser belagern die Stadt seit bald zwei Jahren, sie haben schon alles versucht, doch es ist ihnen nicht gelungen, auch nur die geringste Scharte in die Mauern Babylons zu schlagen. Dareios, der König, weiß nicht, was er machen soll: Wenn er sich zurückzieht, bedeckt er sich mit Schande, und außerdem verliert er die wichtigste Satrapie, gleichzeitig scheint es jedoch keine Aussicht zu geben, die Stadt einzunehmen.

Überzeugt, daß Babylon jetzt erobert werden könnte, ging er zu Dareios und fragte ihn, ob ihm sehr daran gelegen wäre, Babylon zu nehmen. Und als der ihm sagte, daß er alles drum gäbe, überlegte er weiter, wie er selbst der werden könnte, der Babylon eroberte, und wie das gelingen könne. Zopyros zieht sich an einen Ort zurück, den Herodot nicht näher bezeichnet, und dort schneidet er sich mit einem eisernen oder bronzenen Messer die Nase und die Ohren ab, schert sich den Kopf kahl, was das Zeichen für einen Verbrecher ist, und läßt sich geißeln. So verstümmelt, verletzt und blutüberströmt, steht er vor Dareios. Beim Anblick des massakrierten Zopyros erleidet Dareios einen Schock. *Er sprang mit einem Schrei von seinem Throne auf und fragte ihn, wer und weshalb man ihm das angetan.*

Trotz seiner schrecklichen Schmerzen ringt sich Zopyros eine Antwort ab: *»Niemand als du, o König, hätte vermocht, mich so zuzurichten, auch hat es kein anderer, sondern ich selbst habe es getan, weil es mir unerträglich ist, daß wir Perser so von diesen Assyrern verhöhnt werden.«*

Dareios erwidert darauf: *»Heilloser Mensch, eine so entsetzliche Tat beschönigst du damit, daß du sagst, du hättest es der Belagerten wegen getan. Wie töricht, zu glauben, die würden sich schneller ergeben, weil du dich verstümmelt hast. Warst du denn von Sinnen, als du dich so zurichtetest?«*

Dareios verurteilt zwar die Handlung des Zopyros als unverantwortlich und abenteuerlich, dennoch akzeptiert er dessen Plan, der folgendermaßen aussieht: Zopyros geht zu den Babyloniern und tut so, als sei er vor den Verfolgungen und Torturen geflohen, die ihm Dareios angetan hat. Sind seine Wunden nicht der beste Beweis dafür? Er ist sicher, die Babylonier überzeugen zu können und ihr Vertrauen zu erringen. *Wenn die Babylonier sehen, welch ein Kerl ich bin, sagt Zopyros zum König, glaube ich, werden sie mir alles anvertraun, auch die Torschlüssel, und dann werde ich mit den Persern die Sache schon machen.*«

So sehen die Menschen, die auf der Mauer Babylons stehen, wie sich eine blutende, in Fetzen gekleidete menschliche Gestalt auf ihre Stadt-Feste zuschleppt. Der Mann schaut sich ständig um, ob er verfolgt wird. *Als die Schildwachen auf den Türmen ihn kommen sahen, liefen sie hinunter, öffneten einen Torflügel ein wenig und fragten ihn, wer er wäre und was er wolle. Er aber sagte, er wäre Zopyros und käme als Überläufer zu ihnen. Wie sie das hörten, führten sie ihn vor den Rat der Stadt. Hier erging er sich in Klagen und sagte, die Verletzungen ... hätte Dareios ihm zugefügt ...* »*Und jetzt*«, *fuhr er fort,* »*komme ich zu euch, Babylonier, euch zum Besten ... Denn, wahrlich, er soll es entgelten, daß er mich so zugerichtet hat ...*«

Der Rat schenkt seinen Worten Glauben und gibt ihm Truppen, damit er seine Rache ausführen kann. Darauf hat Zopyros nur gewartet. Wie abgemacht, führt Dareios am zehnten Tag nach der vorgeblichen Flucht des Zopyros tausend seiner schlechtesten Soldaten zu einem der Tore. Die Babylonier stürzen hinaus und machen die tausend nieder. Sieben Tage später schickt

Dareios, wie ebenfalls mit Zopyros abgesprochen, Truppen zu einem anderen Tor, diesmal zweitausend seiner schlechtesten Soldaten, und die Babylonier machen auch diese auf den Befehl des Zopyros nieder. Es vergehen zwanzig Tage, und entsprechend dem Plan schickt Dareios die nächsten viertausend Soldaten. Auch diese werden von den Babyloniern getötet. Aus Dankbarkeit ernennen sie Zopyros zu ihrem Wallmeister und Oberbefehlshaber der Stadt-Feste.

Zopyros besitzt nun die Schlüssel zu allen Toren. An einem ausgemachten Tag läßt Dareios von allen Seiten gegen Babylon stürmen, und Zopyros öffnet die Tore. Die Stadt wird erobert. *Dareios aber ließ, nachdem er die Babylonier unterworfen, die Stadtmauer zerstören und alle Tore abbrechen ... und dann gegen dreitausend der vornehmsten Babylonier kreuzigen ...*

Wieder geht Herodot über diesen Ereignissen zur Tagesordnung über. Sehen wir einmal ab von der Zerstörung der Mauern, obwohl das eine gigantische Aufgabe gewesen sein mußte. Aber dreitausend Menschen zu kreuzigen? Wie ist man dabei vorgegangen? Wie viele Pfähle wurden dafür gefertigt? Warteten die Babylonier geduldig, bis sie an die Reihe kamen? Schauten zu, wie die vor ihnen gekreuzigt wurden? Babylon war das Zentrum der Wissenschaft der Welt, eine Stadt der Mathematiker und Astronomen. Wurden auch diese gekreuzigt? Um wie viele Generationen oder sogar Jahrhunderte wurde die Entwicklung der Wissenschaft dadurch zurückgeworfen?

Gleichzeitig dachte Dareios jedoch an die Zukunft der Stadt: *Auch war er darauf bedacht, die Babylonier, damit sie auch Kinder bekämen, wieder mit Frauen zu versorgen – denn ihre eigenen hatten sie ja, um einer Hungersnot vorzubeugen, wie schon vorhin erwähnt, ums Leben gebracht –, und befahl den Nachbarvölkern, und zwar jedem, eine bestimmte Anzahl Weiber nach Babylon abzugeben, so daß im ganzen fünfzigtausend Weiber dorthin kamen. Und von diesen Weibern stammen die jetzigen Babylonier ab.*

Als Belohnung übergab Dareios dem Zopyros Babylon bis an sein Lebensende zur Herrschaft. Doch *soll Dareios öfter geäußert haben, er wolle lieber, daß Zopyros sich nicht so verstümmelt hätte, als noch zwanzig Städte wie Babylon dazu haben.*

DER HASE

Geschärft sind seine Pfeile
und alle seine Bogen gespannt. Wie Kiesel
sind die Hufe seiner Rosse und gleich
dem Sturmwind die Räder seiner Wagen.
Jesaja 5, 28

Der persische König beendet eine Eroberung und macht sich unverzüglich an die nächste: *Nach der Eroberung Babylons unternahm Dareios den Zug gegen die Skythen...*
Aber wo ist Babylon und wo sind die Skythen? Dazu mußten die Soldaten des Dareios doch die halbe Herodot bekannte Welt durchmessen. Allein der Marsch von einem Ort zum anderen muß Monate gedauert haben. Um fünfhundert, sechshundert Kilometer zurückzulegen, brauchte eine Armee in jener Zeit einen Monat, und hier galt es, ein Vielfaches dieser Entfernung zu bewältigen.

Sogar dem robusten Dareios dürfte eine solche Reise einiges abverlangt haben. Er fuhr zwar mit dem Königswagen, doch auch ein solches Gefährt holperte sicher entsetzlich dahin. Schließlich kannte man damals noch keine Stoßdämpfer und Federn, man wußte nichts von

Reifen, von Gummibelägen. Zu allem Überfluß gab es in den meisten Fällen nicht einmal Straßen.

Seine Leidenschaft muß also stärker sein als alle Strapazen, Erschöpfungen und körperliche Schmerzen. Im Falle von Dareios ist es der brennende Wunsch, das Imperium zu erweitern und dadurch seine Macht auf die ganze Welt auszudehnen. Was sahen die Menschen damals vor sich, wenn sie das Wort »Welt« aussprachen? Es gab noch keine entsprechenden Landkarten, keine Atlanten oder Globusse. Ptolemäus wird erst in vierhundert Jahren geboren werden, Merkator in zwei Jahrtausenden. Es war nicht möglich, auf unseren Planeten aus der Vogelperspektive zu schauen. Das Wissen um die Ordnung der Welt schöpft sich also aus der Erkenntnis der Andersartigkeit des Nachbarn:

Wir nennen uns Giligamer. Unsere Nachbarn sind die Asbyster. Und ihr Asbyster, an wen grenzt ihr? Wir? An die Auschiser. Und die Auschiser an die Nasamoner. Und ihr Nasamoner? Wir grenzen im Süden an die Garamanter und im Westen an die Maken. Und an wen grenzen die Maken? Die Maken grenzen an die Gindaner. Und ihr, an wen grenzt ihr? Wir an die Lotophagen. Und ihr? An die Auseer. Und wer wohnt noch weiter, ganz, ganz weit entfernt? Die Ammonier. Und wer lebt hinter denen? Die Atlanten. Und hinter den Atlanten? Das weiß keiner, und keiner versucht sich das auch nur vorzustellen.

Es ist also nicht möglich, einen Blick auf die Karte zu werfen (die es ohnehin nicht gibt), um festzustellen, daß Rußland an China grenzt. Um dies herauszufinden, muß man zu jener Zeit Dutzende hintereinander wohnender (wenn man sich nach Osten aufmachte) sibirischer Stämme befragen, bis man endlich auf jene stößt, die an chinesische Stämme grenzen. Als jedoch Dareios gegen die Skythen zog, besaß er bereits einige Informationen über sie und hatte eine gewisse Vorstellung davon, in welche Richtung er ziehen mußte.

Der Große Herrscher, der damit beschäftigt ist, die Welt zu unterwerfen, geht dabei in etwa wie ein passionierter und methodischer Sammler vor. Er sagt sich: Ich habe bereits die Ionier, die Karer und die Lyder. Wer fehlt mir noch? Es fehlen mir die Thraker, die Geten und die Skythen. Und in seinem Herzen entbrennt der Wunsch, die zu besitzen, die sich noch außerhalb seiner Reichweite befinden. Sie aber, die immer frei und unabhängig waren, wissen noch gar nicht, daß sie die Aufmerksamkeit des Großen Herrschers auf sich gelenkt haben und ihr Schicksal damit besiegelt ist. Das übrige ist nur noch eine Frage der Zeit. Für gewöhnlich gleicht der König der Könige in solchen Fällen einem lauernden Raubtier, das sein auserwähltes Opfer im Blickfeld hat und nun geduldig den geeigneten Moment zum Angriff abwartet.

In der Welt der Menschen braucht es dafür allerdings noch einen Vorwand. Es ist wichtig, diesem Angriff den Rang einer für die gesamte Menschheit wichtigen Mission oder eines göttlichen Befehls zu geben. Die Auswahl ist nicht groß: Entweder handelt es sich darum, daß wir uns zur Wehr setzen müssen, oder wir haben die Verpflichtung, Dritten zu helfen, oder wir müssen den Willen der Götter erfüllen. Am besten ist eine Mischung aller drei Motive. Die Angreifenden können dann in der Glorie gottgefälliger Menschen auftreten, in der Rolle Auserwählter, auf denen das Auge eines Gottes mit Wohlgefallen ruht.

Der Vorwand des Dareios lautete folgendermaßen:
Vor Jahrhunderten waren die Skythen in die Gebiete der Meder (ein anderes iranisches Volk neben den Persern) eingefallen und hatten dort achtundzwanzig Jahre lang geherrscht. Nun will Dareios Rache nehmen für diese längst in Vergessenheit geratene Episode, und zieht gegen die Skythen. Wir haben hier ein Beispiel für das Wirken des Herodotschen Gesetzes: Es ist derjenige verantwortlich zu machen, der angefangen hat, und da er etwas Böses angerichtet hat, muß er bestraft werden, und sei es auch nach vielen Jahren.

Es ist schwierig, eine Definition für die Skythen zu finden.

Man weiß nicht, von wo sie gekommen sind, sie existierten tausend Jahre lang und verschwanden dann, niemand weiß, wohin, unter Zurücklassung schöner Metallgegenstände und der Hügel ihrer Kurgane, in denen sie ihre Toten begruben. Die Skythen bildeten eine Gruppe und später eine Konföderation diverser Ackerbau und Viehzucht treibender Stämme, die in Osteuropa und der asiatischen Steppe wohnten. Ihre Eliten waren die Königlichen Skythen – kampfeslustige berittene Scharen, flink und eroberungssüchtig, die ihre Basis im Gebiet nördlich des Schwarzen Meeres hatten, zwischen Donau und Wolga.

Die Skythen waren aber auch ein furchteinflößender Mythos. Mit diesem Namen bezeichnete man alle möglichen fremden und geheimnisvollen, wilden und grausamen Völker, die jeden Moment über einen herfallen, einen ausrauben, entführen oder niedermetzeln konnten.

Es ist nicht leicht, die von den Skythen beherrschten Gebiete, ihre Behausungen und Herden aus der Nähe zu sehen, weil das alles von einem Vorhang aus Schnee verdeckt wird: *Weiter im Norden, jenseits ihres Landes (sagen sie), könne man vor Federn nichts sehen und nicht durchkommen; denn an der Erde und in der Luft wäre alles so voller Federn, daß man nichts sehen könnte.* Herodot bezweifelt diese Aussage: *In betreff der Federn aber, von denen nach der Behauptung der Skythen die Luft voll sein soll und derentwegen man dort zu Lande nicht sehen und nicht durchkommen könne, bin ich folgender Ansicht. Dort oben im Norden schneit es immerfort, im Sommer natürlich weniger als im Winter. Wer jemals ein solches Schneegestöber in der Nähe gesehen hat, wird mich gleich verstehen. Der Schnee sieht nämlich aus wie Federn, und des strengen Winters wegen ist das Land dort im Norden unbewohnt. Ich glaube also, daß die Skythen und ihre Nachbarn sich nur bildlich ausdrücken, wenn sie die Schneeflocken Federn nennen.*

In diese Gebiete zieht nun Dareios, so wie vierundzwanzig Jahrhunderte nach ihm Napoleon. Man will ihn von diesem Feldzug abbringen: *Artabanos, Hystaspes' Sohn, ein Bruder des Dareios, riet ihm dringend davon ab, gegen die Skythen zu ziehen, bei denen ja doch nichts zu holen sei.* Doch Dareios hört nicht auf ihn, und nach gigantischen Vorbereitungen bricht er an der Spitze einer großen Armee auf, die aus allen Völkern besteht, über die er regiert. Herodot nennt eine für damalige Zeiten astronomische Zahl: *Ihre Zahl betrug einschließlich der Reiterei ohne die Flotte siebzig mal zehntausend Mann; die Flotte aber zählte sechshundert Schiffe.*

Die erste Brücke befahl er über den Bosporus zu schlagen. Er saß auf seinem Thron und schaute zu, wie seine Armee über diese Brücke marschierte. Die zweite Brücke schlug er über die Donau. Diese Brücke befahl er abzubrechen, nachdem die Armee darüber geschritten war, doch einer seiner Befehlshaber, ein gewisser Koës, der Sohn des Erxandros, flehte ihn an, das nicht zu tun:

»Herr, du bist im Begriff, in ein Land zu ziehen, wo man keine Kornfelder und keine Städte zu sehen bekommt. Laß also die Brücke nur ruhig stehen und sie von den Leuten bewachen, die sie über den Strom geschlagen haben; dann können wir, wenn es uns glückt, die Skythen zu finden, über sie wieder abziehen, und wenn wir sie nicht finden können, wenigstens unseren Rückzug mit Sicherheit bewerkstelligen. Denn daß wir von den Skythen besiegt würden, fürchte ich nicht, wohl aber, daß wir sie nicht finden und auf unseren Kreuz- und Querzügen zu Schaden kommen könnten.«

Dieser Koës sollte sich als Prophet erweisen. Dareios befiehlt, die Brücke einstweilen stehen zu lassen, und zieht weiter.

Inzwischen haben die Skythen in Erfahrung gebracht, daß eine große Armee gegen sie im Anmarsch ist, und rufen die Könige der benachbarten Völker zu einer Beratung zusammen. Unter ihnen ist auch der König der Budiner – *ein großes, zahlreiches Volk mit leuchtenden Augen und rötlichem Haar, das Kiefern-*

zapfen ißt. Auch der König der Agathyrser ist gekommen. Diese *sind ein sehr üppiges Volk, besonders tragen sie gern goldenen Schmuck. Auch herrscht bei ihnen Weibergemeinschaft, weil sie alle Brüder sein und als solche nicht in Eifersucht und Feindschaft miteinander leben wollen.* Und der König der Taurier ist auch anwesend, von dessen Volk es heißt: *Den Feinden, die sie gefangen nehmen, schneiden sie den Kopf ab und nehmen ihn mit nach Hause. Hier stecken sie ihn auf eine lange Stange und stellen ihn oben auf das Dach, gewöhnlich über den Rauchfang. Dann glauben sie, er schwebe da oben in der Luft als Schutzgeist über ihrem Hause.*

Die Gesandten der Skythen wenden sich nun an diese und noch andere versammelte Könige und informieren sie über das heraufziehende persische Unwetter unter Dareios und appellieren an sie: »*Ihr dürft euch also*«, sagten sie, »*unter keinen Umständen von der gemeinsamen Sache trennen und uns unserem Schicksal überlassen, sondern wir müssen uns mit vereinten Kräften gegen ihn wehren...*«

Um sie von der Notwendigkeit einer Zusammenarbeit und eines gemeinsamen Kampfes zu überzeugen, sagen sie, der Perser ziehe nicht nur gegen die Skythen, er wolle vielmehr alle Völker unter sein Joch zwingen: *Kaum aber war er nach Europa gelangt, so unterwarf er ein Volk nach dem anderen...*

Die Könige hörten, so berichtet Herodot, die Rede der Skythen an, doch ihre Ansichten waren geteilt. Die einen meinten, man müsse den Skythen bedingungslos zu Hilfe eilen und in der Not beistehen, die anderen zogen es vor, sich einstweilen herauszuhalten, und meinten, in Wahrheit wollten die Perser sich nur an den

Skythen rächen, die übrigen Völker würden sie in Ruhe lassen.

Angesichts dieser mangelnden Einigkeit beschließen die Skythen, die wissen, wie stark der Feind ist, *sich auf keine offene Schlacht einzulassen, sondern sich langsam immer weiter zurückzuziehen, die Brunnen und die Quellen zu verschütten und das Gras vom Erdboden zu vertilgen.* Sie selber wollen zwei Heere bilden und mit beiden ständig zurückweichen, dabei die Perser immer in einer Entfernung von einem Tagemarsch haltend, und sie mit ihren wechselnden Bewegungen verwirren und auf diese Weise immer weiter in ihr Gebiet locken.

Die Wagen, auf denen sich ihre Weiber und Kinder befanden und (all) ihr Vieh, soweit sie es nicht bei sich behielten, weil sie es zur Nahrung brauchten, schickten sie weg mit der Weisung, immer nach Norden zu ziehen. Nach Norden, wo Eis und Schnee sie gegen die Menschen des heißen Südens – die Perser – schützen.

Sie liefern der Armee des Dareios, die in Skythien einmarschiert, keine offene Schlacht. Ihre Taktik, ihre Waffen sind von nun an List, Rückzug und Hinterhalte. Gerissen, flink, geheimnisvoll wie Schemen, tauchen sie überraschend aus der Steppe auf, um gleich darauf wieder in der Steppe zu verschwinden.

Dareios sieht ihre Reiterei einmal hier, dann wieder dort, er sieht die dahinjagenden Horden, die schon wieder hinter dem Horizont untertauchen. Man meldet ihm, sie seien im Norden gesichtet worden. Er lenkt seine Armee dorthin, doch als sie den Ort erreichen, müssen die Soldaten erkennen, daß sie in der Wüste gelandet sind. *Hier in der Wüste wohnen keine Menschen. Sie liegt über dem Lande der Budiner und ist sieben*

Tagereisen lang. Herodot berichtet über Dareios' Irrwege in aller Ausführlichkeit. In der Absicht, die widerspenstigen Nachbarn in den Krieg hineinzuziehen, schlagen die Skythen solche Haken, daß Dareios' Truppen bei ihrer Verfolgung in die Gebiete der Stämme geraten, die sich aus dem Krieg heraushalten wollten. Da sie nun von den Persern überfallen werden, sehen sie sich gezwungen, gemeinsam mit den Skythen gegen Dareios zu kämpfen.

Der König der Perser ist zunehmend ratlos und schickt am Ende einen Gesandten zum König der Skythen, mit der Aufforderung, die Skythen sollten nicht weiter fliehen, sondern sich entweder zum Kampf stellen oder seine Oberherrschaft anerkennen. Worauf der König der Skythen antwortet: »*Perserkönig ... ich bin noch nie vor einem Menschen geflohen ... Wir haben weder Städte noch bebaute Felder und brauchen uns deshalb nicht aus Furcht, sie könnten erobert oder verheert werden ... auf eine Schlacht (mit euch) einzulassen ... Dafür aber, daß du dich meinen Herrn genannt hast, werde ich dir noch auf die Kappe kommen*« (eine skythische Redensart) ...

Die Könige der Skythen aber waren empört, als man ihnen von Knechtschaft redete ... Sie lieben die Freiheit. Sie lieben die Steppe. Sie lieben die grenzenlose Weite. Aufgebracht darüber, wie Dareios sie erniedrigt und beleidigt, ändern sie ihre Taktik. Sie beschließen, nicht mehr nur Haken zu schlagen und im Zickzack zu reiten, sondern die Perser auch zu überfallen, wenn sie Nahrung für sich selber und Futter für ihre Pferde suchten.

Die Lage von Dareios' Armee wird immer schwieriger. Hier, in der großen Steppe, können wir den

Zusammenprall zweier Kampfstile, zweier Ordnungen beobachten. Der geschlossenen, starren, monolithischen Struktur einer regulären Armee und der lockeren, beweglichen, nicht faßbaren Anordnung kleiner taktischer Verbände. Auch sie bilden eine Armee, doch eine amorphe Armee von Schatten, von Schemen, von verdichteter, durchsichtiger Luft.

»Zeigt euch!« ruft Dareios in die Wüste hinein. Doch nur die Stille der fremden, unübersehbaren, unermeßlichen Erde antwortet ihm. Auf dieser steht eine mächtige Armee, die er nicht einsetzen kann, die hilflos ist und ohne Bedeutung, weil ihr nur ein Gegner Gewicht verleihen könnte, doch dieser will sich nicht zeigen.

Die Skythen sehen, daß Dareios sich in einer schwierigen Lage befindet, und senden ihm durch einen Boten einen Vogel, eine Maus, einen Frosch und fünf Pfeile als Geschenk.

Jeder Mensch hat seine eigenen Erkennungs- und Interpretationsraster, die er, meist automatisch und unreflektiert, über jede ihm begegnende Wirklichkeit legt. Oft jedoch wollen sich andere Wirklichkeiten dafür nicht eignen, sie passen nicht zum Kode unseres Rasters, und dann kann es passieren, daß wir diese Wirklichkeit und ihre Elemente falsch lesen und in der Folge auch falsch interpretieren. Von diesem Moment an bewegen wir uns in einer falschen Wirklichkeit, in einer Welt irriger und unwirklicher Begriffe und Zeichen. Das ist auch hier der Fall.

Als die Perser die Geschenke erhielten, zerbrachen sie sich den Kopf darüber: *Dareios meinte, die Skythen wollten sich ihm jetzt ergeben und ihm Wasser und Erde schicken, indem er die Geschenke also auslegte: die Maus lebe in der Erde und nähre sich von denselben Früchten wie der Mensch, der Frosch im Wasser, der Vogel könne sehr wohl mit dem Pferde verglichen werden, und mit den Pfeilen gäben sie sich selbst in seine Hände.* Das war die Meinung des Dareios. *Gobryas dagegen ... war anderer Meinung. Der legte die Geschenke also aus und sagte: »Wenn ihr nicht als Vögel gen Himmel fliegt, Perser, oder als Mäuse in die Erde kriecht, oder als Frösche ins Wasser springt, so werdet ihr nicht wieder nach Hause kommen, sondern von diesen Pfeilen erschossen werden.«*

Inzwischen stellten die Skythen *ihr Heer, Reiterei und Fußvolk, in Schlachtordnung, um den Kampf mit den Persern aufzunehmen.* Das muß ein imponierender Anblick gewesen sein. Alle archäologischen Ausgrabungen, alles, was man in skythischen Kurganen gefunden hat, in denen sie ihre Toten in ihren Prunkgewändern zusammen mit Pferden, Waffen, Geräten und Schmuck bestatteten, zeigt, daß sie mit Gold und Bronze bedeckte Kleider trugen und daß ihre Pferde Zaumzeug, verziert und beschlagen mit gehämmertem Metall, hatten, und daß sie Schwerter, Äxte, Bogen und Streitkolben benützten, die sorgfältig ziseliert und reich geschmückt waren.

Die beiden Armeen stehen einander gegenüber. Die persische ist die größte der Welt, die kleine skythische wacht über ein Land, dessen Inneres eine weißer Vorhang aus Schnee gegen die Blicke des Dareios abschirmt.

Die Spannung erreicht ihren Höhepunkt, doch in diesem Augenblick kommt eine Junge zu mir und sagt, Abbé Pierre bitte mich, zum anderen Ende des Hofes zu kommen, wo im Schatten eines ausladenden Mangobaumes das Essen angerichtet ist.

»Sofort! In einer Sekunde!« rufe ich. Ich wische mir unwillkürlich den Schweiß von der Stirn und lese weiter:

Während sie in Schlachtordnung standen, sprang ein Hase vor ihnen auf, und als sie den sahen, waren sie alle hinter ihm her. Verwundert über das Getümmel und das Geschrei fragte Dareios, was der Lärm bei den Feinden zu bedeuten hätte, und als er hörte, daß sie den Hasen verfolgten, sagte er zu den Herren, mit denen er auch sonst ein Wort zu reden pflegte: »Die Leute wollen uns wohl gar verhöhnen, und ich sehe jetzt ein, daß Gobryas mit den Geschenken der Skythen recht gehabt hat. Deshalb müssen wir jetzt, wo ich die Sache ebenso ansehe, reiflich überlegen, wie wir mit heiler Haut wieder nach Hause kommen.«

Ein Hase? Seine geschichtliche Rolle? Die Historiker sind sich darin einig, daß es die Skythen waren, die den Vorstoß des Dareios nach Europa aufhielten. Wenn das nicht geschehen wäre, hätten sich die Geschicke der Welt möglicherweise anders entwickelt. Über Dareios' Rückzug entschied letzten Endes die Tatsache, daß die Skythen vor den Augen der persischen Armee sorglos hinter einem Hasen herjagten und damit zeigten, daß sie die Perser ignorierten, geringschätzten, verachteten.

Die Nacht bricht herein.

Dareios befiehlt, wie immer um diese Stunde, Feuer zu entzünden. Bei den Feuern sollen die Soldaten bleiben, die nicht mehr genügend Kraft für einen Marsch haben – Schwache und Kranke. Er befiehlt, die Esel so zu binden, daß sie schreien, um den Anschein zu erwecken, im persischen Lager sei alles beim alten. Er selber jedoch beginnt im Schutz der Nacht an der Spitze seiner Armee den Rückzug.

*UNTER VERSTORBENEN
KÖNIGEN UND VERGESSENEN
GÖTTERN*

Der Wunsch, noch einige Zeit mit Dareios zu verbringen, veranlaßt mich, die Chronologie meiner Reisen zu unterbrechen und vom Kongo im Jahre 1960 in den Iran des Jahres 1979 zu wechseln, in das Land, das soeben von der iranischen Revolution erfaßt wurde, an deren Spitze der hochbetagte, düstere und unbeugsame Greis Ayatollah Chomeini steht.

Ein solches Hinundherspringen zwischen den Epochen ist eine Verlockung für einen Menschen, der Sklave und Opfer der unerbittlichen Regeln der Zeit ist und sich wenigstens für einen Moment als ihr Herr und Meister fühlen möchte, imstande, ihre verschiedenen Phasen, Stadien und Abschnitte beliebig zusammenzusetzen, umzustellen oder auch zu trennen.

Aber warum ausgerechnet Dareios?

Nun, wenn wir lesen, was Herodot über die östlichen Herrscher schreibt, erkennen wir, daß sie alle zwar Grausamkeiten vollbringen, doch es gibt unter ihnen auch solche, die manchmal noch etwas anderes tun, und dieses andere kann nutzbringend und gut sein. So ist es auch bei Dareios. Auf der einen Seite ist er ein Mörder. Das war er in dem Moment, als er gegen die Skythen zog. *Da bat ihn ein Perser, Oiobazos, der drei Söhne hatte, die alle mit mußten, er möge ihm wenigstens einen da lassen. Dareios aber erwiderte, da er sein guter Freund und seine Bitte so bescheiden wäre, wollte er alle seine drei Söhne da lassen. Oiobazos war darüber hocherfreut, denn er glaubte, alle seine Söhne brauchten nun nicht mit. Dareios aber befahl seinen Leuten, alle Söhne des Oiobazos zu töten. So konnten sie freilich dableiben, aber sie waren tot.*

Auf der anderen Seite war er ein guter Herrscher, er kümmerte sich um die Straßen und die Post, er prägte Geld und förderte den Handel. Und vor allem begann er faktisch von dem Moment an, da er das königliche Diadem aufsetzte, mit der Errichtung einer herrlichen Stadt – Persepolis, die an Bedeutung und Glanz mit Mekka und Jerusalem verglichen wird.

In Teheran verfolgte und beschrieb ich die letzten Wochen des Schahs. Die riesige, über sandiges Gelände verstreute, chaotische Stadt war vollkommen desorganisiert. Täglich lähmten nicht enden wollende Demonstrationen den Verkehr. Männer, alle schwarzhaarig, und Frauen, alle in Hidschabs, zogen in kilometerlangen Kolonnen dahin, singend, Rufe ausstoßend, rhythmisch die erhobenen Fäuste schüttelnd. Von Zeit zu Zeit fuhren Panzerwagen in den Straßen und auf den Plätzen auf und beschossen die Demonstranten. Sie verwendeten scharfe Munition, es gab Tote und Verwundete, die Menge zerstreute sich, die Menschen versteckten sich in panischem Schrecken in Haustoren.

Scharfschützen schossen von den Dächern. Einer, der von ihnen getroffen wurde, machte eine Bewegung, als sei er gestolpert und wolle vorwärts stürmen, doch die neben ihm Gehenden hielten ihn fest und trugen ihn zum Rand des Gehsteigs, der Zug jedoch marschierte weiter. Es kam vor, daß an der Spitze Mädchen und Jungen gingen, weiß gekleidet, mit weißen Binden um die Stirn. Das waren Märtyrer, bereit, den Tod zu erleiden. Das hatten sie auf ihre Binden geschrieben. Manchmal ging ich, ehe sich der Zug in Bewegung setzte, zu ihnen und versuchte herauszufinden, was ihre Gesichter ausdrückten. Sie drückten nichts aus. Jedenfalls nichts, was ich hätte beschreiben, wofür ich die geeigneten Worte hätte finden können.

Am Nachmittag ebbten die Demonstrationen ab, die Kaufleute öffneten ihre Läden, die Bouquinisten, von denen es hier viele gab, legten ihre Kollektionen von Büchern auf der Straße aus. Ich kaufte bei ihnen zwei Bildbände über Persepolis. Der Schah rühmte sich dieser Stadt, er hielt dort große Feierlichkeiten und Festivals ab, zu denen er Gäste aus der ganzen Welt lud. Auch ich wollte die Stadt unbedingt sehen, weil es Dareios gewesen war, der mit ihrer Errichtung begonnen hatte.

Zum Glück kam Ramadan, und es wurde ruhiger in Teheran. Ich fand den Autobusbahnhof und kaufte eine Fahrkarte nach Shiraz, von wo es nicht mehr weit war nach Persepolis. Die Fahrkarte bekam ich ohne Probleme, obwohl sich dann herausstellte, daß der

Autobus voll war. Es war ein luxuriöser, klimatisierter Mercedes, der lautlos über die hervorragende Chaussee rollte. Unterwegs passierten wir große Flecken dunkelgelber Steinwüste, manchmal auch arme Lehmdörfer ohne jede Spur von Grün, Scharen spielender Kinder, Ziegen- und Schafherden.

An den Haltestellen bekommt man überall das gleiche – einen Teller lockerer Hirse, heißen Hammelschaschlik und ein Glas Wasser, und als Dessert – ein Schälchen Tee. Es fiel mir schwer, eine Unterhaltung zu führen, da ich kein Farsi beherrschte, doch die Atmosphäre war gelöst, die Männer waren freundlich und lächelten. Die Frauen hingegen blickten zur Seite. Ich wußte, daß es sich nicht schickte, sie anzusehen, doch wenn man sich längere Zeit unter denselben Iranerinnen bewegt, kommt es manchmal vor, daß eine von ihnen ihren Tschador so zurechtrückt, daß für einen Moment ein Auge dahinter hervorlugt – immer schwarz, groß, glänzend, von langen Wimpern gesäumt.

Im Autobus hatte ich einen Fensterplatz, doch nach ein paar Stunden war der Ausblick immer noch der gleiche, daher holte ich Herodot aus der Tasche und begann über die Skythen zu lesen.

Nun auch von ihren Bräuchen im Kriege. Wenn ein Skythe zum erstenmal einen Feind erschlägt, so trinkt er von dessen Blute. Hat jemand in der Schlacht einen Gegner erschlagen, so bringt er dessen Kopf dem Könige. Denn wenn er dem Könige einen Kopf gebracht hat, nimmt er teil an der Beute, sonst aber nicht. Die Kopfhaut zieht er auf folgende Weise ab. Nachdem er einen Schnitt rings um die Ohren gemacht, nimmt er den Kopf in die Hand und schüttelt ihn heraus; dann schabt er

die Haut mit einer Ochsenrippe und gerbt sie mit den Händen, und wenn sie gar ist, dient sie ihm als Handtuch, das er zum Staat an den Zügel seines Reitpferdes bindet. Denn wer die meisten Handtücher (von Menschenhaut) besitzt, gilt für den Tapfersten. Manche machen sich sogar Kleider aus den abgezogenen Häuten, die sie wie Pelzwerk zusammennähen. Manche ziehen auch ihren erschlagenen Feinden von der rechten Hand die Haut samt den Nägeln ab und machen sich daraus Deckel für ihre Köcher, Menschenhaut aber ist dick und glänzend weiß und weißer als fast alle anderen Häute.
Ich las nicht weiter, denn plötzlich tauchten vor dem Fenster Palmgärten, weite grüne Felder, Gebäude und dann Straßen und Laternen auf. Über den Dächern glänzten die Kuppeln von Moscheen. Wir waren in Shiraz, einer Stadt der Gärten und Teppiche.

In der Hotelrezeption sagte man mir, Persepolis sei nur mit dem Taxi zu erreichen und es sei besser, schon vor dem Morgengrauen aufzubrechen, dann könne ich den Aufgang der Sonne erleben, wie ihre ersten Strahlen die königlichen Ruinen beleuchten.
Tatsächlich wartete der Fahrer bereits vor dem Hotel auf mich, und wir fuhren gleich los. Es war Vollmond, deshalb sah ich, daß wir uns auf einer Ebene befanden, flach wie der Grund eines ausgetrockneten Sees. Nachdem wir eine halbe Stunde über eine leere Straße gefahren waren, hielt Jafar, so hieß der Fahrer, und holte eine Wasserflasche aus dem Kofferraum. Das Wasser war eiskalt, überhaupt war es um diese Tageszeit schrecklich kalt, so daß ich zitterte, bis er sich meiner erbarmte und mir eine Decke reichte.

Wir verständigten uns nur durch Zeichen. Er wies mich an, mir das Gesicht zu waschen. Ich tat es und wollte es schon abtrocknen, als er eine verneinende Geste machte – es war nicht erlaubt, das Gesicht abzuwischen, das nasse Gesicht mußte an der Sonne trocknen. Ich begriff, daß es sich um ein Ritual handelte, und blieb geduldig wartend stehen.

Der Sonnenaufgang in der Wüste ist immer ein strahlender Anblick, ein mystischer Moment, in dem die Welt, die am Abend von uns wegströmt und in der Nacht verschwindet, plötzlich zurückkehrt. Der Himmel kehrt zurück, die Erde, die Menschen. Alles ist wieder da, alles sehen wir wieder. Wenn sich in der Nähe eine Oase befindet, sehen wir sie, wenn da ein Brunnen ist – sehen wir ihn. In diesem ergreifenden Moment fallen die Moslems auf die Knie und sagen ihr erstes Gebet des Tages – *salaat al subh*. Ihr Entzücken teilt sich allerdings auch den Ungläubigen mit, alle erleben gleicherweise die Wiederkehr der Sonne in die Welt, es ist vielleicht der einzige wirkliche Akt ökumenischer Verbrüderung.

Es wird hell, und nun zeigt sich Persepolis in ihrer ganzen königlichen Majestät. Eine große, steinerne Stadt der Tempel und Paläste, die auf einer gigantischen, weiten Terrasse liegt. Diese Fläche wurde aus einem Berghang gehauen, der jäh, ohne jeden Übergang, aus der Ebene aufragt, genau an der Stelle, wo wir jetzt stehen. Die Sonne trocknet mein Gesicht, und der Sinn der vorangegangenen Szene ist folgender: Um leben zu können, braucht die Sonne, wie auch der Mensch, Wasser. Wenn sie beim Erwachen sieht, daß sie sich vom Gesicht eines Menschen ein paar Tropfen holen kann, dann wird sie sich ihm in der Stunde, da sie ihre ganze Grausamkeit hervorkehrt, nämlich zur Mittagszeit als geneigter erweisen. Und ihre Geneigtheit zeigt sie uns dadurch, daß sie uns Schatten spendet – nicht direkt, sondern mittels verschiedener Dinge: Bäume, Dächer, Höhlen.

Es war so ein Morgen wie jetzt, als sich Alexander der Große, Anfang des Jahres 330 vor Christus, zwei Jahrhunderte nachdem Dareios mit dem Bau von Persepolis begonnen hatte, an der Spitze seiner Truppen der Stadt näherte. Er sah die Bauwerke noch nicht, doch er wußte um ihre Pracht und daß sie unschätzbare Reichtümer bargen. In dieser Ebene, in der ich nun mit Jafar stehe, begegnete er einer seltsamen Gruppe, den ersten Abgesandten. Doch diese abgerissenen Gestalten unterschieden sich sehr von den prächtigen Opportunisten und Kollaborateuren, mit denen Alexander bislang zu tun gehabt hatte. Die Willkommensrufe, die sie ausstießen, und auch die Bittzweige in ihren Händen bezeugten, daß sie Griechen waren: Männer meist mittleren Alters oder älter, vielleicht Sklaven, die einst auf der falschen Seite gegen den grausamen Herrscher Artaxerxes Ochos gekämpft hatten. Sie boten einen jämmerlichen, ja geradezu schaurigen Anblick, denn jeder von ihnen war auf die schrecklichste Weise verstümmelt. In typisch persischer Art hatte man ihnen Nasen und Ohren abgeschnitten. Einigen von ihnen fehlten die Hände, anderen die Füße. Alle trugen ein entstellendes Brandzeichen auf der Stirn. »Es waren Menschen«, schreibt Diodor in seiner *Historischen Bibliothek,* »die Fertigkeiten in der Kunst und dem

Handwerk besaßen und sich darin auszeichneten; deshalb hatte man ihnen andere Gliedmaßen abgeschnitten und nur jene belassen, die ihnen für ihr Fach unerläßlich waren.«

Diese Unglücklichen ersuchten jedoch Alexander, ihnen nicht zu befehlen, nach Griechenland zurückzukehren, sondern sie hier, in Persepolis, zu belassen, das sie schließlich aufgebaut haben: in Griechenland würde sich ihrer Meinung nach jeder von ihnen isoliert fühlen und »zum Gegenstand des Erbarmens und der Vorwürfe der Gesellschaft« werden.

Wir kommen nach Persepolis.
Zur Stadt führt eine breite, lange Treppe hinauf. Auf einer Seite erstreckt sich ein hohes, aus dunkelgrauem, glattgeschliffenem Marmor gehauenes Relief, Vasallen darstellend, die zum König gehen, um ihn ihrer Loyalität und ihres Gehorsams zu versichern. Auf jeder Stufe steht ein Vasall, und es gibt ein paar Dutzend von ihnen. Wenn wir eine Stufe betreten, begleitet uns der zu ihr gehörige Vasall, der uns, wenn wir höher steigen, an den nächsten Vasallen übergibt, während er selber stehenbleibt, um seine Stufe zu bewachen. Es ist erstaunlich, daß die Gestalten der Vasallen bis ins kleinste Detail ihres Aussehens, ihrer Maße und ihrer Figur, völlig identisch sind. Sie tragen prunkvolle, bis zum Boden reichende Gewänder, geriffelte Kopfbedeckungen, in den ausgestreckten Händen halten sie lange Speere, und über der Schulter hängen verzierte Köcher. Ihr Gesichtsausdruck ist ernst, und obwohl sie ein Akt der Demutsbezeugung erwartet, gehen alle hochaufgerichtet, im vollen Gefühl ihrer Würde.

Dieses identische Aussehen der uns begleitenden Vasallen vermittelt den paradoxen Eindruck von Bewegung in der Bewegungslosigkeit. Wir gehen hinauf, doch weil wir neben uns immer denselben Vasallen sehen, haben wir gleichzeitig den Eindruck, als blieben wir auf der Stelle stehen, als hätten uns unsichtbare und trügerische Spiegel gefangengenommen. Am Ende erreichen wir dennoch die Spitze und können uns umsehen. Die Aussicht ist herrlich: Unter uns erstreckt sich die endlose, um diese Stunde bereits zur Gänze im gleißenden Sonnenlicht liegende Ebene, die nur von einer Straße durchschnitten wird – die nach Persepolis führt.

Diese Szenerie schafft zwei vollkommen unterschiedliche und gegensätzliche Situationen:

Der König steht ganz oben auf der Treppe und schaut über die Ebene. In großer Entfernung sieht er ein paar Punkte auftauchen, Staubpartikel, Körner, kaum sichtbar und schwer zu erkennen. Der König schaut und überlegt, was das sein könnte. Nach einiger Zeit kommen die Staubpartikel und Körner näher, werden größer und nehmen langsam Gestalt an. Das sind gewiß Vasallen, denkt sich der König, und weil der erste Eindruck – Staubpartikel und Körner – immer der wichtigste ist, behält der König die Vasallen so in seiner Vorstellung. Wieder vergeht einige Zeit, und jetzt erkennt er bereits kleine Gestalten, Umrisse von Figuren. Ja, ich habe mich nicht geirrt, sagt der König zu den ihn umgebenden Höflingen, das sind tatsächlich Vasallen, ich muß mich in den Audienzsaal begeben, damit ich rechtzeitig auf dem Thron Platz nehmen kann, ehe sie eintreffen.

Die Vasallen und alle anderen hingegen sehen vom gegenüberliegenden Ende der Ebene auf die herrlichen, überwältigenden Bauwerke, die Vergoldungen und die Keramik. Sprachlos fallen sie auf die Knie (da sie auf die Knie fallen, sind sie keine Moslems, die werden erst elfhundert Jahre später eintreffen). Nachdem sie sich ein wenig gesammelt haben, erheben sie sich und klopfen den Staub von ihrer Kleidung. Das ist es, was der König als Bewegung der Staubpartikel und Körner wahrnimmt. Je mehr sie sich nun Persepolis nähern, um so größer wird ihre Begeisterung, und gleichzeitig nimmt ihre Demut zu, wächst das Gefühl der eigenen Erbärmlichkeit und Nichtigkeit. Ja, wir sind nichts, und der König kann mit uns tun und lassen, was er will, selbst wenn er uns zum Tode verurteilt, werden wir sein Urteil widerspruchslos hinnehmen. Wenn es ihnen jedoch gelingt, vom König mit heiler Haut davonzukommen, was für eine Position werden sie dann bei ihren Stammesgenossen einnehmen! Das ist der, der beim König war, werden sie sagen. Und dann: Das ist der Sohn dessen, der beim König war, der Enkel, der Urenkel und so weiter – das Geschlecht wird über Generationen ausgezeichnet sein.

Durch Persepolis kann man ohne Ende wandern. Überall ist es leer und still. Keine Führer, Wächter, Händler, Zutreiber. Jafar ist unten geblieben, ich bin allein in diesem riesigen Steinfriedhof. Steine, geformt zu Säulen und Pilastern, zu Reliefen und Portalen behauen. Keiner der Steine hier hat seine natürliche Gestalt, keiner ist so, wie er in der Erde ruhte oder auf einem Berge lag. Alle sind sorgfältig beschnitten, eingepaßt, bearbeitet. Wie viele Jahre Arbeit in diesem Bemühen stecken müssen, wieviel Mühsal und Schweiß Tausender und Abertausender Menschen! Wie viele von ihnen wohl bei der Bewegung dieser gigantischen Blöcke ums Leben gekommen sind? Wie viele aus Erschöpfung gestorben, verdurstet sind?

Wann immer man tote Tempel, Paläste, Städte betrachtet, stellt man sich die Frage nach dem Schicksal ihrer Erbauer. Nach ihren Schmerzen, den gebrochenen Rückgraten, den durch Steinsplitter verlorenen Augen, dem Rheumatismus. Nach ihrem unglücklichen Leben. Ihren Leiden. Und daraus ergibt sich die nächste Frage: hätten diese Wunderwerke ohne solches Leiden überhaupt entstehen können? Ohne die Peitsche der Aufseher? Ohne die Angst, die den Sklaven im Nacken saß? Ohne den Hochmut, der den Herrscher erfüllte? Wurden die großen Kunstwerke der Vergangenheit nicht gerade durch das hervorgebracht, was im Menschen negativ ist und böse? Andererseits: Sind sie nicht auch aufgrund der Überzeugung entstanden, daß das, was im Menschen negativ ist und schwach, nur durch das Schöne überwunden werden kann, nur durch die Anstrengung und den Willen, Schönes zu erschaffen? Und daß das einzige, was sich nie ändern wird, die Form des Schönen ist? Und das uns innewohnende Bedürfnis danach?

Ich streife noch einige Zeit durch die Propyläen, durch den Saal der hundert Säulen, den Palast des Dareios, den Harem des Xerxes, die Große Schatzkammer. Es ist schrecklich heiß, und ich habe nicht mehr genügend Kraft für den Palast des Artaxerxes oder den Beratungssaal, und auch nicht für Dutzende anderer Gebäude und Ruinen, die diese Stadt der verstorbenen Könige und vergessenen Götter ausmachen. Ich gehe die große Treppe hinunter und passiere dabei die aus dem Relief tretende Reihe von Vasallen, die dem König ihre Huldigung darbringen.

Wir fahren zurück nach Shiraz.

Ich schaue mich um – Persepolis wird kleiner und kleiner, der vom Auto aufgewirbelte Staub verhüllt es zusehends, bis es endlich, als wir Shiraz erreichen, hinter der ersten Kurve verschwindet.

Ich kehre nach Teheran zurück.

Zu den demonstrierenden Massen, den Gesängen und Rufen, dem Krachen der Schüsse und dem Gestank von Tränengas, den Scharfschützen und den Bouquinisten.

Ich habe meinen Herodot dabei, der berichtet, wie auf Befehl des Dareios einer der von ihm in Europa zurückgelassenen Führer – Megabasos – Thrakien unterwirft. Es gibt unter den Thrakern ein Volk, schreibt Herodot, das nennt sich Trauser. *Die Trauser machen es sonst ganz wie die übrigen Thraker, bei der Geburt und beim Tode eines Menschen aber haben sie besondere Bräuche. Wird ihnen ein Kind geboren, so kommen die Verwandten zusammen und bejammern es der Leiden wegen, die ihm im Leben bevorstehen, wobei sie alle Leiden aufzählen, die einem Menschen zustoßen können. Wenn aber einer stirbt, bringen sie ihn fröhlich mit Sang und Klang unter die Erde, weil er nun aller Leiden ledig und zum seligen Leben eingegangen sei.*

EHRUNGEN FÜR DEN KOPF
DES HISTIAIOS

Ich habe Persepolis verlassen, und nun reise ich in Gedanken von Teheran ab, um nach Afrika zurückzukehren (ich springe zwanzig Jahre zurück), doch unterwegs muß ich noch in der griechisch-persischen Welt Herodots haltmachen, über der sich dichte Wolken zusammenzuballen beginnen:

Es ist Dareios nicht gelungen, die Skythen zu schlagen, sie halten ihn – den Asiaten – an der Schwelle zu Europa auf. Er sieht, daß er sie nicht besiegen kann. Mehr noch, plötzlich wird er von Angst erfaßt, sie könnten ihm nachsetzen und ihn vernichten, weshalb er im Schutz der Nacht den Rückzug antritt, eigentlich eine Flucht, um so rasch wie möglich nach Persien zurückzukehren. Er zieht sich mit seiner riesigen Armee zurück, und die Skythen machen sich unverzüglich an die Verfolgung.

Es gibt für Dareios nur einen Weg des Rückzugs: über die Donaubrücke, die er selber gebaut hat, als er die Invasion begann. Diese Brücke bewachen für ihn Ionier (Griechen, die in Kleinasien wohnen, das sich zu Herodots Zeiten unter persischer Herrschaft befindet).

Und so nimmt das Schicksal der Welt seinen Lauf: Da die Skythen Abkürzungen kennen und feurige Pferde besitzen, erreichen sie vor den Persern die Brücke, an der sie ihnen den Rückweg abschneiden wollen. Sie appellieren an die Ionier, die Brücke zu zerstören, was den Skythen gestatten würde, Dareios zu erledigen, und die Ionier selber ihre Freiheit erlangen ließe.

Ein für die Ionier sehr günstiger Vorschlag, weshalb sie sich zu einer Beratung zusammenfinden, in der als erster Miltiades das Wort ergreift: Wunderbar, sagt er, laßt uns die Brücke abreißen! Und alle stimmen ihm zu (an der Versammlung nimmt nicht das gesamte ionische Volk teil, sondern nur die Tyrannen, de facto die Statthalter des Dareios, die er der Bevölkerung aufgezwungen hat). Nach dem Auftritt des Miltiades ergreift Histiaios aus Milet das Wort: *Histiaios von Milet dagegen war anderer Meinung und sagte: sie alle verdankten Dareios die Herrschaft in ihren Städten; würde die Macht des Dareios vernichtet, so würden weder er in Milet noch sonst einer seine Herrschaft behaupten können; denn alle Städte würden lieber ihre eigenen Herren sein, als einem Tyrannen gehorchen. Nachdem Histiaios sich so ausgesprochen, traten alle sogleich seiner Meinung bei, auch die, welche zuerst Miltiades beigestimmt hatten.*

Dieser Meinungsumschwung ist nachvollziehbar: die Tyrannen sind sich bewußt, daß sie, wenn Dareios den Thron (und mit einiger Gewißheit auch den Kopf) verliert, am nächsten Tag ebenfalls ihre Sitze (und mit Gewißheit die Köpfe) verlieren werden, weshalb sie den Skythen zwar zusichern, die Brücke zu zerstören, diese in Wahrheit jedoch schützen und Dareios so ermöglichen, sicher nach Persien zurückzukehren.

Dareios weiß die historische Rolle, die Histiaios in diesem entscheidenden Moment spielte, zu schätzen, und er belohnt ihn mit allem, was dieser sich nur wünscht, gleichzeitig jedoch erlaubt er ihm nicht, auf seinen Platz als Tyrann von Milet zurückzukehren, sondern nimmt ihn als seinen Berater mit nach Susa, der Hauptstadt Persiens. Histiaois ist ehrgeizig und zynisch, und solche Menschen behält man besser im Auge, um so mehr, als er sich nun zum Retter des Imperiums aufgeschwungen hat, das möglicherweise ohne seine Stimme dort bei der Brücke über die Donau gar nicht mehr existieren würde.

Doch noch ist nicht alles für Histiaios verloren. Denn Tyrann von Milet, der wichtigsten Stadt Ioniens, wird an seiner Stelle sein ihm treu ergebener Schwiegersohn Aristagoras. Der ist ebenfalls ehrgeizig und machthungrig. Das alles begibt sich in Zeiten, in denen bei den unterworfenen Ioniern die Unzufriedenheit, ja der Widerstand gegen die Herrschaft der Perser wächst. Schwiegervater und Schwiegersohn spüren instinktiv, daß die Zeit reif ist, diese Stimmung zu nützen.

Doch wie sollen sie sich miteinander verständigen, wie einen Plan für ihr Handeln absprechen? Um den Weg von Milet nach Susa zurückzulegen, braucht ein Bote drei Monate strengen Marsches – auf der Strecke gilt es Wüsten und Berge zu überwinden. Eine andere Verbindung existiert nicht. Histiaios benützt nun folgenden Weg, um mit Aristagoras zu kommunizieren: *Gerade zu derselben Zeit traf nämlich der Sklave ... von Histiaios aus Susa bei ihm ein mit der Aufforderung,*

Aristagoras solle sich gegen den König empören. Da Histiaios diese Aufforderung auf keine andere Weise mit Sicherheit an ihn gelangen lassen konnte, weil alle Straßen bewacht wurden, schor er seinem treuesten Sklaven das Haar ab, brannte ihm Schriftzüge in die Kopfhaut und wartete dann, bis das Haar wieder gewachsen war. Aber sobald es wieder gewachsen war, schickte er ihn nach Milet und trug ihm dabei nur auf, wenn er nach Milet käme, solle er Aristagoras bitten, ihm die Haare abzuschneiden und seinen Kopf zu besehen. Die Schrift aber enthielt, wie vorhin schon erwähnt, die Aufforderung zur Empörung. Histiaos tat das aber, weil es ihm sehr schmerzlich war, daß er in Susa festgehalten wurde.

Aristagoras unterbreitet seinen Anhängern den Aufruf des Histiaios. Sie hören ihn an und stimmen alle für den Aufstand. Er fährt also übers Meer, um Verbündete zu suchen, da Persien viel stärker ist als Ionien. Zuerst begibt er sich mit dem Schiff nach Sparta. Hier ist, wie Herodot notiert, Kleomenes König. Er gilt als beschränkt, ja beinahe unzurechnungsfähig, doch wie sich herausstellt, legt er viel Besonnenheit und Vernunft an den Tag. Als er nämlich hört, daß es darum geht, Krieg gegen den König zu führen, der über ganz Asien herrscht und in der Hauptstadt Susa residiert, fragt er wohlüberlegt, wie weit es denn sei bis zu diesem Susa. *Aristagoras aber, der sonst ein Schlaukopf war und der andere geschickt zu nehmen wußte, hatte diesmal kein Glück. Wollte er die Spartaner nach Asien haben, so durfte er ihnen nicht die Wahrheit sagen, er aber sagte sie doch und erwiderte, man brauche dazu drei Monate. Als er sich dann noch weiter über den Weg äußern wollte,*

fiel ihm jener ins Wort und sagte: »*Guter Freund, mach nur, daß du noch vor Sonnenuntergang aus Sparta kommst; denn es ist ja Unsinn, den Lakedaimoniern zuzumuten, drei Monate lang von der See landeinwärts zu ziehen.*«
Darauf ging Kleomenes nach Hause.

Unverrichteter Dinge begibt sich Aristagoras nach Athen, in die mächtigste Stadt Griechenlands. Hier ändert er seine Taktik, und statt mit einem Führer zu reden, spricht er zu einer großen Menge (im Sinn des nächsten Herodotschen Gesetzes, daß es leichter ist, *eine solche Menge zu überreden als einen*) und ruft die Athener auf, die Ionier zu unterstützen. *Infolgedessen beschlossen die Athener, den Ioniern zwanzig Schiffe zu Hilfe zu schicken ... Mit diesen Schiffen aber hebt das Unglück an für Griechen und Barbaren* (der Beginn des großen griechisch-persischen Krieges).

Doch bevor es zu diesem Krieg kommt, gibt es Auseinandersetzungen auf einer kleineren Skala. Sie beginnen mit dem Aufstand der Ionier gegen die Perser, der ein paar Jahre dauert und am Ende von den Persern blutig niedergeschlagen wird.
Daraus einige Szenen:
1. Szene – die Ionier, unterstützt durch die Athener, nehmen Sardeis – die zweitgrößte Stadt Persiens nach Susa – ein und brennen sie nieder.
2. (berühmte) Szene – nach einiger Zeit, das heißt nach zwei, drei Monaten, gelangt die Nachricht von der Bezwingung Sardeis' zum König der Perser, Dareios. Zuerst soll er sich, *da er wohl wußte, daß die Ionier ihrer*

Strafe für den Aufstand nicht entgehen würden, um diese gar nicht bekümmert, sondern nur gefragt haben, wer denn die Athener wären. Nachdem er das erfahren, hätte er seinen Bogen verlangt, einen Pfeil darauf gelegt und ihn mit den Worten gen Himmel geschossen: »Zeus, verschaffe mir Rache an den Athenern!«, dann aber einem seiner Diener befohlen, ihm immer, wenn er zu Tisch ginge, dreimal zu sagen: »Herr, gedenke der Athener!«

3. Szene – Dareios ruft Histiaios zu sich, den er zu verdächtigen beginnt, schließlich war es sein Schwiegersohn Aristagoras, der den ionischen Aufstand angezettelt hat. Histiaios weist alle Anschuldigungen von sich und lügt dem König frech ins Gesicht*: »Herr, wie kannst du so etwas sagen? Ich zu einem Unternehmen raten, woraus dir Ungelegenheiten, große oder kleine, erwachsen könnten!«* Und er gibt dem König selber die Schuld, da er ihn nach Susa geholt hat. Wenn nämlich er, Histiaios, in Ionien gewesen wäre, hätte keiner gewagt, sich gegen Dareios zu erheben. *»Gestatte mir also, unverzüglich nach Ionien zu reisen, damit ich dort die Ordnung herstelle und meinen Stellvertreter in Milet, der das ins Werk gesetzt hat, dir überantworte.«* Dareios läßt sich überzeugen und erlaubt ihm abzureisen, er trägt ihm jedoch auf, nach Einlösung seiner Versprechen nach Susa zurückzukehren.

4. Szene – die Kämpfe zwischen Ioniern und Persern nehmen einen wechselhaften Verlauf, doch schließlich erweisen sich die Perser als stärker und zahlreicher und gewinnen die Oberhand. Als der Schwiegersohn des Histiaios, Aristagoras, das erkennt, beschließt er, sich vom Aufstand zurückzuziehen und Ionien zu verlassen. Herodot äußert sich voll Verachtung über ihn:

Nun aber zeigte sich, daß Aristagoras von Milet kein Held war; denn als er sah, daß die Städte genommen waren, wollte er, der doch selbst den Aufstand in Ionien erregt und die ganze Sache eingerührt hatte, sich aus dem Staube machen. Auch hatte er sich überzeugt, daß er nicht imstande sein würde, König Dareios zu überwinden. Er rief also seine Anhänger zusammen, um sich mit ihnen zu beraten, und sagte: es wäre doch gut, für den Fall, daß sie aus Milet vertrieben würden, sich nach einem Zufluchtsorte umzusehen ...

Die Versammelten beraten, was zu tun sei. Am Ende fährt er *mit allen, die sich ihm anschließen wollten, nach Thrakien und nahm den Ort, den er sich ausersehen, in Besitz. Auf einem von dort unternommenen Zuge aber wurde er von den Thrakern ... mit seinem Heere erschlagen.*

5. Szene – Histiaios, von Dareios freigegeben, kommt nach Sardeis und meldet sich beim Statthalter Artaphrenes, einem Neffen Dareios'. Sie unterhalten sich: »Was meinst du«, fragt ihn der Statthalter, »warum sich die Ionier aufgelehnt haben?« – »Ich habe keine Ahnung«, antwortet Histiaios ausweichend. Doch Artaphrenes ist sich seiner Sache sicher: »*Ich will dir sagen, Histiaios, wie es dazu gekommen: du hast den Schuh gemacht, und Aristagoras hat ihn angezogen.*«

6. Szene – Histiaios erkennt, daß ihn der Statthalter durchschaut hat und daß es sinnlos ist, Dareios um Hilfe zu bitten: ein Bote würde nach Susa drei Monate brauchen, für die Rückkehr mit einem Brief des Dareios, der ihm freies Geleit zusichert, noch einmal drei Monate, in dieser Zeit könnte ihm Artaphrenes hundertmal den Kopf abschneiden. Er flüchtet also im

Schutz der Nacht von Sardeis nach Westen, in Richtung Meer. Bis zur Küste sind es ein paar Tage Fußmarsch, wir können uns also vorstellen, wie Histiaios voller Angst zur Küste hetzt, sich dabei ständig umblickend, um zu sehen, ob ihm die Häscher des Artaphrenes auf den Fersen sind. Wo schläft er? Wovon ernährt er sich? Das wissen wir nicht. Eines ist sicher – er möchte das Oberkommando über die Ionier im Krieg gegen Dareios übernehmen. Histiaos begeht also abermals Verrat: Zuerst hat er die Sache der Ionier verraten, um Dareios zu retten, nun verrät er Dareios, um die Ionier gegen ihn anzuführen.

7. Szene – Histiaios kommt auf die von Ioniern bewohnte Insel Chios (eine wunderschöne Insel, ich konnte mich nicht satt sehen an ihrer Bucht und den am Horizont aufragenden blauen Bergen. Überhaupt spielt das ganze Drama in einer herrlichen Landschaft). Doch er hat kaum seinen Fuß auf das Ufer gesetzt, als ihn die Ionier festnehmen und ins Gefängnis werfen. Sie verdächtigen ihn, im Dienste Dareios' zu stehen. Histiaios schwört, dem sei nicht so, er wolle vielmehr den Aufstand gegen die Perser anführen. Am Ende schenken sie ihm Glauben und lassen ihn frei, doch Unterstützung wollen sie ihm keine gewähren. Er fühlt sich von allen verlassen, sein Plan eines großen Krieges gegen Dareios scheint gescheitert. Doch sein Ehrgeiz ist ungebrochen. Er gibt trotz allem die Hoffnung nicht auf, seine Machtgier treibt ihn vorwärts. Er bittet die Einheimischen, ihm zu helfen, aufs Festland zu gelangen, nach Milet, wo er einmal Tyrann war. *Die Mileter aber, froh, daß sie Aristagoras los geworden, waren jetzt, nachdem sie die Freiheit geschmeckt, durchaus nicht*

geneigt, wieder einen Tyrannen ins Land kommen zu lassen. Histiaios versuchte freilich, bei Nacht mit Gewalt nach Milet einzudringen, wurde dabei jedoch von einem Mileter am Schenkel verwundet. *So war er denn aus seinem Vaterlande verstoßen und kehrte wieder nach Chios zurück. Da er die Chier nicht bewegen konnte, ihm Schiffe zu geben, ging er nach Mytilene hinüber und bat die Lesbier, ihm Schiffe zu geben.*

Der große Histiaios, einst Statthalter der berühmten Stadt Milet, zuletzt an der Seite des Königs der Könige, Dareios', irrt nun von Insel zu Insel, auf der Suche nach einem sicheren Ort, nach Ansprache und Unterstützung.

8. Szene – Histiaios gibt noch immer nicht auf. Vielleicht träumt er nach wie vor von einem Herrscherstab. Er wird von Machtvisionen heimgesucht. Jedenfalls erweckt er nach wie vor einen guten Eindruck, so daß ihm die Bewohner von Lesbos acht Schiffe anvertrauen. An der Spitze dieser Flotte fährt er nach Byzanz, *wo sie liegen blieben und die aus dem Pontos kommenden Schiffe wegnahmen, wenn sie sich nicht für Histiaios erklärten.* Sein Niedergang geht unaufhaltsam weiter, langsam verwandelt er sich in einen Piraten der Meere.

9. Szene – Histiaios erreicht die Nachricht, Milet, das an der Spitze des Aufstandes der Ionier stand, sei von den Persern eingenommen worden. *Nachdem die Perser die Ionier zur See besiegt hatten, belagerten sie Milet von der Land- und Seeseite, brachten allerlei Sturmzeug an die Stadt heran, untergruben die Stadtmauer und nahmen es im sechsten Jahre nach der Empörung des Aristagoras im Sturm. Nun unterjochten sie die Stadt...*

Für die Athener war die Niederlage Milets ein schrecklicher Schlag. *Ja, als Phrynichos ein von ihm gedichtetes Schauspiel »Die Einnahme von Milet« aufführte, brach das ganze Theater in Tränen aus, und die Athener nahmen ihn in eine Strafe von tausend Drachmen, weil er sie an ein für sie so schmerzliches Ereignis erinnert hatte, verordneten auch, daß das Stück nie wieder aufgeführt werden dürfe.*

Auf die Nachricht vom Falle Milets reagiert Histiaios seltsam. Er verzichtet darauf, weiter Schiffe aufzubringen, und fährt mit den Lesbiern nach Chios. Will er näher bei Milet sein? Will er weiter flüchten? Aber wohin? *Da die Wache der Chier ihn nicht einlassen wollte, griff er sie bei Koila auf Chios an und erschlug sie bis auf den letzten Mann. Auch die übrigen Chier... besiegte er mit seinen Lesbiern.*

Doch dieses Gemetzel stellt keine Lösung dar. Es ist bloß eine Reaktion der Verzweiflung, der Wut, des Wahnsinns. Histiaios verläßt also das verödete Land und fährt nach Thasos – eine nahe Thrakien gelegene Insel mit Goldgruben. Er belagert Thasos, das ihn nicht haben will und sich nicht ergibt. Dann läßt er die Hoffnung auf ihr Gold fahren und begibt sich nach Lesbos – dort hat man ihn noch am besten aufgenommen. Doch auf Lesbos herrscht Hunger, und er muß sein Heer ernähren, also setzt er nach Asien über, um dort, im Lande der Myser, Getreide zu ernten, irgend etwas, um sich Nahrung zu beschaffen. Der Ring um ihn zieht sich enger zusammen, er weiß nicht mehr, wohin er sich wenden soll. Er ist in der Falle, liegt am Boden. Denn auch die Kleinheit des Menschen kennt keine Grenzen. Der kleine Mensch versinkt immer tiefer in seiner Kleinheit, verfängt sich immer mehr darin. Bis er am Ende umkommt.

10. Szene – Ebendort, wo Histiaios an Land ging, *befand sich der Perser Harpagos an der Spitze eines großen Heeres... der ihn, als er dort landete, angriff und gefangen nahm, auch den größeren Teil seines Heeres vernichtete.* Histiaios versuchte noch zu fliehen: *Als ihn ein Perser auf der Flucht eingeholt hatte und schon erstechen wollte, gab er sich ihm in persischer Sprache als Histiaios von Milet zu erkennen.*

11. Szene – Histiaios wird nach Sardeis gebracht. Hier ließen ihn Artaphrenes und Harpagos vor den Augen der ganzen Stadt ans Kreuz schlagen. Sie schneiden ihm den Kopf ab und befehlen, diesen einzubalsamieren und zu König Dareios nach Susa zu bringen (wie muß dieser Kopf, obzwar balsamiert, nach dreimonatiger Reise ausgesehen haben!).

12. Szene – Dareios erfährt von alldem und rügt Artaphrenes und Harpagos, daß sie ihm Histiaios nicht lebend geschickt haben. Er befiehlt nun, den Kopf des Histiaios zu waschen und mit Ehren zu bestatten. Wenigstens auf diese Weise möchte er dem Mann Ehre erweisen, der ein paar Jahre zuvor, bei der Brücke über die Donau, Persien und Asien gerettet und ihm, Dareios, das Königtum und sein Leben bewahrt hat.

BEI DOKTOR RANKE

Damals im Kongo wurde ich von den Geschichten, die Herodot beschrieb, so in Bann geschlagen, daß ich zeitweise das drohende Heraufziehen des Krieges zwischen Griechen und Persern intensiver erlebte als den aktuellen Krieg im Kongo, von wo ich als Korrespondent berichtete. Aber natürlich machte mir auch das Land des *Herzens der Finsternis* zu schaffen. Durch die unablässig, einmal hier, dann wieder da, ausbrechenden Schießereien, die ständige Bedrohung, verhaftet, verprügelt, umgebracht zu werden, und überhaupt durch das allgegenwärtige Klima der Unsicherheit, Unklarheit und Unvorhersehbarkeit. Denn hier konnte einem jederzeit und überall das Schlimmste zustoßen. Es gab keine Staatsmacht, keine Ordnungskräfte. Das Kolonialsystem zerfiel, die belgischen Administratoren waren nach Europa geflohen, und ihre Stelle nahm eine düstere, wahnwitzige Macht ein, meist in Gestalt betrunkener kongolesischer Gendarmen.

Im Kongo konnte man sich davon überzeugen, wie gefährlich eine Freiheit ohne jede Hierarchie und Ordnung sein kann – oder eher eine Anarchie ohne Ethik und Ordnung. In einer solchen Situation gewinnen nämlich auf der Stelle, von Anfang an, die Kräfte des aggressiven Bösen die Oberhand: es herrscht jede vorstellbare Niedertracht, Verrohung und Bestialität. Das war auch im Kongo der Fall, und jede Begegnung mit einem der Gendarmen konnte zu einem gefährlichen Erlebnis werden.

Da ging ich also eines Tages eine Gasse in der Kleinstadt Lisali entlang.

Sonne, Leere, Stille.

Von der anderen Seite kamen mir zwei Gendarmen entgegen. Ich erstarrte, doch es hatte keinen Sinn, zu fliehen – wo sollte ich hinlaufen, und zu allem Überfluß war es entsetzlich heiß, so daß ich kaum imstande war, die Beine zu bewegen. Die Gendarmen trugen Kampfuniformen und tiefsitzende Helme, die die Hälfte ihrer Gesichter verdeckten; sie waren bis an die Zähne bewaffnet, jeder hatte eine Maschinenpistole, Handgranaten, ein Messer, eine Panzerfaust, einen Knüppel, ein Feldgeschirr – das ganze Arsenal, das er schleppen konnte. Wozu brauchen sie das alles, dachte ich mir, denn um die mächtigen Leiber hatten sie noch Gürtel und Sturmriemen geschlungen, an denen ganze Girlanden von Ringen, Karabinerhaken und Klammern baumelten.

Gekleidet in Hosen und Hemden, wären sie vielleicht nette Jungen gewesen, die sich höflich verbeugt und, auf Fragen, freundlich den Weg gewiesen hätten. Die Uniform und die Bewaffnung hatten jedoch ihre Natur, ihren Charakter und ihre Haltung verändert – obendrein erschwerten sie jeden normalen menschlichen Kontakt, falls sie ihn nicht überhaupt unmöglich machten. Was mir da entgegenkam, waren keine normalen, freundliche Menschen, sondern irgendwelche denaturierten Geschöpfe, Mutanten. Neue Marsmenschen.

Sie kamen immer näher, ich war schweißgebadet, meine Beine waren bleiern, wurden immer schwerer. Ich wußte genau wie sie: Gegen ihr Urteil gab es keine Berufung, keine höhere Macht, kein Tribunal. Wenn sie einen schlagen wollten, dann schlugen sie einen, wenn sie einen erschlagen wollten – erschlugen sie einen. Das sind die einzigen Augenblicke, in denen ich mich wirklich einsam fühle: wenn ich allein einer sich straflos fühlenden Gewalt gegenüberstehe. In so einem Moment wird die Welt öde, menschenleer, sie verstummt und verschwindet.

Außerdem waren an dieser Szene in der Gasse des kleinen kongolesischen Städtchens nicht nur die beiden Gendarmen und der Reporter beteiligt. Es hatte auch ein Stück Weltgeschichte daran einen Anteil, die uns schon viel früher, vor Jahrhunderten, einander gegenübergestellt hatte. Denn zwischen uns standen Generationen von Sklavenhändlern, standen die Häscher von König Leopold, die den Großeltern dieser Gendarmen Hände und Ohren abgeschnitten hatten, standen die Aufseher von Baumwoll- und Zuckerplantagen mit ihren Peitschen. Die Erinnerung an diese Qualen war jahrelang in den Erzählungen der Stämme weitergereicht worden, mit denen die Männer groß wurden, denen ich nun hier gegenübertrat, in Legenden, die stets mit dem Versprechen endeten, einmal werde der Tag der Rache kommen. Und jetzt war dieser Tag da, und sie und ich wußten das.

Was wird geschehen? Wir sind schon ganz nahe, kommen einander immer näher.

Schließlich blieben sie stehen.

Ich blieb ebenfalls stehen. Und dann ertönte aus diesem Berg von Rüstung und Eisenzeug eine Stimme, die ich nie vergessen werde, denn sie klang demütig, ja bittend:

»Monsieur, avez-vous une cigarette, s'il vous plaît?«

Der Eifer und die Hast, die Zuvorkommenheit, ja Dienstfertigkeit, mit der ich in die Tasche griff, war sehenswert, wie rasch ich die Schachtel Zigaretten herausholte, die letzte, die ich besaß, doch das war unwichtig, ohne Bedeutung, nehmt sie nur, meine Lieben, nehmt sie alle, setzt euch und raucht die ganze Packung, auf der Stelle und bis zur letzten Zigarette!

Doktor Ranke ist froh, daß alles so glimpflich für mich ausgegangen ist. Solche Begegnungen können sehr schlimm enden. Die Gendarmen können einen fesseln, prügeln, treten. Und wie viele Menschen sie schon umgebracht haben! Weiße und Schwarze kommen nach solchen Begegnungen zu ihm oder sind so zugerichtet, daß er zu ihnen gehen muß. Die Gendarmen verschonen keinen, sie massakrieren auch die eigenen Leute, sogar häufiger als Europäer. Sie sind Okkupanten im eigenen Land, Typen, die keine Grenzen kennen. »Wenn sie mich nicht anrühren«, sagt der Doktor, »dann nur, weil sie mich brauchen. Wenn sie betrunken sind und gerade keinen Zivilisten zur Hand haben, um sich abzureagieren, dann prügeln sie sich untereinander, und später bringen sie die Leute zu mir, damit ich ihnen die Köpfe zusammenflicke und die

Knochen einrichte. Dostojewski«, erinnert sich Ranke, »hat das Phänomen der unnötigen Grausamkeit beschrieben. Diese Gendarmen haben genau diese Eigenschaften, sie verhalten sich anderen gegenüber grundlos und ohne jede Notwendigkeit grausam.«

Doktor Ranke ist Österreicher und wohnt seit dem Ende des Zweiten Weltkriegs in Lisali. Obwohl er auf die achtzig zugeht, ist der zarte und gebrechliche Mann flink und rastlos. Seine Gesundheit, so sagt er, verdankt er dem Umstand, daß er jeden Morgen, wenn die Sonne noch freundlich ist, in den begrünten, mit Blumen bestandenen Hof hinausgeht, auf einem Stuhl Platz nimmt und sich von einem Diener mit Schwamm und Bürste den Rücken so gründlich schrubben läßt, daß der Doktor vor Schmerzen, aber auch aus Wohlgefühl regelrecht stöhnt. Dieses Ächzen und das Prusten und Lachen der fröhlichen Kinder, die sich aus diesem Anlaß um den geschrubbten Doktor versammeln, wecken mich auf, denn die Fenster meines Zimmers gehen auf den Hof.

Der Doktor hat ein privates kleines Spital – eine weißgestrichene Baracke nahe der Villa, die er bewohnt. Er ist nicht mit den Belgiern geflohen, weil er schon zu alt ist und nirgends Familie hat, wie er sagt. Hier aber kennt man ihn, im übrigen hofft er, daß die lokale Bevölkerung ihn schützen wird. Mich hat er zur Aufbewahrung bei sich aufgenommen, wie er das nennt. Als Korrespondent habe ich nichts zu tun, weil es keine Verbindungen zu diesem Land gibt. Im Ort erscheint keine Zeitung, arbeitet keine Rundfunkstation, und es gibt keine Behörden. Ich versuche von hier wegzukommen, aber wie? Der nächste Flughafen – in Stanleyville – ist geschlossen, die Straßen (es herrscht Regenzeit) haben sich in Schlammwüsten verwandelt, auf dem Fluß Kongo verkehren längst keine Schiffe mehr. Ich weiß nicht, worauf ich zählen soll. Ein wenig vielleicht auf mein Glück, mehr noch auf die Menschen ringsum und am meisten darauf, daß sich die Welt zum Besseren verändert. Das ist natürlich eine abstrakte Hoffnung, doch an etwas muß ich ja glauben. Auf jeden Fall liegen meine Nerven blank, und ich bin wütend und ratlos – ein häufiger Zustand in unserem Beruf, in dem oft das vergebliche, hoffnungslose Warten auf eine Verbindung mit unserem Land den Großteil der Zeit verschlingt.

Wenn die Leute sagen, es befänden sich keine Gendarmen im Städtchen, kann man einen Ausflug in den Dschungel unternehmen. Der Dschungel ist übrigens gleich vor der Haustür, er erstreckt sich in alle Richtungen, verdeckt die Welt. Man kann nur auf festen Lateritwegen in ihn eindringen, ansonsten stellt er eine uneinnehmbare Festung dar: sofort hält uns eine undurchdringliche Wand von Zweigen, Lianen und Blättern auf, die Füße versinken beim ersten Schritt in dickem, stinkendem Schlamm, und irgendwelche Spinnen, Blutegel und Raupen fallen uns auf den Kopf. Unerfahrene Menschen haben Angst, sich in das Dickicht des Dschungels zu wagen, den Einheimischen hingegen kommt das gar nicht erst in den Sinn. Der Dschungel ist wie ein Meer oder ein Felsengebirge – eine verschlossene, eigene, unabhängige Welt.

Mir macht er immer angst.

Ich fürchte, aus seinem Unterholz könnte mich plötzlich ein Raubtier anspringen, eine Giftschlange angreifen oder ich könnte das Surren eines näher kommenden Pfeils hören.

Wenn ich mich in Richtung des grünen Kolosses aufmache, läuft mir für gewöhnlich eine Schar Kinder hinterher, die mich begleiten wollen. Die Kinder spazieren fröhlich dahin, sie lachen und treiben Unfug. Wenn wir jedoch in den Wald kommen, werden sie still und ernst. Vielleicht sehen sie in ihrer Phantasie, daß dort, im Dunkel des Dschungels, Schattenbilder, seltsame Erscheinungen und Hexen lauern, die unartige kleine Kinder schnappen. Da ist es besser, still zu sein und sich in acht zu nehmen.

Manchmal bleiben wir unterwegs, am Rand des Dschungels, stehen. Hier herrscht Halbdunkel, und die betörenden Gerüche rauben einem beinahe den Atem. Vom Weg aus sieht man keine Tiere, nur die Vögel kann man hören. Man vernimmt geheimnisvolles Rascheln. Man hört, wie Tropfen auf die Blätter fallen. Die Kinder kommen gern hierher, sie fühlen sich hier wie zu Hause und wissen alles. Welche Pflanze man pflücken und kauen darf und welche man besser nicht anrührt. Welche Früchte man essen kann und welche man um nichts in der Welt in den Mund stecken darf. Sie wissen, daß Spinnen gefährlich sind, Eidechsen hingegen völlig harmlos. Und sie wissen, daß man nach oben, in die Blätter schauen muß, weil dort eine Schlange lauern kann. Die Mädchen sind ernster und vorsichtiger als die Jungen, daher beobachte ich, wie sie sich verhalten, und weise die Jungen an, auf sie zu hören. Alle, die ganze Ausflugsgesellschaft, stehen wir wie in einem großen, zum Himmel emporragenden Dom, in dem sich der Mensch klein fühlt und sieht, daß alles andere größer ist als er.

Doktor Rankes Villa steht an einer breiten Landstraße, die den nördlichen Kongo durchschneidet und, parallel zum Äquator verlaufend, über Bangui nach Douala an die Bucht von Guinea führt, wo sie ungefähr auf der Höhe von Fernando Póo endet. Doch von hier sind das zweitausend Kilometer. Ein Teil der Straße war einmal asphaltiert, jetzt sind allerdings vom Asphalt nur noch zerrissene, formlose Streifen übrig. Wenn ich von hier in die mondlose Nacht hinausmuß (und die tropische Finsternis ist dicht und undurchdringlich), bewege ich mich ganz langsam vorwärts, die Füße über den Boden schiebend, um auf diese Weise den Weg zu prüfen.

Scharr-scharr. Scharr-scharr.

Aufmerksam, vorsichtig, denn es gibt zahlreiche unsichtbare Löcher, Gruben, umgestürzte Bäume, Abgründe. Wenn nachts Kolonnen von Flüchtlingen hier durchziehen, kann man hin und wieder einen jähen Schrei hören – dann ist jemand in einen tiefen Graben gestürzt und hat sich ein Bein gebrochen.

Ja, die Flüchtlinge. Alle sind auf einmal zu Flüchtlingen geworden. Seit im Kongo mit dem Erlangen der Unabhängigkeit im Sommer 1960 Unruhen, Stammeskämpfe und dann sogar ein Krieg ausbrachen, füllten sich die Straßen mit Flüchtlingen. Wo es zum Konflikt kommt, wo Gendarmen, Militär und ad hoc gebildete Stammesmilizen kämpfen, machen sich die Zivilisten –

meist sind das Frauen und Kinder – unverzüglich auf die Flucht. Die Routen dieser Wanderungen sind schwer nachzuvollziehen. Im allgemeinen geht es darum, möglichst weit weg vom Schlachtfeld zu gelangen, aber wieder nicht so weit, daß man sich verirrt und später nicht mehr zurückfindet. Wichtig ist auch, ob man entlang des Fluchtwegs etwas Eßbares auftreiben kann. Die Flüchtlinge sind arme Menschen, die nur wenige Dinge mit sich führen: die Frauen ein Kattunkleid, die Männer ein Hemd und eine Hose, und außerdem ein Stück Leinwand, um sich nachts zuzudecken, einen Topf, einen Becher, einen Plastikteller. Und eine Schüssel, in der sie alles transportieren.

Doch am wichtigsten bei der Wahl der Route sind die Beziehungen der Stämme untereinander: ob ein Weg durch befreundetes Gebiet führt, oder, Gott bewahre, geradewegs in feindliches Territorium. Denn die Dörfer entlang der Wege und die Lichtungen im Dschungel werden von verschiedenen Klans und Stämmen bewohnt, und das Geflecht der Beziehungen zwischen ihnen gestaltet sich schwierig und kompliziert – Kenntnisse, die jeder von Kindesbeinen an erlernen muß. Dank diesem Wissen kann man in relativer Sicherheit leben und Konflikte vermeiden. In der Region, in der ich mich jetzt befinde, leben Dutzende solcher Stämme. Sie bilden Bündnisse und Konföderationen nach nur ihnen selber bekannten Regeln und Sitten. Ich als Fremder kann das nicht einordnen, sichten, gruppieren. Woher soll ich wissen, wie die Beziehungen zwischen den Mwaka und den Panda oder den Bandscha und den Baya sind?

Sie aber wissen das, weil davon ihr Leben abhängt.

Sie wissen, wer auf welchem Pfad vergiftete Dornen auslegt, wo eine Axt vergraben liegt.

Notabene – woher kommen diese vielen Stämme? In Afrika allein gab es vor hundertfünfzig Jahren noch zehntausend. Man braucht nur die Straße entlangzufahren: im ersten Dorf – der Stamm der Tulama, doch schon im nächsten – Arusi. Auf einer Seite des Flusses – Murle, auf der anderen – Topota. Auf dem Gipfel des Berges wohnt ein Stamm und an seinem Fuß – ein ganz anderer.

Jeder hat seine eigene Sprache, seine Sitten, seine Götter.

Wie ist es dazu gekommen? Wie sind diese unerhörte Vielfalt, dieser unglaubliche Reichtum entstanden? Womit hat das seinen Anfang genommen? Wann? An welchem Ort? Die Anthropologen sagen, alles habe mit einer kleinen Gruppe begonnen. Vielleicht mit ein paar Gruppen. Jede von ihnen zählte ungefähr fünfunddreißig Personen. Wenn sie kleiner gewesen wäre, hätte sie sich nicht verteidigen können, wenn sie größer gewesen wäre – hätte sie nicht genug Nahrungsmittel gefunden. Ich habe selber in Ostafrika noch zwei Stämme getroffen, von denen keiner mehr als hundert Personen zählte.

Also gut – fünfunddreißig bis fünfzig Personen. Das ist der Keim des Stammes. Aber warum braucht so ein Keim sofort seine eigene Sprache?

Wie konnte sich der menschliche Geist überhaupt so eine unermeßliche Anzahl von Sprachen ausdenken?

Jede mit ihrem eigenen Wortschatz, ihrer Grammatik, Flexion und so weiter? Man kann verstehen, daß ein Volk von vielen Millionen in gemeinsamer Anstrengung eine Sprache erfand. Doch hier, im afrikanischen Busch, haben wir es mit kleinen Stämmen zu tun, die am Rande der Existenz gerade noch überleben, die barfuß laufen und hungern, und dennoch besitzen sie den Ehrgeiz und offenbar auch die Fähigkeit, die Phantasie, das klangliche Einfühlungsvermögen und die Erinnerung, um eine Sprache zu erfinden – eine gesonderte, eigene, nur für sich.

Übrigens nicht nur eine Sprache. Denn gleichzeitig erfinden sie seit ihren Anfängen auch ihre eigenen Götter. Jeder Stamm schafft sich seine eigenen – einzigen, unersetzlichen. Und warum beginnen sie nicht mit einem Gott, sondern auf der Stelle mit mehreren?

Warum mußte die Menschheit viele Jahrtausende existieren, bis sie zur Idee eines einzigen Gottes gelangte?

Hätte sich diese Idee nicht von Anfang an aufdrängen müssen?

Es ist wissenschaftlich bewiesen, daß es am Anfang nur eine oder jedenfalls nur wenige Gruppen gab. Doch mit der Zeit werden sie mehr, immer weitere Gruppen tauchen auf. Es ist bemerkenswert, daß so eine neu dazugekommene Gruppe nicht daran dachte, sich im Gelände umzusehen, die Lage zu sondieren, auf die Sprache zu hören, die die Menschen ringsum sprechen – nein, sie kam sofort mit ihrer eigenen Sprache daher. Mit einer eigenen Schar von Göttern. Mit einer eigenen Welt der Gebräuche. Sie unterstrich von Anfang an demonstrativ ihre Andersartigkeit.

Mit den Jahren und Jahrhunderten kommen und gehen solche Gruppen, Keime von Stämmen. Und es wird eng auf diesem Kontinent der vielen Völker, vielen Sprachen und Götter.

Wo immer Herodot hinkam, versuchte er die Namen der Stämme, ihre Ausbreitung und ihre Gebräuche aufzuschreiben. Wer wo wohnt. Wer seine Nachbarn sind. Denn das Wissen um die Welt bildet sich damals in Libyen und in Skythien, so wie heute hier im Nördlichen Kongo, linear, horizontal heraus und nicht vertikal, aus der Vogelperspektive, synthetisch. Ich kenne meine nächsten Nachbarn – das ist alles, und sie kennen andere, und die wieder die nächsten, und so gelangen wir bis ans Ende der Welt. Und wer wird alle diese Stückchen sammeln und zusammenfügen?

Niemand.

Sie lassen sich nicht zusammenfügen.

Wenn man bei Herodot diese seitenlangen Beschreibungen von Stämmen und ihren Sitten liest, sieht man, daß die jeweiligen Nachbarn nach dem Prinzip der Gegensätzlichkeit zu einander passen. Daher gibt es so viel Feindschaft zwischen ihnen, so viele Kämpfe. Im kleinen Spital Doktor Rankes ist es ganz ähnlich. Weil sich am Bett eines Kranken Tag und Nacht die ganze Familie aufhält, sind die verschiedenen Klans und Stämme auf gesonderte Zimmer verteilt. Es geht darum, daß sich jeder wie zu Hause fühlt und nicht einer den anderen verhext.

Vorsichtig versuche ich die Unterschiede zwischen ihnen herauszufinden. Ich gehe durch das kleine Spital und schaue in die Zimmer, deren Türen in diesem schwülen und heißen Klima stets sperrangelweit offenstehen. Doch die Menschen sehen alle ähnlich aus, sie sind arm und apathisch, nur wenn man genau hinhört, kann man feststellen, daß sie verschiedene Sprachen sprechen. Wenn man ihnen zulächelt – lächeln sie zurück, doch mit einem Lächeln, das lange braucht, bis es sich an die Oberfläche des Gesichts durchringt, um dann bloß für einen Moment dort zu verharren.

*DIE WERKSTATT
DES GRIECHEN*

Da sich eine Gelegenheit ergab, reiste ich aus Lisali ab. Eine Mitfahrgelegenheit! So reist man hier für gewöhnlich. Plötzlich taucht auf der seit Tagen leeren Straße ein Auto auf. Bei seinem Anblick beginnt unser Herz kräftiger zu schlagen. Wenn es näher kommt, halten wir es auf. »Bonjour, Monsieur«, begrüßen wir schmeichelnd den Fahrer. »Avez-vous une place, s'il vous plaît?« fragen wir voll Hoffnung. Natürlich gibt es keinen freien Platz – ein Auto ist immer voll. Aber alle, die ohnehin schon eng zusammengedrängt sitzen, rücken automatisch, ohne Bitte oder Aufforderung, noch enger zusammen, und wir fahren mit, in halsbrecherischer Stellung hineingezwängt. Erst jetzt, da sich das Auto wieder in Bewegung gesetzt hat, erkundigen wir uns bei unseren Sitznachbarn, ob sie wissen, wohin wir fahren? Auf diese Frage gibt es keine eindeutige Antwort, weil eigentlich keiner so recht weiß, wohin wir fahren. Wir fahren dorthin, wo wir hinfahren!

Bald finden wir heraus, daß alle so weit wie möglich mitfahren wollen. Der Krieg hat die Menschen in den entferntesten Winkeln des Kongo – ein riesiges Land ohne richtige Verkehrswege – überrascht, weshalb diejenigen, die sich auf der Suche nach Arbeit oder beim Besuch von Familienangehörigen weit von zu Hause entfernt hatten, nun zurückwollen, ohne zu wissen, wie. Die einzige Möglichkeit besteht darin, eine Mitfahrgelegenheit ungefähr in die Richtung aufzutreiben, in der das Zuhause liegt – das ist alles.

Man begegnet in dieser Zeit vielen Menschen, die schon seit Wochen und Monaten unterwegs sind. Sie haben keine Landkarte, und wenn sie zufällig irgendwo eine zu Gesicht bekämen, ist es zweifelhaft, ob sie den Namen des Dorfes oder des Städtchens finden könnten, in das sie zurückkehren wollen – meist können sie nicht einmal lesen. Was einen an diesen umherirrenden Menschen verblüfft, ist die Tatsache, daß sie sich apathisch mit allem abfinden, was ihnen unterwegs widerfährt. Wenn sich eine Mitfahrgelegenheit ergibt, dann fahren sie mit. Wenn es keine gibt, hocken sie auf einem Stein am Straßenrand und warten. Am meisten interessieren mich die Leute, die jede Orientierung verloren haben und mit den Namen der Ortschaften unterwegs überhaupt nichts anfangen können, weshalb sie in die entgegengesetzte Richtung als die, in der ihre Behausung liegt, fahren, doch woher sollten sie wissen, welche Richtung sie einschlagen müssen? An dem Ort, an dem sie sich im Moment befinden, sagt der Name ihres Heimatdorfes keinem etwas.

Wenn man so verloren umherirrt, ist es am besten, sich in einer größeren Stammesgruppe zu bewegen. Natürlich kann man dann nicht mit einer Mitfahrgelegenheit rechnen. Man muß tage- und wochenlang zu Fuß laufen. Solche wandernde Klans und Stämme trifft man jetzt häufig. Manchmal handelt es sich um eine lange, auseinandergezogene Kolonne. Auf dem Kopf tragen die Menschen ihre ganze Habe – in Bündeln, Schüsseln und Eimern. Die Hände sind immer frei, die brauchen sie, um die Fliegen und Moskitos zu verjagen und sich den Schweiß aus dem Gesicht zu wischen.

Man kann am Wegrand stehenbleiben und ein Gespräch mit ihnen beginnen. Wenn man sie fragt, wohin sie gehen, sagen sie: nach Kindu, nach Kongolo, nach Lusambo. Wenn man sie fragt, wo das ist, geraten sie in Verlegenheit, denn wie sollen sie einem Fremden beschreiben, wo Kindu liegt? Manchmal deutet einer nach Süden. Wenn man sie fragt, ob es weit sei bis dorthin, werden sie noch verlegener, weil sie das selbst nicht wissen. Wenn man sie nach ihrem Namen fragt, sagen sie, sie würden Yeke, Tabwa oder Lunda heißen. Ob sie viele seien? Das wissen sie auch nicht. Wenn man Junge fragt, sagen sie, man solle die Alten befragen. Wenn man Alte befragt, beginnen sie untereinander zu diskutieren.

Nach der Landkarte, die ich mitführe (Afrique, Carte Générale, herausgegeben in Bern von der Firma Kümmerly & Frey, ohne Datum), muß ich mich irgendwo zwischen Stanleyville und Irunu befinden, das heißt, ich versuche in das noch friedliche Uganda zu gelangen, nach Kampala, wo ich eine Verbindung nach London herstellen könnte, auf diesem Weg wäre es mir dann möglich, Informationen nach Warschau zu schicken. In unserem Beruf muß nämlich die Annehmlichkeit des Reisens und die Faszination dessen, was man zu sehen bekommt, hinter der Hauptsache zurücktreten: der Verbindung mit der Zentrale, die wir mit aktuellen, wichtigen Informationen versorgen sollen. Zu diesem Zweck hat man uns nämlich hinausgeschickt in die Welt, da läßt man keine Ausreden gelten. Wenn ich es also bis Kampala schaffe, könnte ich, so mein Plan, von dort nach Nairobi fahren, dann nach Dar es Salaam und Lusaka, von dort nach Brazzaville, nach Bangui, Fort Lamy und so weiter. Pläne, Absichten, Träume, mit dem Finger auf die Landkarte gezeichnet, während ich auf der großen Veranda einer bezaubernden, mit Bougainvilleas, Salbeisträuchern und kletternden Geranien bewachsenen Villa sitze, die ein Belgier, Inhaber eines stillgelegten Sägewerks, verlassen hat. Die um die Villa versammelten Kinder betrachten den weißen Mann aufmerksam und schweigend. Seltsame Dinge begeben sich auf dieser Welt, da haben die Älteren erst kürzlich gesagt, die Weißen seien weg, und nun stellt sich heraus, daß sie schon wieder da sind.

Eine afrikanische Reise dauert oft endlos, nach einiger Zeit bringt man Orte und Daten durcheinander, weil hier ein solcher Überfluß an Geschehnissen herrscht, der Kontinent wallt und sprudelt nur so von Ereignissen; ich fahre und schreibe und habe das Gefühl, daß um mich herum wichtige und unwiederholbare Dinge passieren, die es wert sind, daß man Zeugnis von ihnen ablegt.

Und trotzdem versuche ich, wenn ich genug Kraft habe, in freien Momenten zu lesen. Zum Beispiel die 1960 von der Engländerin Mary Kingsley, einer aufmerksamen Beobachterin und mutigen Reisenden, verfaßten *West African Studies*, das 1945 erschienene Buch *Bantu Philosophy* von Pater Placide Tempels oder das profunde und reflexive Werk *Afrique ambiguë* des französischen Anthropologen Georges Balandier (Paris 1957). Und dann natürlich Herodot.

Damals verzichtete ich für einige Zeit darauf, die Geschicke der Menschen und Kriege zu verfolgen, die er beschrieb, und beschäftigte mich mit seiner Werkstatt. Wie er arbeitete, was ihn interessierte, wie er sich an die Menschen wandte, was er sie fragte, wie er sich anhörte, was sie ihm zu sagen hatten. Das war für mich wichtig, weil ich damals versuchte, die Kunst des Schreibens einer Reportage zu erlernen, und Herodot erschien mir dafür ein hilfreicher, wertvoller Meister. Herodot und die Menschen, mit denen er sich traf, das weckte meine Neugierde, weil das, worüber wir in unseren Reportagen berichten, von Menschen stammt und die Form und Qualität dieser Beziehung ich–er, ich–andere sich auf den Wert unseres Textes auswirken. Wir sind abhängig von den Menschen, die uns begegnen, und die Reportage ist eine Textform, die zu einem großen Teil kollektiv geschaffen wird.

Wenn ich Bücher über Herodot las, fiel mir auf, daß die Autoren ausschließlich den Text unseres Griechen untersuchten, seine Genauigkeit und Solidität, und daß sie gar nicht darauf achteten, wie er das Rohmaterial dafür zusammengetragen und es dann in seinen üppigen, gigantischen Wandteppich eingewoben hat. Dieser Aspekt erschien mir unbedingt einer näheren Untersuchung wert.

Und da war noch etwas. Je öfter ich mich den *Historien* zuwandte, um so stärker verspürte ich eine gewisse Wärme, ja Freundschaft gegenüber Herodot. Es fiel mir zunehmend schwer, ohne die Person dieses Autors auszukommen, schwerer noch als ohne sein Werk. Das ist ein kompliziertes Gefühl, das ich nicht gut beschreiben kann. Es war eine Annäherung an einen Menschen, den wir nicht persönlich kennen, der uns jedoch für sich einnimmt und gewinnt durch seine Beziehung zu anderen Menschen und durch seine Lebensweise, die so beschaffen ist, daß er überall, wo er hinkommt, sofort zum Keim, zum Ferment einer menschlichen Gemeinschaft wird. Er ist es, der diese Gemeinschaft entstehen läßt und zusammenschweißt.

Herodot ist ein Kind seiner Kultur und der menschenfreundlichen Atmosphäre, in der sich diese entwickelt. Es ist eine Kultur der langen, gastlichen Tische, an denen Menschen an lauen Abenden gemeinsam sitzen, Käse und Oliven essen, kühlen Wein trinken und sich unterhalten. Dieser offene, von keinen Mauern begrenzte Raum am Meeresufer oder auf einem Berghang wirkt befreiend auf die menschliche Phantasie. Die Begegnung gibt Geschichtenerzählern die Möglichkeit, zu brillieren, sich in spontanen Wettbewerben zu messen, in denen derjenige den Sieg davonträgt, der vom ungewöhnlichsten Ereignis erzählen kann. Fakten vermischen sich mit Phantasie, Zeiten und Orte werden vertauscht, Legenden gesponnen, Mythen entstehen.

Wenn wir Herodot lesen, haben wir den Eindruck, er habe gern an solchen Gastmahlen teilgenommen, er sei ein guter und aufmerksamer Zuhörer gewesen. Er muß ein phänomenales Gedächtnis besessen haben.

Wir Menschen der Gegenwart sind verwöhnt durch technische Errungenschaften, wir sind Gedächtniskrüppel und geraten in Panik, wenn wir nicht ein Buch oder einen Computer zur Hand haben. Doch sogar heute noch finden sich Gesellschaften, bei denen man sehen kann, wie ungeheuer aufnahmefähig das menschliche Gedächtnis ist. In einer solchen Welt lebte Herodot. Ein Buch war damals eine große Seltenheit, Inschriften auf Steinen und Mauern waren noch seltener.

Es gab die Menschen und das, was sie einander im direkten Kontakt, Auge in Auge, mitteilten. Um existieren zu können, mußte der Mensch neben sich einen anderen Menschen spüren, er mußte ihn sehen und hören – es gab keine andere Form der Kommunikation und daher auch keine andere Form des Lebens. Die Zivilisation der mündlichen Überlieferung brachte die Menschen einander näher, sie wußten, daß der andere nicht nur der war, der ihnen half, Nahrung zu sammeln und sich gegen den Feind zur Wehr zu setzen – er konnte auch einzigartig und unersetzlich sein, jemand, der die Welt zu erklären, durch sie zu leiten vermochte.

Um wieviel reicher war doch diese uralte, antike Sprache des direkten, sokratischen Kontaktes! In dieser Sprache zählen nicht nur die Worte. Wichtig, und oft sogar noch viel wichtiger, war das, was ohne Worte kommuniziert wurde, durch einen Ausdruck des Gesichts, eine Geste der Hände, eine Bewegung des Körpers. Herodot versteht das, und er versucht, wie jeder Reporter oder Ethnologe, mit seinen Helden in direkten Kontakt zu treten, um nicht bloß zu hören, was sie erzählen, sondern auch zu sehen, wie sie es erzählen und wie sie sich in dieser Situation verhalten.

Das Bewußtsein Herodots ist gespalten, zerrissen – er weiß, daß die Erinnerung seiner Gesprächspartner die wichtigste und faktisch einzige Quelle des Wissens ist, er ist sich aber auch darüber im klaren, was für eine spröde, veränderliche und flüchtige Materie die Erinnerung darstellt, daß sie ein Punkt ist, der sich von uns entfernt, bis wir ihn nicht mehr sehen können. Daher hat er es eilig, denn die Menschen können schließlich vergessen oder wegfahren, und dann kann man sie nicht mehr finden, und am Ende sterben sie gar. Er jedoch möchte soviel Material wie möglich zusammentragen.

Weil er weiß, auf was für unsicherem, trügerischem Boden er sich bewegt, ist er in seinen Einschätzungen überaus vorsichtig, macht er ständig Einschränkungen, betont er fortwährend die eigene Distanz.

Meines Wissens war Gyges der erste Barbar, der... Weihegeschenke nach Delphi sandte.

Er wollte, wie sie sagen, nach Ithaka gelangen...

Was die Sitten ... der Perser betrifft, so weiß ich davon so viel: ...

... und wie ich aus Ersichtlichem auf Unbekanntes schließe...

... und wie ich aus dem erfuhr, was sie sagten...

Das ist mein Bericht darüber, was über die fernsten Länder erzählt wird...

Ob das wahr ist, weiß ich nicht, schreibe aber, was man davon sagt.

Nun kann ich nicht mit Sicherheit sagen, wer von den Ioniern, als es zur Schlacht kam, sich tapfer gehalten oder nicht; denn einer schiebt die Schuld auf den anderen.

Herodot begreift, daß er in einer Welt unsicherer Dinge und unvollständigen Wissens lebt, daher entschuldigt er sich oft wegen seiner Lücken, erklärt und rechtfertigt sich:

Der gelehrte Herr aber, der an den Okeanos glaubt, versteigt sich in die dunkle Fabelwelt und beweist damit nichts. Ich wenigstens kenne keinen Fluß Okeanos und glaube, daß ihn Homer oder irgendein anderer alter Dichter erfunden und in die Dichtung eingeführt hat.

Über die Menge der Skythen habe ich nichts Sicheres erfahren können, sondern verschiedene Angaben darüber gehört.

Soweit das möglich ist – und in Herodots Epoche verlangt das große Mühe und Selbstverleugnung –, versucht er alles zu überprüfen, zu den Quellen vorzudringen, die Tatsachen festzustellen:

Auch habe ich, so sehr ich mich darum bemüht, von niemand, der selbst an Ort und Stelle gewesen, über die Beschaffenheit der See dort im Norden Europas etwas erfahren können.

Es ist das nach den von mir eingezogenen Erkundigungen der allerälteste Tempel dieser Göttin ...
Um mich hiernach möglichst genau zu erkundigen, fuhr ich zu Schiff nach Tyros in Phoinike, weil ich gehört

hatte, daß es dort einen Tempel des Herakles gäbe... Als ich mich mit den Priestern des Gottes unterhielt, fragte ich sie... und fand, daß auch sie mit den Griechen nicht übereinstimmten.

In Arabien aber ... gibt es eine Gegend, wohin ich gereist bin, um mich nach den geflügelten Schlangen zu erkundigen. Ich habe dort auch unglaublich viele Knochen und Wirbel von Schlangen gesehen ...

Über die Insel Chemmis: ... *die Ägypter behaupten, es wäre eine schwimmende Insel. Ich freilich habe sie weder schwimmen, noch sich bewegen sehen...*

Doch diese Erzählungen sind meiner Ansicht nach Unsinn ... denn ich habe selber gesehen, daß ...

Wenn er etwas weiß, woher weiß er das? Weil er es gehört, gesehen hat.

Ich sage nur, was die Libyer sagen.

Wie die Thraker sagen, gehört das Land jenseits des Istros den Bienen...

Bisher habe ich erzählt, was ich mit eigenen Augen gesehen und selbst erkundet habe; von nun an aber werde ich Dinge berichten, die ich mir in Ägypten nur habe erzählen lassen, hin und wieder jedoch auch etwas einflechten, was ich selber gesehen habe.
Ob einer alles glauben will, was die Ägypter erzählen, ist seine Sache. Mir ist es bei alledem nur darum zu tun, das aufzuzeichnen, was ich von ihnen gehört habe.

Als ich die Priester fragte, ob es mit dem, was die Griechen vom Trojanischen Kriege erzählten, seine Richtigkeit habe, sagten sie, man hätte sich danach dort bei Menelaos erkundigt und darüber von ihm selbst folgendes gehört: ...

Denn die Kolcher sind offenbar Ägypter, wovon ich längst überzeugt war, ehe ich es von anderen gehört hatte ... Ihrer Meinung nach, sagten die Ägypter, stammten die Kolcher allerdings von den Leuten des Sesostris ab, und auch ich halte das für wahrscheinlich, weil sie schwarze Haut und wolliges Haar haben ... Mehr will es sagen, daß die Kolcher, die Ägypter und Äthiopier ursprünglich die einzigen Völker sind, die sich beschneiden.

Ich werde so schreiben, wie es manche Perser erzählen, die die Geschichte des Kyros nicht ausschmücken wollen, sondern die echte Wahrheit darstellen ...

Herodot nimmt alles wunder, alles versetzt ihn in Erstaunen, Begeisterung oder Schrecken. Vielen Dingen schenkt er aber auch keinen Glauben, weil er weiß, wie leicht den Menschen die Phantasie durchgeht.

Dieselben Priester erzählen, was mir selber unwahrscheinlich erscheint, daß der Gott selber in den Tempel kommt ...

Über den König von Ägypten, Rhampsinitos:
... schickte er, was ich freilich nicht glauben kann, seine Tochter in ein Hurenhaus und befahl ihr, sich jedem ohne Unterschied preiszugeben ...

Die Glatzköpfe sagen zwar, was ich freilich nicht glaube, auf dem Gebirge lebten Leute mit Ziegenfüßen, und jenseits der Gebirge Menschen, die sechs Monate schliefen. Das aber glaube ich erst recht nicht.

Über die Neurer, die es verstünden, sich in Wölfe zu verwandeln: *Ich glaube es ihnen freilich nicht; sie aber behaupten es und schwören darauf.*

Über die Standbilder, die vor den Menschen auf die Knie fielen: *... diese Sache erscheint mir nicht wahrscheinlich, jemand anderem vielleicht aber schon.*

Dieser erste Globalist der Geschichte spottet und höhnt über die Ignoranz seiner Zeitgenossen: *Ich muß lachen, wenn ich sehe, was für verkehrte Vorstellungen sich manche von der Gestalt der Erde machen. Da soll der Okeanos rund um die Erde fließen, als ob die Erde kreisrund und Europa so groß wie Asien wäre. Deshalb werde ich kurz angeben, wie groß beide sind, und wie man sich ein richtiges Bild von ihnen zu machen hat.*

Und nach der Darstellung Asiens, Europas und Afrikas beendet er seine Beschreibung mit einem Ausdruck des Erstaunens: *Ich kann auch nicht dahinterkommen, weshalb die drei Erdteile, die doch* ein *Land sind, drei verschiedene Namen haben und nach Weibern genannt sind ...*

EHE IHN HUNDE UND VÖGEL ZERREISSEN

In Äthiopien, wohin ich auf einem Umweg gelangte – über Uganda, Tanzania und Kenia –, war ich meist mit einem Chauffeur unterwegs, der Negusi hieß. Er war zart gebaut und mager. Auf dem hageren, dick geäderten Hals saß ein unverhältnismäßig großer, doch wohlgeformter Kopf. Auffallend waren seine großen, schwarzen Augen mit glänzenden Lidern – wie die Augen eines verträumten Mädchens. Negusi war pedantisch sauber, bei jedem Halt reinigte er sorgfältig seine Kleidung mit einer Bürste, die er immer bei sich trug. Das war insofern notwendig, als es in diesem Land in der Trockenzeit überall schrecklich viel Staub und Sand gibt.

Meine Reisen mit Negusi – und wir legten gemeinsam unter schwierigen und gefährlichen Bedingungen viele tausend Kilometer zurück – bestätigten mir einmal mehr, was für eine sprachliche Vielfalt die Gestalt unseres Nächsten ausdrücken kann. Man muß sich nur bemühen, sie wahrzunehmen und zu entziffern. Wenn wir uns darauf einstellen, uns mit anderen Personen nur mittels des gesprochenen oder geschriebenen Worts unterhalten zu können, ziehen wir nicht in Betracht, daß es sich dabei nur um eine Form der Kommunikation handelt, von denen es in Wahrheit viel mehr gibt. Denn schließlich kann alles sprechen: der Ausdruck des Gesichts und der Augen, die Gesten der Hände und die Bewegungen des Körpers, die Wellen, die dieser aussendet, die Kleidung und die Art und Weise, wie sie getragen wird, und noch Dutzende anderer Sender, Relais, Verstärker und Dämpfer, die den Menschen und seine Chemie ausmachen, wie man so sagt.

Wenn der zwischenmenschliche Kontakt auf elektronische Zeichen reduziert wird, bedeutet das eine Verarmung und Abschwächung dieser vielfältigen, nicht verbalen Sprache, in der wir, wenn wir mit anderen zusammen sind, unablässig kommunizieren, sogar ohne uns dessen bewußt zu sein. Obendrein ist diese nicht verbale Sprache, die Sprache des Gesichtsausdrucks und der kleinsten Gesten um vieles ehrlicher und wahrhafter als die gesprochene oder geschriebene Sprache, weil es uns in dieser Sprache schwerer fällt, zu schwindeln, falsche Aussagen zu treffen oder zu lügen. Aus diesem Grund hat die chinesische Kultur, um den Menschen wirklich in die Lage zu versetzen, seine Gedanken zu verbergen, deren Äußerung ihm vielleicht gefährlich werden könnte, die Kunst des reglosen Gesichts, der undurchdringlichen Maske, des leeren Blickes entwickelt, weil sich der Mensch erst hinter einem solchen Vorhang wirksam verbergen konnte.

Negusi kennt nur zwei englische Ausdrücke: »problem« und »no problem«.

Doch mit ihrer Hilfe vermochten wir uns in den schwierigsten Situationen zu verständigen. Die beiden Worte, plus jene nicht verbale Sprache, in der sich jeder Mensch äußerst, wenn wir ihn aufmerksam betrachten und auf uns wirken lassen, genügten, daß wir uns nicht verloren und fremd fühlten und zusammen reisen konnten.

Einmal waren wir in den Goba-Bergen unterwegs, als uns eine Militärpatrouille aufhielt. Die Soldaten hier sind ohne jede Disziplin, fürchten keine Strafe, sind habgierig und oft betrunken. Ringsum waren steinige Berge, tote Wüste, keine Menschenseele. Negusi begann zu verhandeln. Ich sah, wie er ihnen etwas erklärte, die Hand aufs Herz gelegt. Sie sagten auch etwas, hantierten mit ihren Maschinenpistolen, schoben die Helme tiefer in die Stirn, so daß sie noch bedrohlicher aussahen. »Negusi«, sagte ich, »problem?« Er konnte auf zweierlei Weise antworten. Er konnte leichtfertig sagen: »No problem«, und frohgemut die Fahrt fortsetzen. Er konnte jedoch auch mit ernster, ja furchtsamer Stimme sagen, »problem«, was bedeutete, daß ich zehn Dollar hervorholen mußte, die er den Soldaten gab, damit sie uns weiterfahren ließen.

Plötzlich, ich weiß nicht, warum, denn auf der Straße war nichts zu sehen, und die Umgebung war öd und wie ausgestorben, wurde Negusi unruhig, drehte den Kopf hin und her und schaute nach allen Seiten. »Negusi«, sagte ich, »problem?«. – »No«, antwortete er, sah sich jedoch weiter um, und ich bemerkte, daß er nervös war. Die Atmosphäre im Auto war angespannt, seine Angst übertrug sich auf mich, ich wußte nicht, was uns erwartete. So war eine Stunde vergangen, als sich Negusi hinter einer Kurve auf einmal wieder entspannte und frohgemut den Rhythmus eines amharischen Liedes auf das Lenkrad trommelte. »Negusi«, sagte ich, »no problem?« – »No problem«, antwortete er heiter. In der nächsten Kleinstadt erfuhr ich, daß wir eine Strecke Weges gefahren waren, auf der Banden häufig Überfälle verübten, sie beraubten die Menschen und brachten sie manchmal auch um.

Die Menschen hier haben keine Ahnung von der großen Welt, sie kennen Afrika nicht, nicht einmal ihr eigenes Land, doch in ihrer kleinen Heimat, auf dem Gebiet ihres eigenen Stammes, kennen sie jeden Pfad, jeden Baum, jeden Stein. Diese Orte bergen für sie keine Geheimnisse, denn sie sind mit ihnen seit Kindesbeinen vertraut, oft sind sie hier nachts im Dunkeln gegangen und haben mit den Händen die neben dem Weg stehenden Felsen und Bäume betastet, haben mit bloßen Füßen gefühlt, wohin der unsichtbare Pfad führt.

Deshalb fährt auch Negusi mit mir durch das Land der Amharen, als sei es sein Hinterhof. Er ist zwar arm, doch in seinem Herzen ist er stolz auf dieses weite Land, dessen Grenzen nur er selber genau bezeichnen könnte.

Ich bin durstig, Negusi bleibt daher bei einem Bach stehen und fordert mich auf, vom kristallklaren, kühlen Wasser zu trinken.

»No problem!« ruft er, als er mein Zögern bemerkt, ob das Wasser auch sauber ist, und steckt seinen großen Kopf ins Wasser.

Dann möchte ich mich auf nahe Felsen setzen, doch Negusi schreitet ein: »Problem!« sagt er warnend und deutet mit einer Zickzackbewegung der Hand an, daß es dort Schlangen geben könnte.

Jede Reise ins Innere Äthiopiens ist natürlich ein Luxus. Einen normalen Arbeitstag verbringe ich mit dem Zusammentragen von Informationen, dem Schreiben von Depeschen, Ausflügen zur Post, von wo der diensthabende Telegraph diese ans PAP-Büro in London schickt (das ist billiger, als sie direkt nach Warschau zu senden). Das Sammeln von Informationen ist zeitraubend und schwierig – eine Jagd, die nur selten Beute einbringt. Hier erscheint nur eine Zeitung, und die hat vier Seiten und heißt »Ethiopian Herald«. (Ein paarmal sah ich in der Provinz, wie ein Autobus aus Addis Abeba kam und außer den Passagieren auch ein Exemplar der Zeitung mitbrachte und wie die Menschen sich auf dem Marktplatz versammelten, während der Bürgermeister oder der Lehrer laut einen amharisch geschriebenen Artikel vorlasen oder einen englisch verfaßten verkürzt wiedergaben. Alle standen um sie herum und lauschten, die Stimmung war beinahe feierlich: sie haben eine Zeitung aus der Hauptstadt gebracht!)

In Äthiopien herrscht der Kaiser, es gibt keine politischen Parteien, keine Gewerkschaften und keine parlamentarische Opposition. Es gibt zwar die äthiopische Partisanenbewegung, aber weit im Norden, in den unzugänglichen Bergen. Es gibt auch die somalische Widerstandsbewegung, doch auch die agiert in der unzugänglichen Wüste Ogaden. Natürlich kann man hierhin und dorthin reisen, doch dafür braucht man Monate, und ich bin der einzige polnische Korrespondent für ganz Afrika, ich kann es mir daher nicht leisten, plötzlich zu verstummen und in irgendeinem abgelegenen Winkel des Kontinents abzutauchen.

Woher also die Informationen nehmen? Die Kollegen der reichen Agenturen – Reuters, AP oder AFP – beschäftigen Übersetzer, doch dafür habe ich kein Geld. Außerdem hat jeder von ihnen in seinem Büro ein starkes Rundfunkgerät stehen. Einen amerikanischen Zenith, Transoceanic, mit dem man die ganze Welt hören kann. So ein Apparat kostet allerdings ein kleines Vermögen, und ich kann höchstens davon träumen. Bleibt mir nur, herumzulaufen, zu fragen, zuzuhören und die Informationen, Meinungen und Geschichten zusammenzutragen, zusammenzuflicken, aufzufädeln. Ich will mich nicht beklagen, denn auf diese Weise lerne ich viele Menschen kennen und erfahre Dinge, von denen weder die Presse noch das Radio berichten.

Wenn es auf dem Kontinent friedlicher zugeht, verabrede ich mit Negusi eine Fahrt in die Umgebung. Wir dürfen uns nicht weit fortbewegen, denn es kann leicht geschehen, daß man irgendwo für ein paar Tage oder gar Wochen steckenbleibt. Aber hundert, zweihundert Kilometer, bis dorthin, wo die großen Berge beginnen? Außerdem rückt Weihnachten näher, und ganz Afrika, sogar das islamische, scheint sich merklich zu beruhigen, gar nicht zu reden von Äthiopien, das seit sechzehn Jahrhunderten ein christliches Land ist. »Fahr nach Arba Minch!« raten mir Eingeweihte übereinstimmend, und sie sagen das mit solcher Überzeugung, daß der Name für mich langsam eine geradezu magische Bedeutung annimmt.

Ja, der Ort ist in der Tat außergewöhnlich. Auf einer flachen, wie leer gefegten Ebene, in einem engen Streifen zwischen zwei Seen, Abaya und Chamo, steht eine hölzerne, weißgestrichene Baracke – das Bekele-Mole-Hotel. Jedes Zimmer geht auf eine lange, offene Veranda, deren Rand bis zum Seeufer reicht – von hier aus kann man direkt ins smaragdfarbene Wasser springen, das übrigens je nach Einfall der Sonnenstrahlen einmal ein strahlendes Blau annimmt, dann wird es grünlich, darauf changiert es ins Violette, bis es am Abend schließlich dunkelblau und am Ende schwärzlich wird.

Am Morgen stellt eine Bäuerin in einer weißen Schamma einen Holzfauteuil und einen geschnitzten, massiven Tisch auf die Veranda. Ruhe, Wasser, ein paar Akazien und im Hintergrund, in weiter Entfernung, das Massiv der dunkelgrünen Amaro-Berge. Hier darf sich der Mensch wirklich wie ein König fühlen.

Ich habe einen Stoß Zeitschriften mit Artikeln über Afrika mitgebracht, doch von Zeit zu Zeit greife ich auch nach Herodot, von dem ich mich nie trenne. Er ist für mich so etwas wie ein Sprungbrett in eine andere Realität, ein Übergang von der Welt der Spannungen und nervösen Jagd nach Informationen zur Ruhe, Ausgeglichenheit und Stille bereits vergangener Dinge und Gestalten, die nicht mehr unter uns sind und manchmal von Anfang an bloß Produkte unserer Phantasie, flüchtige Schatten waren. Und dennoch erweist sich die Hoffnung auf Erholung jetzt als Illusion. Denn ich stelle fest, daß sich in der Welt meines Griechen ernste und gefährliche Ereignisse anbahnen, man spürt förmlich ein Unwetter heraufziehen, einen unheildräuenden Sturmwind der Geschichte.

Bisher habe ich mit Herodot weite Reisen unternommen, bis an die Ränder seiner Welt, bis zu den Ägyptern und Massageten, den Skythen und Äthiopiern. Nun müssen wir diese Wanderungen einstellen und die fernen Gestade der Welt verlassen, weil sich die Ereignisse in den östlichen Teil des Mittelmeeres verlagern, dorthin, wo Persien auf Griechenland trifft und, im weiteren Sinn, Asien auf Europa, also an einen Ort, der das Zentrum der Welt ist.

Herodot hat im ersten Teil seines Werkes gleichsam ein gigantisches Amphitheater errichtet, in dem er Dutzende, ja Hunderte von Nationen und Stämmen aus Asien, Europa und Afrika unterbrachte, das heißt die ganze ihm bekannte Menschheit, und er sagte: Und nun seht her, denn vor euren Augen wird sich das größte Drama der Welt abspielen! Also schauen alle aufmerksam hin, denn wirklich nimmt die Handlung auf der Bühne von Anfang an einen dramatischen Verlauf:

Der alte Dareios, der König der Perser, bereitet einen großen Krieg gegen Griechenland vor, um seine Niederlage bei Sardeis und bei Marathon zu rächen (eines der Gesetze Herodots lautet: Erniedrige nie die Menschen, sonst werden sie vom Wunsch gepackt, sich für diese Erniedrigung zu rächen). In diese Vorbereitungen bezieht er das ganze Imperium, ganz Asien ein. Doch im Verlauf der Vorbereitungen stirbt er, nach sechsunddreißigjähriger Herrschaft, im Jahre 485 (das ist übrigens das angenommene Geburtsjahr Herodots). Nach diversen Streitigkeiten und Intrigen gelangt sein junger

Sohn, Xerxes, auf den Thron, das geliebte Kind von Atossa, Ehefrau und nun Witwe Dareios', von der Herodot schreibt, sie habe das ganze Imperium terrorisiert.

Xerxes übernimmt die große Aufgabe des Vaters – den Krieg gegen die Griechen vorzubereiten –, doch zuerst möchte er gegen Ägypten losschlagen, weil sich die Ägypter gegen die persische Besetzung ihres Landes aufgelehnt haben, um ihre Unabhängigkeit zu erringen. Der neue König der Perser ist der Ansicht, die Niederschlagung des ägyptischen Aufstandes sei das drängendere Problem, der Feldzug gegen die Griechen könne warten. Sein älterer Cousin hingegen, der einflußreiche Mardonios, der Neffe des verstorbenen Dareios, vertritt eine andere Meinung; er hält den Kampf gegen die Griechen für sehr viel wichtiger! (Herodot äußert den Verdacht, Mardonios wolle nach der Unterwerfung Griechenlands dort Statthalter werden, er habe es eilig, an die Macht zu kommen): »*Herr, unmöglich darf den Athenern, die uns so viel Böses getan haben, das straflos hingehen.*«

Herodot erzählt uns, es sei Mardonios langsam gelungen, seinen Cousin Xerxes zu überzeugen und zu diesem Vorgehen zu überreden. Trotzdem zieht der persische König zunächst gegen Ägypten, wirft ihren Aufstand nieder, und erst jetzt will er gegen die Griechen marschieren. Er ist sich jedoch des Ernstes der Lage bewußt und ruft daher *die vornehmsten Perser zu einer Versammlung, um ihre Ansicht zu vernehmen*. Er teilt ihnen seinen Plan mit, die Welt zu unterwerfen: *Was Kyros und Kambyses und mein Vater Dareios voll-*

bracht und wie sie ein Volk nach dem anderen unterworfen haben, wißt ihr ja selbst und braucht man euch nicht zu sagen. Ich aber habe, seit ich diesen Thron bestiegen, immer darüber nachgedacht, wie ich mich meiner Vorgänger würdig erweisen ... könnte. Und wenn ich darüber nachdenke, finde ich, daß auch wir Ehre einlegen und ein Land erwerben können, das so groß, so schön, ja noch fruchtbarer ist als unser jetziges, und dabei zugleich in der Lage sind, unsere Feinde zu bestrafen und uns an ihnen zu rächen. Deshalb habe ich euch jetzt zusammenberufen, um euch mitzuteilen, was ich mir vorgenommen habe. Ich beabsichtige nämlich, eine Brücke über den Hellespont zu schlagen und mit dem Heere durch Europa nach Griechenland zu ziehen, um die Athener für das zu bestrafen, was sie den Persern und meinem Vater zuleide getan haben ... Ich aber werde ... die Waffen nicht niederlegen, bis ich Athen eingenommen und verbrannt habe ... Wenn wir sie und ihre Nachbarn dort im Lande des Phrygers Pelops unterworfen haben, wird die Sonne im Perserreiche nicht untergehen; denn dann soll sie kein Land, das an unseres grenzt, mehr bescheinen ... Denn so viel weiß ich, daß es in der ganzen Welt keine Stadt und keine Völker mehr geben wird, die imstande wären, den Kampf mit uns aufzunehmen ... So werden wir sie alle bezwingen, nicht nur die, welche sich gegen uns vergangen, sondern auch die, welche uns nichts zuleide getan haben.

Nach ihm ergreift Mardonios das Wort. Um Xerxes für sich einzunehmen, beginnt er voll des Lobes: *Herr, du bist der beste nicht nur unter allen jetzigen Persern, sondern auch von denen, die nach dir kommen werden.* Nach dieser rituellen Einleitung versucht er Xerxes zu überzeugen, es werde nicht schwierig sein, die Griechen zu besiegen. »No problem!« scheint Mardonios zu sagen, und er spricht über das Unvermögen der Griechen, Krieg zu führen. »*Ich weiß, wie töricht sie aus Unverstand und Unerfahrenheit ihre Kriege zu führen pflegen ... Wer aber könnte es mit dir aufnehmen, großer König, wenn du mit der gewaltigen Macht Asiens und allen Schiffen dort auftrittst? Ich bin überzeugt, die Griechen werden es gar nicht wagen.*«

Unter den versammelten Persern tritt Stille ein. Keiner wagt es, eine abweichende Meinung vorzutragen.

Das ist begreiflich! Stellen wir uns die Situation vor: Wir befinden uns in Susa, der Hauptstadt des persischen Imperiums. Im weitläufigen, schattigen Saal des Königspalastes thront der junge Xerxes, und ringsum sitzen auf steinernen Bänken die von ihm herbeigerufenen *vornehmsten Perser*. Anlaß der Versammlung ist die Endschlacht – wenn dieser Krieg gewonnen wird, gehört dem persischen König die ganze Welt.

Allerdings ist das Schlachtfeld weit von Susa entfernt – tüchtige Boten benötigen drei Monate für den Weg zwischen Susa und Athen. Aber das ist nicht der Grund, weshalb die einberufenen Perser nicht wagen, eine widersprüchliche Meinung zu äußern. Da ist noch etwas anderes: Sie sind zwar wichtig und einflußreich und stellen die Elite der Eliten dar, aber sie wissen auch, daß sie in einem autoritären und despotischen Staat leben: Eine Handbewegung von Xerxes genügt, daß jeder von ihnen seinen Kopf verliert. Daher sitzen sie verschreckt da und wischen sich den Schweiß von der Stirn. Sie getrauen sich nicht, das Wort zu ergreifen.

Die Stimmung erinnert an die Atmosphäre bei einer Sitzung des Politbüros unter der Führung von Stalin – hier wie dort setzen die Menschen nicht bloß ihre Karriere aufs Spiel, sondern ihr Leben.

Einer aber ist anwesend, der bedenkenlos seine Meinung äußern kann. Das ist der alte Artabanos, der Bruder des verstorbenen Dareios, Xerxes' Onkel. Doch auch er beginnt vorsichtig: »*Herr, wenn nicht verschiedene Ansichten zu Worte kommen, ist man nicht in der Lage, sich die beste darunter auszuwählen...*« Artabanos erinnert daran, wie er Xerxes' Vater, seinem Bruder Dareios, vom Feldzug gegen die Skythen abgeraten habe, weil dieser schlimm ausgehen werde. Und so sei es am Ende auch gekommen. Was soll dann erst ein Zug gegen die Griechen bringen? »*Du aber, o König, willst gegen ein Volk ziehen, das noch viel tapferer ist als die Skythen und zu Wasser und zu Lande gleich tüchtig sein soll.*«

Er rät ihm daher zu Besonnenheit und reiflichem Überlegen. Er attackiert Mardonios, weil dieser den König zum Krieg gegen die Griechen anstachle, und schlägt diesem vor: »*... wir beide aber wollen unsere Kinder aufs Spiel setzen, und du sollst gegen sie ziehen und dir dazu so viele Leute aussuchen und ein so gewaltiges Heer aufbieten, wie du willst. Fällt die Sache dann für den König so glücklich aus, wie du sagst, so mag man meine Kinder umbringen und mich mit ihnen; behalte ich aber recht, so soll es deinen Kindern so gehen und dir mit ihnen, wenn du überhaupt wieder nach Hause kommst. Willst du dich aber darauf nicht einlassen und doch den Zug nach Griechenland unternehmen, so wird* *man, fürchte ich, hier bei uns nachher noch davon reden, daß Mardonios die Perser ins Unglück gebracht und im Lande der Athener oder doch der Lakedaimonier, wenn nicht schon vorher auf dem Wege dahin, von Hunden und Vögeln zerrissen wurde...«*

Die Spannung im Saal wächst, alle sind sich bewußt, daß es bei diesem Spiel um den höchsten Einsatz geht. Xerxes wird von Zorn gepackt und er nennt Artabanos einen seelenlosen Feigling und verbietet ihm zur Strafe, mit ihm in den Krieg zu ziehen. Er erklärt: »*So bleibt uns beiden* [Persern und Griechen] *keine andere Wahl, und es handelt sich nur darum, ob wir sie angreifen oder uns von ihnen angreifen lassen wollen, und ob hier alles unter griechische Herrschaft oder dort alles unter persische Herrschaft kommen soll. Denn bei solcher Feindschaft bleibt uns eben nichts anderes übrig.*«

Und er löst die Versammlung auf.

In der Nacht darauf aber machte Xerxes sich Gedanken über das, was Artabanos ihm geraten. Nachdem er sich die Sache hin und her überlegt, hielt er es nun doch für besser, den Zug nach Griechenland aufzugeben, und dazu entschlossen, schlief er ein. In der Nacht hatte er dann aber, wie die Perser sagen, folgendes Traumgesicht. Ihn deuchte, neben ihm stände ein schöner, großer Mann und redete ihn also an: »Jetzt also wirst du wieder anderer Ansicht, Perserkönig, und willst nicht gegen die Griechen ziehen... Du tust nicht wohl daran, deine Ansicht zu ändern... den Beschluß, den du bei Tag gefaßt hast, mußt du auch ausführen.« Xerxes aber kam es so vor, als wäre der Mann nach diesen Worten davongeflogen.

Als der Tag anbricht, beruft Xerxes die Versammlung von neuem ein: Er erklärt, er habe seine Meinung geändert, es werde keinen Krieg geben. *Als die Perser das hörten, waren sie sehr froh und fielen ihm zu Füßen.*

In der Nacht, als Xerxes im Schlafe lag, trat aber dasselbe Traumbild wieder an ihn heran, und sagte: »...*nun hast du den Persern erklärt, daß du den Zug nach Griechenland aufgegeben* ... *Nun will ich dir auch sagen, wie es dir gehen wird, wenn du ihn nicht alsbald unternimmst. So schnell du groß und mächtig geworden bist, so schnell wirst du auch wieder erniedrigt werden.«*

Erschreckt von dem bösen Traumbild, springt Xerxes aus dem Bett und läßt durch einen Boten Artabanos zu sich rufen. Er erzählt ihm von den Alpträumen, die ihn heimsuchen, seit er den Zug gegen Griechenland abgesagt hat: »*Denn nun, wo ich mich besonnen und anders entschlossen habe, erscheint mir im Traume ein Mann, der mich dringend davor warnt. Dann aber, nachdem er mich noch ernstlich bedroht, verschwand er wieder. Wenn nun ein Gott ihn zu mir gesandt hat und unbedingt will, daß wir nach Griechenland ziehen, so wird solch ein Traumbild auch dir erscheinen und dich ebenso bescheiden wie mich.«*

Artabanos versucht, Xerxes zu beruhigen: »*Aber solche Träume kommen nicht von den Göttern, mein Sohn... Gewöhnlich sind es Dinge, an die man am Tage gedacht hat, die einem im Schlafe wieder vorkommen. Wir aber hatten in den Tagen vorher ja den Feldzug beständig im Kopfe gehabt.«*

Xerxes jedoch läßt sich nicht beschwichtigen, das Traumbild verfolgt ihn und befiehlt ihm, in den Krieg zu ziehen. Da Artabanos ihm keinen Glauben schenken will, schlägt er ihm vor, selber die königlichen Gewänder anzuziehen, sich auf den Königsthron zu setzen und dann in der Nacht ins königliche Bett zu legen. Artabanos tut das. *Aber als er eingeschlafen war, kam das Traumbild, welches Xerxes erschienen, auch zu ihm, trat ihm zu Häupten und sagte:* »*Du also bist es, der Xerxes abgeraten hat, nach Griechenland zu ziehen, wohl gar in der Meinung, ihm damit einen guten Dienst zu erweisen? Nun und nimmer aber soll es dir so hingehen, daß du das Schicksal abwenden willst, Xerxes selbst ist auch schon angekündigt, wie es ihm ergehen wird, wenn er nicht gehorchen will.*«

So, deuchte Artabanos, hätte das Traumbild ihm gedroht und mit glühendem Eisen die Augen ausbrennen wollen. Er stieß einen lauten Schrei aus, sprang aus dem Bette, setzte sich neben Xerxes nieder und beschrieb ihm ausführlich, was ihm im Traume vorgekommen. Darauf aber redete er ihn abermals also an: »*Da ich schon mehrfach erlebt hatte, Herr, daß auch große Heere kleineren unterlegen waren, wollte ich nicht, daß du dich durch deinen Jugendmut hinreißen ließest... Da dich nun aber ein Gott dazu treibt... bin auch ich anderer Meinung geworden und jetzt auch dafür.*«...

Nachdem Xerxes sich zum Feldzuge entschlossen, hatte er bald nachher zum drittenmal einen Traum, den die Magier, die er darum befragte, dahin auslegten, daß er sich auf die ganze Erde bezöge und daß alle Völker ihm gehorchen würden. Ihm träumte nämlich, er wäre mit dem Zweige eines Ölbaumes bekränzt und die Zweige des Ölbaumes erstreckten sich über die ganze Erde, dann aber wäre der Kranz, den er auf dem Kopf gehabt, verschwunden.

»Negusi«, sagte ich am Morgen, während ich zu packen begann, »wir fahren zurück nach Addis Abeba.«
»No problem!« antwortete er freudig lächelnd und zeigte seine blendendweißen Zähne.

XERXES

> Das Ende ist nicht
> von Beginn an sichtbar.
> *Herodot*

Als wir schon wieder zurück waren in Addis Abeba, verfolgte mich die zuvor geschilderte Szene für längere Zeit, ähnlich wie das Traumgesicht aus Herodots Bericht den Xerxes. Ihre Botschaft ist pessimistisch, fatalistisch: Der Mensch hat in seinem Handeln keine Wahl. Er trägt sein Schicksal in sich, als wäre es ein genetischer Kode – er muß gehen und das tun, wozu ihn seine Bestimmung verurteilt hat. Sie ist nämlich das Höchste Wesen, die allgegenwärtige und allumfassende Kosmische Urkraft. Keiner kann sich über seine Bestimmung hinwegsetzen, auch nicht der König der Könige, ja nicht einmal die Götter. Das Traumbild, das Xerxes erschien, hatte keine göttliche Gestalt, mit ihm konnte man noch verhandeln, man konnte ihm den Gehorsam versagen oder versuchen, es zu beschwindeln – mit der Bestimmung freilich ist das nicht möglich. Sie erscheint in anonymer Gestalt, ohne Namen und sichtbare Züge, und warnt bloß, erteilt Anweisungen oder droht.

Wann tut sie das?

Der Mensch, dessen Geschick ein für allemal aufgezeichnet wurde, muß das Szenario nur richtig zu lesen verstehen und es Punkt für Punkt befolgen. Wenn er es nicht richtig liest oder versucht, es zu verändern, erscheint ihm das Traumbild seiner Bestimmung und droht erst mit dem Finger, und wenn das nichts bewirkt, bringt es Unglück und Strafe über den aufgeblasenen Tropf.

Die Demut gegenüber unserer Bestimmung ist also eine Bedingung für unser Überleben. Xerxes akzeptiert anfangs seine Rolle, die darin besteht, an den Griechen dafür Rache zu nehmen, daß sie die Perser und seinen Vater beleidigt haben. Er erklärt ihnen den Krieg und schwört, er wolle nicht eher ruhen, bis er Athen eingenommen und niedergebrannt hätte. Als er dann jedoch die Stimme der Vernunft vernimmt, ändert er seine Meinung und verdrängt den Gedanken an einen Krieg, legt den Plan der Invasion zur Seite, macht einen Rückzieher. Doch in diesem Augenblick erscheint ihm das Traumbild: »Wahnwitziger«, so scheint es zu sagen, »zaudere nicht! Es ist deine Bestimmung, gegen die Griechen loszuschlagen!«

Zuerst versucht Xerxes die nächtliche Episode zu ignorieren, sie als Trugbild zu betrachten, sich darüber hinwegzusetzen. Doch damit bringt er die Erscheinung nur noch mehr gegen sich auf, er verärgert sie, so daß sie neuerlich vor seinem Thron und vor seinem Bett steht, diesmal ernsthaft zornig und bedrohlich. Xerxes sucht also Rettung, denn er ist nicht sicher, ob sich durch die Bürde der Verantwortung nicht vielleicht seine Sinne verwirrt haben – schließlich muß er Entscheidungen treffen, die das Schicksal der Welt besiegeln, und zwar, wie sich später herausstellen wird, für Jahrtausende. Er ruft daher seinen Onkel, Artabanos, um Hilfe. Der rät ihm anfangs, die Erscheinung zu ignorieren. Träume sind Schäume, scheint Artabanos zu sagen.

Doch das vermag den König nicht zu überzeugen, das Traumbild läßt ihm keine Ruhe, im Gegenteil, es wird immer aufdringlicher und unversöhnlicher. Schließlich weicht sogar Artabanos, ein vernünftiger und kluger Mensch, ein Rationalist und Skeptiker, vor dem Traumbild zurück, ja er weicht nicht bloß zurück, sondern wandelt sich vom Zweifler zu einem eifrigen Verfechter der Sache der Erscheinung, er erfüllt den Befehl des Bestimmungs-Traumbilds: »Gegen die Griechen ziehen? Also ziehen wir los. Und zwar auf der Stelle!« Der Mensch ist den Dingen und Geistern ausgeliefert, hier aber können wir sehen, um wieviel stärker die Macht der Geister ist als die Macht der Dinge.

Ein durchschnittlicher Perser oder Grieche könnte sich angesichts der nächtlichen Alpträume des Xerxes denken: »O Götter, wenn so eine hohe Persönlichkeit wie der König der Könige, der Herrscher der Welt, nichts weiter ist als eine Schachfigur in Händen des Schicksals, was bin dann erst ich, ein gewöhnlicher Sterblicher, das Niedrigste vom Niedrigen, ein Staubkorn?« Und er schöpft aus dieser Geschichte Anlaß zur Freude, Erleichterung, ja sogar zum Optimismus.

Xerxes ist eine seltsame Gestalt. Obwohl er für einige Zeit die ganze Welt beherrscht (fast die ganze, mit Ausnahme von zwei Städten – Athen und Sparta, was ihm keine Ruhe läßt), wissen wir nur wenig über ihn. Er besteigt den Thron mit zweiunddreißig Jahren. Er verzehrt sich vor Gier nach der absoluten Macht – der Macht über alles, über alle (mir kommt dabei der Titel einer Reportage in den Sinn, deren Autor ich leider nicht erinnere: »Mama, werden wir einmal alles haben?«). Genau das ist es, wofür Xerxes lebt: Er will alles haben. Keiner widerspricht ihm, für Widerspruch bezahlt man mit dem Kopf. Doch in einem solchen Klima schweigender Zustimmung genügt eine opponierende Stimme, damit die Macht zu zaudern beginnt. So ist es auch im Falle von Artabanos. Xerxes ist durch seine Rede so verunsichert, daß er auf ihn hört und beschließt, seine Pläne zu ändern. Doch dabei handelt es sich um Probleme, Konflikte und Zweifel, die zwischen Menschen abgehandelt werden. Nun mischt sich allerdings eine Höhere, eine Entscheidende Macht in den Gang der irdischen Dinge ein. Und von diesem Moment an folgen alle ihrer Stimme. Das Schicksal muß sich erfüllen, man kann es weder verändern noch ihm entrinnen, auch wenn es in den Abgrund führt.

Xerxes zieht also, den Weisungen seiner Bestimmung folgend, in den Krieg. Er weiß um seine größte Kraft, die Kraft des Ostens, Asiens – es ist die Zahl, die unübersehbare Masse von Menschen, die allein durch ihr Gewicht und ihren Antrieb den Feind zermalmen und zerdrücken. (Es erinnert an Szenen aus dem Ersten Weltkrieg: in den Masuren schickten russische Generäle zum Sturm gegen deutsche Stellungen ganze Regimenter, deren Soldaten teilweise ohne Waffen waren).

Zuerst ist Xerxes vier Jahre lang damit beschäftigt, seine Armee zusammenzustellen – eine Weltarmee, in deren Reihen sich alle Völker, Stämme und Klans des Imperiums finden. Allein ihre Aufzählung nimmt bei unserem Griechen ein paar Seiten in Anspruch. Er berechnet, daß diese Armee – Fußvolk, Reiterei, die Besatzungen der Schiffe – über fünf Millionen Menschen zählte. Eine Übertreibung. Doch auch so war es noch eine gigantische Armee. Wie sollte man sie ernähren? Die Menschen und die Tiere tranken auf ihrem Weg ganze Flüsse leer, ließen trockene Flußbette zurück. Jemand hat einmal festgestellt, daß Xerxes zum Glück nur einmal am Tag aß. Hätte der König, und mit ihm die ganze Armee, zweimal am Tag gegessen, hätten sie ganz Thrakien, Makedonien und Griechenland in eine Wüste verwandelt, und die einheimische Bevölkerung wäre verhungert.

Herodot ist fasziniert vom Marsch dieser Armee, von diesem schwindelerregenden, mächtigen Strom von Menschen, Tieren und Geräten, Waffen und Kostümen, denn jedes Volk hat seine eigene Tracht, die Farbigkeit und Verschiedenartigkeit dieser Massen sind kaum zu beschreiben. Das Zentrum des Aufmarsches bilden zwei Wagen: *Nach den zehn Pferden kam der heilige Wagen des Zeus, der von weißen Rossen gezogen wurde, hinter denen der Kutscher, der sie am Zügel führte, zu Fuß ging; denn auf den Bock darf sich da niemand setzen. Dann aber Xerxes selbst auf einem von Nesaiern gezogenen Wagen... Hinter ihm kamen tausend Lanzenträger... nach ihnen nochmals tausend auserlesene Perser zu Roß, und hinter ihnen zehntausend aus den übrigen*

Persern Auserlesene zu Fuß ... Sie hatten die schon oben beschriebene Rüstung, außerdem aber auch noch eine Menge Gold daran, und nahmen sich darin prächtig aus. Auch Wagen hatten sie bei sich, auf denen sich zahlreiche, schön gekleidete Dienerschaft und ihre Kebsweiber befanden. Dahinter marschierte in ungeordnetem Zug die sich aus zahlreichen Stämmen rekrutierende Masse der Soldaten.

Doch die Vielfarbigkeit dieser in den Krieg ziehenden Armee darf uns nicht täuschen. Das hier ist kein Festzug, keine Feier. Im Gegenteil. Herodot notiert, daß die mühselig und schweigend dahintrottende Armee unablässig mit Peitschenhieben angetrieben werden mußte.

Aufmerksam beobachtet er das Verhalten des Königs der Perser. Xerxes besitzt einen unausgeglichenen Charakter, er ist ein erstaunliches Bündel von Widersprüchen, darin erinnert er an Stawrogin.

Nun befindet er sich mit seiner Armee auf dem Weg nach Sardeis: Auf dem Weg dorthin fand er *eine Platane, die er ihrer Schönheit wegen mit goldenem Schmuck beschenkte und der Obhut eines seiner Unsterblichen anbefahl...*

Er ist noch unter dem Eindruck der Schönheit der Platane, als ihm gemeldet wird, ein großer Sturm habe die Brücke über den Hellespont niedergerissen und zerstört, die er zu errichten befahl, damit die von ihm gegen Griechenland geführte Armee von Asien nach Europa übersetzen könne. Als er das hört, beginnt Xerxes zu toben. Er weist seine Leute an, *dem Hellespont dreihundert Peitschenhiebe zu versetzen und ein paar*

Ketten in die See zu versenken. Ja, man sagt, er hätte seine Henkersknechte hingeschickt, um ihn zu brandmarken, und ihnen befohlen, ihn zu peitschen und dabei mit rohen und frevelhaften Worten also anzureden: »*Du tückisches Wasser, so bestraft dich unser Herr, weil du ihn beleidigt hast, obwohl er dir nichts zuleide getan. Und König Xerxes wird doch über dich gehen, du magst es wollen oder nicht. Daß man dir Opfer bringt, bist du aber nicht wert, du schmutziger, salziger Fluß.*« *So befahl er ihnen, den Hellespont zu bestrafen; den Beamten aber, welche die Aufsicht über den Brückenbau geführt hatten, ließ er den Kopf abschlagen.*

Wir wissen nicht, wie viele Köpfe er abschlagen ließ. Wir wissen nicht, ob die verurteilten Bauleute demütig ihre Nacken hinhielten oder ob sie auf die Knie fielen und um Gnade flehten. Es muß ein schreckliches Blutbad gegeben haben, denn an solchen Brücken bauten viele tausend Menschen. Jedenfalls lassen diese Befehle Xerxes seine Ruhe und sein inneres Gleichgewicht wiederfinden. Seine Leute schlagen neue Brücken über den Hellespont, und die Magier verkünden, alle Vorhersagen für die Zukunft seien günstig.

Erfreut beschließt der König weiterzuziehen, als der mit ihm befreundete Lyder Pythios zu ihm kommt und ihn um eine Gnade bittet: »*Herr, ich habe fünf Söhne, und die müssen jetzt alle mit dir nach Griechenland ziehen. Hab Mitleid, o König, mit mir altem Manne, und gestatte wenigstens einem von ihnen, dem ältesten, zu Hause zu bleiben, um für mich und mein Vermögen zu sorgen; die anderen vier kannst du mitnehmen, und wenn du dann deinen Zweck erreicht hast, möge dir glückliche Heimkehr beschieden sein.«*

Bei diesen Worten wird Xerxes erneut von Zorn erfaßt: »*Du schlechter Mensch*«, brüllt er den Alten an, »*wagst du es, mir von deinem Sohne zu reden? Als mein Knecht müßtest du denn doch mit Kind und Kegel mit mir ziehen... Du hast mir zwar Wohltaten erwiesen... Nun aber, da du so unverschämt geworden bist, sollst du auch deine Strafe dafür erhalten...*« Nach diesen Worten befahl er auch gleich den Henkersknechten, den ältesten Sohn des Pythios aufzusuchen, ihn mitten durchzuschneiden und die eine Hälfte an die rechte, die andere an die linke Seite der Straße zu legen, und zwischen beiden solle das Heer durchziehen.

Und so geschieht es.

Der endlose Strom des Heeres wälzt sich die Straße entlang, angetrieben von den Hieben der Peitschenknechte, und die Soldaten sehen die auf beiden Seiten liegenden blutigen Reste des ältesten Sohnes des Pythios. Wo befindet sich Pythios in diesem Moment? Steht er bei einer der Leichenhälften? Wie verhält er sich, als Xerxes mit seinem Wagen vorbeifährt? Welchen Ausdruck hat sein Gesicht? Das wissen wir nicht, weil er als Knecht niederknien muß, das Gesicht dem Boden zugewendet.

Xerxes verspürt unablässig ein Gefühl der Unsicherheit. Es nagt an ihm wie ein Wurm. Er verbirgt diese Unsicherheit, versucht sie durch Überheblichkeit zu kompensieren. Um sich stärker, innerlich gefestigter, seiner Macht sicherer zu fühlen, veranstaltet er eine Schau des Heeres und der Flotte. Die riesigen Massen müssen imponierend, atemberaubend wirken. Die Zahl der Pfeile, die gleichzeitig von den Bogen abgeschossen werden, ist so groß, daß sie die Sonne verdunkeln. Die Zahl der Schiffe des Heeres ist so unermeßlich, daß man das Wasser der Bucht nicht sehen kann: *Als es bei Abydos angekommen war, wollte Xerxes Heerschau halten, und dazu war für ihn schon vorher auf einem Hügel ein Hochsitz aus weißen Steinen errichtet... Wie er da saß, auf den Strand hinausschaute und seine Flotte und sein Heer vor sich sah, wollte er gern auch einmal eine Seeschlacht sehen... Aber wie er sah, daß der ganze Hellespont von Schiffen bedeckt war und der ganze Strand und die Felder bei Abydos voller Menschen waren, pries er sich glücklich; dann aber fing er an zu weinen.*

Der König weint?

Als Artabanos den weinenden Xerxes, seinen Neffen, erblickt, sagt er zu ihm: *»Herr, warum siehst du die Sache mit einem Mal so ganz anders an als eben vorher? Erst preist du dich glücklich, und jetzt weinst du?« Er aber erwiderte: »Ja, ich dachte daran, wie kurz das Menschenleben ist, und da konnte ich das Weinen nicht lassen; von allen den Leuten hier wird ja nach hundert Jahren keiner mehr am Leben sein.«*

Ihr Gespräch über Leben und Tod dauert noch lange fort, worauf der König den alten Onkel zurückschickt nach Susa, er selber jedoch befiehlt bei Sonnenaufgang die Enge des Hellesponts zu überschreiten, hinüber ans andere Ufer – nach Europa: *Als die Sonne aufging, goß Xerxes aus einer goldenen Schale ein Trankopfer in die See und betete zur Sonne, daß ihm kein Unfall zustoßen möge, der ihn hinderte, ganz Europa zu unterwerfen und bis ans äußerste Ende dieses Erdteils zu gelangen.*

Die Armee des Xerxes trinkt ganze Flüsse leer und verzehrt alles, was sie unterwegs findet, und so zieht sie am nördlichen Ufer der Ägäis entlang, durch Thrakien, Makedonien, Thessalien, bis zu den Thermopylen.

Die Thermopylen sind ein Engpaß, ein Übergang zwischen dem Meer und einem hohen Berg, im Nordwesten der heutigen griechischen Hauptstadt gelegen. Diesen Übergang zu erobern, bedeutet, den Weg nach Athen frei zu haben. Das erkennen die Perser, und das wissen auch die Griechen. Daher liefern sie einander hier eine erbitterte Schlacht, in der alle Griechen fallen, doch auch die Perser erleiden riesige Verluste.

Anfangs glaubte Xerxes, die Handvoll Griechen, die die Thermopylen verteidigen sollen, werde beim Anblick der gigantischen Streitmacht der Perser einfach davonlaufen, und er wartete daher ruhig ab, bis das geschah. Doch die Griechen unter der Führung von Leonidas zogen sich nicht zurück. Ungeduldig geworden, schickte Xerxes einen berittenen Späher aus. Der Reiter kam ganz nah an die griechischen Positionen heran. Und dort *sah er, wie einige turnten, andere sich das Haar kämmten. Als er das sah, wunderte er sich und merkte sich ihre Zahl. Nachdem er sich alles angesehen, ritt er ruhig wieder weg; denn man verfolgte ihn nicht und achtete nicht auf ihn. Nach der Rückkehr meldete er auch Xerxes alles, was er gesehen hatte.*

Als Xerxes das hörte, wollte er gar nicht glauben, daß sie sich dort wirklich auf einen Kampf auf Tod und Leben vorbereiteten...

Die Schlacht dauert einige Tage, doch erst ein Verräter, der den Persern einen Pfad über die Berge zeigt, gibt den Ausschlag. Sie umzingeln die Griechen, die alle fallen. Nach der Schlacht wandert Xerxes über das mit Toten übersäte Schlachtfeld, um die Leiche Leonidas' zu suchen, *und als er an die Leiche des Leonidas kam ... ließ er ihr den Kopf abschneiden und sie ans Kreuz schlagen.*

In allen folgenden Schlachten erlitt Xerxes Niederlagen: *Als Xerxes sah, daß er die Schlacht verloren hatte, fürchtete er, daß vielleicht ein Ionier den Griechen raten könnte oder sie auch selbst darauf verfielen, nach dem Hellespont zu fahren, um die Brücken abzubrechen, und er dann Gefahr liefe, in Europa abgeschnitten zu werden. Er entschloß sich also zum Rückzug.*

In Wahrheit war es eine Flucht, eine Flucht vom Schlachtfeld, noch ehe der Krieg beendet war. Er kehrte nach Susa zurück. Damals war er etwas über dreißig Jahre alt. Er wird noch fünfzehn Jahre König der Perser sein. Doch über diese Jahre wissen wir wenig. Er war mit dem Ausbau seines Palastes in Persepolis beschäftigt. Vielleicht fühlte er sich innerlich ausgebrannt? Vielleicht wurde er von Depressionen heimgesucht? Jedenfalls verschwand er von der Bildfläche. Seine Träume von der Macht, von der Herrschaft über die ganze Welt, waren zerstoben. Man sagt, er habe sich nur noch für Frauen interessiert: ihnen errichtete er einen großen, prächtigen Harem, dessen Ruinen ich gesehen habe.

Er war sechsundfünfzig Jahre alt, als ihn im Jahre 465 Artabanos, der Chef seiner Leibwache, ermordete. Dieser Artabanos hievte Xerxes' jüngeren Bruder,

Artaxerxes, auf den Thron. Der brachte später Artabanos in einem Kampf um, der zwischen ihnen innerhalb des Palastes entbrannte. Der Sohn des Artaxerxes, Xerxes II., wurde im Jahre 425 von seinem Bruder Sogdianus getötet, der später von Dareios II. ermordet wurde, und so weiter und so fort.

DER SCHWUR ATHENS

Ehe sich Xerxes geschlagen aus Europa zurückzieht und mit seinen von Erschöpfung, Krankheiten und Hunger schwer gezeichneten Soldaten nach Susa zurückkehrt *(Überall, wohin die Perser auf ihrem Zuge kamen, nahmen sie den Leuten ihr Korn weg und nährten sich davon. Wenn sie kein Korn fanden, aßen sie Gras, das auf der Erde wuchs, oder Rinde, die sie von den Bäumen schälten, und vom Laub, das sie von wilden und zahmen Bäumen pflückten, daß nichts davon übrig blieb. Das aber taten sie, um ihren Hunger zu stillen. Dazu kam, daß die Pest und die Ruhr im Heere auftraten und die Menschen unterwegs massenhaft dahinrafften. Die Kranken nahm er nicht mit...),* ehe also das geschieht, wird sich noch so manches ereignen und viel Blut fließen.

Schließlich währt ein Krieg, in dem Persien Griechenland besiegen möchte, das heißt – Asien soll Europa beherrschen, der Despotismus die Demokratie zerstören, das Sklaventum über die Freiheit triumphieren.

Anfangs deutet alles darauf hin, daß es genau so kommen wird. Das persische Heer marschiert Hunderte

Kilometer durch Europa, ohne auf den geringsten Widerstand zu stoßen. Mehr noch, eine Reihe griechischer Kleinstaaten ergeben sich in der Überzeugung, der Sieg einer derart überlegenen Streitmacht sei unausweichlich, und schlagen sich auf die Seite der Perser. Je weiter Xerxes' Armee also vorstößt, um so größer und mächtiger wird sie. So gelangt Xerxes, nachdem er das Hindernis der Thermopylen überwunden hat, nach Athen. Er nimmt die Stadt ein und brennt sie nieder. Doch obwohl Athen in Trümmern liegt, existiert Griechenland weiter – es wird gerettet vom Genie des Themistokles.

Themistokles ist soeben zum Führer von Athen gewählt worden. Das geschieht in einem schwierigen Moment, in einer angespannten Atmosphäre, denn es ist hinlänglich bekannt, daß Xerxes die Invasion vorbereitet. Gerade zu dieser Zeit erhält Athen viel Geld von seinen Silbergruben in Laurion. Die Populisten und Demagogen nützen die Gunst der Stunde und fordern: Verteilt das Geld »gleichmäßig« an alle! Endlich einmal soll jeder etwas bekommen, soll jeder sich stark und zufrieden fühlen können.

Doch Themistokles verhält sich besonnen und mutig: »Athener!« ruft er: »Haltet an euch! Über uns schwebt das drohende Schwert der Vernichtung. Die einzige Rettung liegt darin, dieses Geld nicht zu verteilen, sondern dafür eine starke Flotte zu bauen, die die persische Flut aufhalten kann!«

Herodot konstruiert das Bild dieses großen Krieges der Antike nach den Regeln des Gegensatzes: Von der einen Seite, aus dem Osten, rollt eine gigantische Walze heran – die mit eisernen Zügeln geführte Macht, dem despotischen königlichen Herrscher, dem Gott-König, blind ergeben. Auf der anderen Seite haben wir die Welt der Griechen – zersplittert, zerstritten, voll interner Konflikte, Gezänk und Hader –, die Welt der Stämme und unabhängigen Städte, die nicht einmal einen gemeinsamen Staat besitzen. An der Spitze dieses amorphen Elements stehen zwei Zentren – Athen und Sparta, und die komplizierten Beziehungen zwischen den beiden bilden die Achse der antiken Geschichte Griechenlands.

In diesem Krieg stehen einander auch zwei Menschen gegenüber. Der junge Xerxes, mit einem ausgeprägten Gefühl der absoluten Macht, und der ältere, von der Richtigkeit seiner Ansichten überzeugte, mutig denkende und handelnde Themistokles. Die Lage der beiden ist nicht vergleichbar – Xerxes herrscht und erteilt seine Befehle willkürlich, Themistokles hingegen muß, ehe er einen Befehl geben kann, die Zustimmung der ihm nur nominell unterstellten Führer und die Akzeptanz des ganzen Volkes einholen. Xerxes steht an der Spitze einer sich wie eine Lawine dahinwälzenden Armee, die dem Endsieg zustrebt, der zweite ist bloß *primus inter pares,* er vergeudet viel Zeit, um die anderen von seinen Argumenten zu überzeugen und mit den um alles streitenden und unablässig Beratungen abhaltenden Griechen zu diskutieren.

Die Perser kennen keine Zwietracht – ihr einziges Ziel ist es, dem König zu Willen zu sein. Sie sind wie die russischen Soldaten in Mickiewicz' Gedicht »Ordons Redoute«:

Doch ist dem Heer der Zar Gott und Gebot –
»Den Zarn erheiternd, gehen wir in den Tod!«

Die Griechen hingegen sind von Natur aus gespalten; auf der einen Seite fühlen sie sich ihrer Heimat, ihren kleinen Stadtstaaten verbunden, von denen jeder seine eigenen Interessen und Ziele verfolgt, andererseits werden sie durch die gemeinsame Sprache, die gemeinsamen Götter und auch einen nebulosen griechischen Patriotismus zusammengehalten, der sich von Zeit zu Zeit lautstark bemerkbar macht.

Der Krieg wird an zwei Fronten geführt: zu Land und zu Wasser. Auf dem Land stoßen die Perser nach der Einnahme der Thermopylen lange Zeit auf keinerlei Widerstand. Ihre Flotte hingegen erlebt immer wieder dramatische Momente. Unwetter und Stürme fügen ihr große Verluste zu. Mächtige Winde treiben die Schiffe der Perser gegen die Uferklippen, an denen sie zerschellen, und die Mannschaften ertrinken.

Zu Beginn stellt die griechische Flotte sogar eine geringere Bedrohung dar als die Stürme. Die Perser haben ein dutzendmal mehr Schiffe, und diese Übermacht wirkt sich auf die Moral der Griechen aus: Sie geraten immer wieder in Panik, verlieren den Mut und denken an Flucht. Überhaupt sind sie keine geborenen Totschläger. Sie stellen das Kriegshandwerk nicht über alles. Wenn sich ihnen die Gelegenheit bietet, einer bewaffneten Auseinandersetzung aus dem Weg zu gehen, ergreifen sie diese mit Freuden. Es kommt vor, daß sie in der Absicht, eine Konfrontation zu vermeiden, ans andere Ende der Welt ziehen. Außer wenn der Gegner ebenfalls Grieche ist – dann fahren sie einander voll Wut an die Gurgel.

Auch jetzt zieht sich die Flotte der Griechen unter dem Druck der Perser immer weiter zurück. Ihr Anführer Themistokles bemüht sich mit allen Kräften, sie aufzuhalten. »Harrt aus!« befiehlt er den Schiffsbesatzungen. »Behauptet eure Positionen.« Manchmal hören sie auf ihn, aber nicht immer. Der Rückzug dauert fort, bis die Griechen schließlich Schutz in der nahe bei Athen gelegenen Bucht von Salamis finden. Hier fühlen sich die griechischen Kapitäne sicher. Die Einfahrt in die Bucht ist so schmal, daß die Perser mit ihrer riesigen Flotte es sich zweimal überlegen werden, ehe sie hineinsteuern.

Nun überlegen die beiden Heerführer. Xerxes überlegt: Soll ich hineinfahren oder nicht? Themistokles überlegt: Ich werde Xerxes in die Bucht locken, die so klein ist, daß er seine zahlenmäßige Überlegenheit nicht ausspielen kann, dann habe ich eine Chance, ihn zu besiegen. Und um die Perser ganz sicher in die Bucht zu locken, nimmt er Zuflucht zu einer List: Er schickt mit einem Schiff einen Mann ins Lager der Perser, dem er aufträgt, was er zu sagen hat. *Der Mann hieß Sikinnos, und er war sein Diener und der Erzieher seiner Kinder, den er später, als die Thespier Fremden das Bürgerrecht erteilten, zum Thespier machte und reich beschenkte. Nachdem der auf seinem Schiffe dort angekommen war, richtete er seinen Auftrag an die Befehlshaber der feindlichen Flotte aus und sagte: »Mich schickt der Befehlshaber der Athener hierher, ohne daß die übrigen Griechen darum wissen – denn er ist für den König und würde den Sieg lieber euch als den Griechen gönnen –, der läßt euch sagen, daß die Griechen den Mut verloren haben und die Flucht ergreifen wollen, so daß sich euch jetzt die schönste Gelegenheit bietet, einen glänzenden Sieg zu gewinnen, wenn ihr sie nicht entkommen laßt. Denn sie sind unter sich nicht einig und werden euch keinen Widerstand mehr leisten, und ihr sollt sehen, wie die, welche für euch, und die, welche wider euch sind, einander bekämpfen.« Nachdem er seinen Auftrag ausgerichtet, fuhr er wieder ab.*

Themistokles erweist sich als guter Psychologe. Er weiß, daß Xerxes, wie jeder Herrscher, eitel ist, und daß diese Eitelkeit blind macht und vernünftiges Denken unmöglich. Statt sich von der Falle fernzuhalten, die eine kleine Bucht für eine große Flotte unweigerlich darstellt, gibt Xerxes, durch angebliche Konflikte unter den Griechen ermutigt, tatsächlich Befehl, nach Salamis zu steuern, um den Griechen den Fluchtweg abzuschneiden. Dieses Manöver führen die Perser nachts durch, im Schutz der Dunkelheit.

In derselben Nacht, in der sich die Perser heimlich und still der Bucht nähern, bricht unter den nichtsahnenden Griechen erneut ein Streit aus: *Die Befehlshaber bei Salamis aber stritten sich immer noch und wußten nicht, daß die Barbaren sie mit ihren Schiffen schon eingeschlossen hatten, sondern glaubten, sie lägen noch an derselben Stelle, wo sie sie bei Tage hatten liegen sehen.*

Als sie vom Heranrücken der Perser erfahren, weigern sie sich anfangs, es zu glauben, doch schließlich bereiten sie sich, von Themistokles angefeuert, auf den Kampf vor.

Die Schlacht entbrennt im Morgengrauen, so daß Xerxes, der am Fuß des Salamis gegenüberliegenden Berges Aigaleos auf einem Thron Platz genommen hat, sie beobachten kann: *... wenn er sah, daß einer der Seinigen sich in der Schlacht hervortat, erkundigte er sich, wer das wäre, und seine Schreiber mußten dann den Namen des Befehlshabers des Schiffes mit dem seines Vaters und seiner Stadt aufschreiben.* Xerxes glaubt an seinen Sieg und hat die Absicht, seine Helden nachher zu belohnen.

Die zahlreichen Beschreibungen von Schlachten, die wir in den Literaturen aller Zeiten finden, haben eines gemeinsam: Sie vermitteln das Bild eines gigantischen Chaos, einer monströsen Konfusion, einer kosmischen Unordnung. Sogar ein sorgfältig vorbereitetes Gefecht verwandelt sich im Moment des frontalen Aufeinanderprallens in einen blutigen, bebenden Knäuel, in dem man sich nur schwer orientieren und dessen man kaum Herr werden kann. Die einen haben es eilig, die anderen umzubringen, andere wollen sich möglichst rasch davonmachen oder wenigstens den Schlägen entgehen, und alles versinkt in Geschrei, Gejammer und Geheul, in Verwirrung, Lärm und Rauch.

Bei Salamis war das nicht anders. Während dem Ringen zweier Menschen noch eine gewisse Eleganz und sogar Grazie innewohnt, muß das Aufeinanderprallen zweier Flotten hölzerner, durch zahllose Ruder gelenkter Schiffe ungefähr so wirken wie ein großer Behälter, in den jemand Hunderte hilflos herumkriechender, häßlich scharrender und heillos ineinander verstrickter Krabben geworfen hat. Schiff stieß gegen Schiff, eines schlug um, das andere ging mit Mann und Maus unter, eines versuchte sich zurückzuziehen, andere zogen und zerrten, rettungslos ineinander verkeilt, um wieder freizukommen, dort versuchte eines zu wenden, anderswo wollten Schiffe aus der Bucht entkommen, in der Verwirrung fielen Griechen über Griechen her, Perser über Perser, bis am Ende, nach vielen Stunden dieser Meereshölle, die Letztgenannten aufgaben und der Rest von ihnen, der nicht untergegangen, noch am Leben war, floh.

Die erste Reaktion Xerxes' auf die Niederlage war Angst. Sein Mut hatte ihn verlassen. Zunächst schickte er vor allem einige seiner leiblichen Söhne, die ihn auf dem Feldzug begleitet hatten, nach Persien zurück. Als Beschützer gab er ihnen Hermotimos mit, aus Pedasa gebürtig, der unter den Eunuchen des Königs eine wichtige Position einnahm.

Herodot interessiert sich für das Schicksal dieses Menschen, weshalb er detailliert darüber schreibt: *Der hatte früher für eine ihm angetane Schmach die entsetzlichste Rache genommen, von der ich je gehört. Als die Feinde ihn gefangen genommen hatten und verkauften, kaufte ihn Panionios aus Chios, der ein schändliches Gewerbe trieb. Er kaufte nämlich schöne Knaben, die er verschnitt und dann nach Sardeis und Ephesos für einen hohen Preis verkaufte. Denn bei den Barbaren stehen Sklaven, die verschnitten sind, der Treue wegen durchweg höher im Preise als nicht verschnittene. Nun hatte Panionios, der davon lebte, schon viele andere und so auch ihn verschnitten. Immerhin kam Hermotimos dabei so ganz schlecht nicht weg, da er von Sardeis mit anderen Geschenken an den König gesandt wurde und mit der Zeit bei Xerxes unter allen Verschnittenen zu höchstem Ansehen gelangte.*

Damals, als der König in Sardeis war und mit dem persischen Heere nach Athen aufbrechen wollte, kam Hermotimos in Geschäften nach Atarneus, einer von Chiern bewohnten Stadt in Mysien, und dort traf er Panionios. Er erkannte ihn auch gleich und redete ihn freundlich an, rühmte erst, wie er durch ihn sein Glück gemacht, und versprach ihm dann weiter, ihm zum Danke dafür alles mögliche zugute zu tun, wenn er mit den Seinigen zu ihm zöge, so daß Panionios mit Freuden einschlug und sich mit Weib und Kind bei ihm einfand. Wie er ihn aber mit seiner ganzen Familie in Händen hatte, redete er ihn also an: »Nichtswürdiger, der du von dem schändlichsten Gewerbe lebst, was habe ich, was hat einer der Meinigen dir oder den Deinigen zuleide getan, daß du mich entmannt und zum Krüppel gemacht hast? Du glaubtest freilich, was du damals verbrochen, würde den Göttern verborgen bleiben, aber sie sind gerecht und haben dich für deine Schandtat mir in die Hände gegeben, und du sollst dich nicht darüber beklagen, daß ich dir die Schuld nicht gebührend heimgezahlt.« Nachdem er ihn so angefahren, ließ er seine Söhne holen und befahl ihm, seine eigenen Söhne – ihrer vier – zu verschneiden, und er war gezwungen, das zu tun. Aber als er damit fertig war, mußten seine Söhne auch ihn verschneiden. So rächte sich Hermotimos an Panionios.

Verbrechen und Strafe, Unrecht und Rache, sie kommen früher oder später und treten immer paarweise auf. Sowohl in den Beziehungen zwischen einzelnen Menschen als auch zwischen den Völkern. Wer den Krieg vom Zaun bricht, also nach Herodots Überzeugung ein

Verbrechen begeht, den wird schlußendlich, auf der Stelle oder erst nach einiger Zeit, die Rache, die Strafe dafür einholen. Dieses Verhältnis, diese Rückkoppelung sind das ureigentliche Wesen des Schicksals, der Sinn der unabwendbaren Bestimmung.

Das mußte Panionios erfahren, nun war Xerxes an der Reihe. Im Falle des Königs der Könige ist die Angelegenheit komplizierter, weil er zur selben Zeit Symbol der Nation und des Imperiums ist. Als die Perser in Susa von der Vernichtung ihrer Flotte bei Salamis hören, zerreißen sie nicht ihre Gewänder, sondern machen sich nur Sorgen um das Schicksal des Königs, ob ihm auch nichts zugestoßen sei. Als er daher nach Persien zurückkehrt, ist sein Einzug feierlich und pompös – die Menschen freuen sich und atmen erleichtert auf; was haben schon Tausende von Erschlagenen und Ertrunkenen und zertrümmerte Boote zu bedeuten, wichtig ist nur, daß der König lebt und wieder bei ihnen ist!

Xerxes zieht aus Griechenland ab, läßt jedoch einen Teil seiner Armee dort zurück. Zu ihrem Anführer ernennt er den Schwiegersohn des Dareios, seinen Cousin Mardonios. Der geht zunächst vorsichtig ans Werk und verbringt den Winter in Thessalien. Dann schickt er einen Eilboten zu den verschiedenen Orakeln, um ihre Wahrsprüche zu erfragen. *Als Mardonios die Antworten der Orakel gelesen, schickte er Alexandros von Makedonien, den Sohn des Amyntas, als Gesandten nach Athen; einmal, weil er mit den Persern verschwägert war... Denn so glaubte er die Athener am ersten auf seine Seite bringen zu können, die ja ein zahlreiches und tapferes Volk sein sollten, wie er auch sehr wohl wußte, daß es hauptsächlich die Athener gewesen, die ihnen die Verluste zugefügt, welche sie zur See erlitten. Wenn er die auf seine Seite brächte, hoffte er, und gewiß mit Recht, auch zur See die Oberhand leicht wiedergewinnen zu können, während er zu Lande dem Gegner sowieso schon weit überlegen zu sein glaubte. Dann aber dachte er in Griechenland gewonnenes Spiel zu haben.*

Alexandros kommt nach Athen und versucht die Einwohner zu überzeugen, keinen Krieg gegen die Perser zu führen, sondern sich zu bemühen, mit ihrem König eine Einigung zu erzielen, sonst würden sie ihr Leben verlieren, denn *gegen die Macht des Königs kann niemand aufkommen, und er hat eine lange Hand.*

Die Athener gaben ihm darauf jedoch folgendes zur Antwort: »*Das wußten wir ja sowieso schon, daß der Perserkönig mächtiger ist als wir, und darüber hätte es so vieler Worte nicht bedurft. Unsere Freiheit ist uns jedoch so lieb, daß wir dafür kämpfen werden, so gut wir können ... Und nun kannst du Mardonios melden, wir Athener ließen ihm sagen, solange die Sonne wie bisher ihren Weg ginge, würden wir uns nie mit Xerxes vertragen, sondern ihm im Vertrauen auf die Götter und Heroen, deren Tempel und Bilder er frevelhaft verbrannt, unentwegt die Spitze bieten.*«

Und den Spartanern, die nach Athen gekommen waren, da sie befürchteten, die Athener könnten sich mit den Persern einigen, sagten sie: »*Daß die Lakedaimonier fürchten, wir könnten uns mit den Persern vertragen, ist kein Wunder. Und doch solltet ihr euch solcher Furcht schämen, da ihr recht gut wißt, daß wir für alles Gold der Welt und das schönste Land, das man uns geben könnte, den Persern nicht die Hand dazu bieten würden, Griechenland zu unterjochen ... Vernehmt also, wenn ihr es nicht schon wissen solltet, daß wir uns bis auf den letzten Mann wehren und niemals mit Xerxes vertragen werden.«*

Nach diesen Worten verließen Alexandros und die Gesandten aus Sparta Athen.

DIE ZEIT VERSCHWINDET

Das war nicht mehr Addis Abeba, sondern Dar es Salaam – eine Stadt, gelegen an einer Bucht, die einen solch makellosen Halbkreis zeichnet, daß es sich um eine der vielen hundert griechischen Buchten handeln könnte, die zufällig hierher an die afrikanische Ostküste verfrachtet wurde. Das Meer war immer ruhig; kleine, träge Wellen, die ein leises, rhythmisches Plätschern erzeugten und spurlos im warmen Sand des Ufers versickerten.

In dieser nicht mehr als zweihunderttausend Einwohner zählenden Stadt traf sich die halbe Welt und vermischte sich. Allein der Name Dar es Salaam, auf deutsch »Haus des Friedens«, verweist auf eine Verbindung mit dem Nahen Osten (eine sehr belastete Verbindung, weil die Araber von hier ihre Sklaven verschifften). Doch im Zentrum der Stadt wohnten vorwiegend Inder und Pakistaner, mit allen sprachlichen und religiösen Variationen, denen man innerhalb ihrer Zivilisation begegnet: Da gab es Sikhs und Anhänger des Aga Khan, Moslems und Katholiken aus Goa. Die Einwanderer von den Inseln des Indischen Ozeans, den

Seychellen und Komoren, von Madagaskar und Mauritius bildeten eigene Kolonien, und so war die Bevölkerung aus der Vermischung und Verbindung der verschiedensten Völker des Südens entstanden. Später waren noch Tausende Chinesen hierhergekommen, um die Eisenbahnlinie Tanzania–Zambia zu bauen, und hatten sich niedergelassen.

Ein Europäer, der zum ersten Mal mit einer solchen Vielfalt der Völker und Kulturen konfrontiert wurde, wie sie in Dar es Salaam anzutreffen war, wunderte sich nicht nur über die Tatsache, daß außerhalb von Europa überhaupt andere Welten existieren – das hatte er schließlich, jedenfalls theoretisch, schon vorher gewußt –, sondern vor allem darüber, daß diese Welten sich ohne Vermittlung, quasi ohne Wissen und Einwilligung Europas, begegnen, miteinander Kontakt aufnehmen, sich vermischen und zusammenleben konnten. Jahrhundertelang galt Europa so unbestritten und in wörtlichem Sinn als das Zentrum der Welt, daß es einem Europäer nun schwerfiel, sich vorzustellen, wie Völker und Zivilisationen außerhalb seiner Welt ein eigenes Leben führen konnten, mit anderen Traditionen und Problemen als den seinen. Ein Leben, in dem er eher als Eindringling und Fremder angesehen wurde – und seine Welt als eine weit entfernte, abstrakte Wirklichkeit.

Herodot erkannte als erster, daß die Vielfalt der Welt immanenter Bestandteil ihres Wesens war. »Nein, wir sind nicht allein«, sagt er den Griechen in seinen *Historien,* und um das zu belegen, unternimmt er seine Reisen bis an die Ränder der Welt. »Wir haben Nachbarn, und die haben wieder Nachbarn, und alle zusammen bewohnen wir einen Planeten.«

Für einen Menschen, der bis dahin in seiner kleinen Heimat lebte, die er problemlos zu Fuß durchmessen konnte, war das neue, planetare Ausmaß der Wirklichkeit eine Entdeckung, die sein Bild von der Welt vollständig veränderte.

Während Herodot umherreist und zu den verschiedenen Stämmen und Völkern vordringt, sieht und notiert er gleichzeitig, daß jedes dieser Völker seine eigene Geschichte besitzt, die unabhängig von anderen Geschichten, aber auch parallel zu diesen verläuft, sie berührt oder sie durchkreuzt.

Und Herodot entdeckt noch etwas, nämlich die Verschiedenartigkeit der Zeit, oder präziser: die vielfältige Art, diese zu messen. Denn die einfachen Bauern maßen die Zeit nach den Jahreszeiten, die Menschen in der Stadt nach Generationen, die Chronisten antiker Staaten nach der Länge der Herrschaft einer Dynastie. Wie soll man das alles vergleichen, umrechnen, wie einen gemeinsamen Nenner finden? Damit muß sich Herodot fortwährend herumschlagen. Gewöhnt an die mechanische Zeitrechnung, sind wir uns nicht bewußt, was für ein Problem die Zeitrechnung für den Menschen früher darstellte, wie viele Schwierigkeiten, Geheimnisse, Rätsel in ihr steckten.

Wenn ich in Dar es Salaam manchmal einen freien Nachmittag oder Abend hatte, fuhr ich mit meinem klapprigen grünen Land-Rover zum Hotel Sea View, wo man auf der Veranda sitzen, Bier oder Tee bestellen und dem Rauschen des Meeres und, wenn es dunkel wurde, dem Zirpen der Zikaden zuhören konnte. Es war ein beliebter Treffpunkt, und oft kamen auch Kollegen von anderen Agenturen oder Redaktionen hierher. Tagsüber liefen wir alle in der Stadt herum, um etwas in Erfahrung zu bringen. Doch in diesem fernen, provinziellen Ort passierte nicht viel, und um überhaupt irgendwelche Informationen aufzutreiben, arbeiteten wir deshalb alle zusammen, statt miteinander zu konkurrieren. Der eine hatte ein besseres Ohr, jener bessere Augen, ein anderer einen besseren journalistischen Riecher. Und dann erfolgte, auf der Straße, in einem der klimatisierten Kaffeehäuser oder hier im Hotel Sea View, ein Austausch der Beute. Einer hatte gehört, Mondlane würde aus Mozambique hierher kommen, andere widersprachen, nein, es käme Nkomo aus Rhodesien. Jemand hatte in Erfahrung gebracht, es habe einen Anschlag auf Mobutu gegeben, die übrigen meinten, das seien bloß Gerüchte, und überhaupt – wie solle man die überprüfen? Aus solchen Gerüchten, Einflüsterungen, Vermutungen, aber auch Tatsachen verfertigten wir unsere Meldungen, die wir in die Welt hinausschickten.

Manchmal ließ sich keiner auf der Veranda blicken, und ich hatte gerade Herodot dabei, also öffnete ich das Buch auf gut Glück. Die *Historien* sind voller Erzählungen, Abschweifungen, Beobachtungen, Gehörtem. *Die Thraker sind nach den Indern das größte Volk. Wenn sie ein Oberhaupt hätten oder einig wären, so würden sie unüberwindlich und meiner Meinung nach das mächtigste Volk sein. Aber das bringen sie nicht fertig, und dazu wird es niemals kommen, und deshalb sind sie schwach ... Sie verkaufen ihre Kinder in die Fremde. Die Mädchen hüten sie nicht, sondern lassen sie sich mit Männern abgeben, soviel sie wollen. Ihre Frauen aber halten sie hinter Schloß und Riegel. Die Frauen kaufen sie von den Eltern für einen hohen Preis. Die Vornehmen tätowieren sich, und daran erkennt man den Edeling; dem gemeinen Mann kommt das nicht zu. Müßiggehen gilt für standesgemäß, das Feld zu bebauen für unanständig, von Krieg und Raub zu leben für die größte Ehre. Das sind ihre auffallendsten Sitten.*

Ich blicke vom Buch auf und sehe, wie im buntbeleuchteten Garten ein weißgekleideter Kellner, ein Inder namens Anil, einen vom Ast eines Mangobaumes hängenden zahmen Affen mit einer Banane füttert. Das Tierchen schneidet komische Fratzen, und Anil hält sich die Seiten vor Lachen. Der Kellner, der Abend, die Wärme und die Zikaden, die Banane und der Tee lassen mich an Indien denken, an meine Tage der Faszination und Verlorenheit, an die Allgegenwart der Tropen, die den Menschen hier wie dort gleich intensiv umfängt. Ich habe sogar den Eindruck, der Duft Indiens dringe bis hierher, dabei ist das bloß Anil, den ein Geruch von Betel, Anis und Bergamotte umhaucht. Im übrigen ist Indien hier überall, allerorten stößt man auf indische Tempel, Restaurants, Sisal- und Baumwollplantagen.

Ich wende mich wieder Herodot zu.
Das häufige Lesen seines Werkes, mit dem ich gleichsam verwachsen bin, meine Einarbeitung und Gewöhnung, die Wechselwirkung und Vertrautheit hatten

auf mich mit der Zeit einen seltsamen Einfluß, den ich nicht genau definieren kann. Ohne Zweifel versetzte er mich in einen Zustand, in dem ich gar nicht mehr spürte, daß es da eine Zeitbarriere gab, mich von den beschriebenen Ereignissen zweieinhalbtausend Jahre trennten, ein Graben, in dem Rom lag, das Mittelalter, das Entstehen und Fortbestehen der Großen Religionen, die Entdeckung Amerikas, die Renaissance und die Aufklärung, die Dampfmaschine und der elektrische Strom, der Telegraph und das Flugzeug, Hunderte von Kriegen, darunter zwei Weltkriege, die Entdeckung der Antibiotika, die Bevölkerungsexplosion, Tausende und Abertausende anderer Dinge und Ereignisse, die – wenn wir Herodot lesen – verschwinden, als hätte es sie nie gegeben oder als wären sie in den Hintergrund, in die zweite Reihe getreten, als hätten sie sich in den Schatten zurückgezogen, hinter den Theatervorhang, als hätten sie sich in den Kulissen versteckt.

Ob sich Herodot, der auf der anderen Seite dieses trennenden Grabens der Zeit geboren wurde, lebte und schuf, dessen bewußt war? Darauf deutet nichts hin. Er genoß die Lebensfülle, lernte die ganze Welt kennen, traf eine Menge Menschen, hörte Hunderte von Geschichten; er war ein aktiver Mensch, immer in Bewegung, unermüdlich und unablässig nach etwas suchend, mit etwas beschäftigt. Er wollte noch viele Dinge, Fragen und Rätsel kennenlernen und erfahren, zahllose Geheimnisse lüften, Antworten finden auf endlose Litaneien von Fragen, doch er hatte einfach nicht genug Zeit, Kraft und Zeit, er schaffte es einfach nicht, so wie auch wir es nicht schaffen, das Leben eines Menschen ist ja so kurz! Hätte er denn mit Hilfe der

Eisenbahn oder des Flugzeugs noch mehr Nachrichten sammeln und uns hinterlassen können? Das läßt sich bezweifeln.

Ich glaube, daß sein Problem ein ganz anderes war: Er entschloß sich, vermutlich gegen Ende seines Lebens, ein Buch zu schreiben, da er wußte, daß er eine riesige Menge von Geschichten und Nachrichten zusammengetragen hatte, und wenn er die nicht in einem Buch festhielt, würde alles, was er bisher in seinem Gedächtnis gespeichert hatte, einfach verschwinden. Da haben wir wieder den ewigen Kampf des Menschen gegen die Zeit, den Kampf gegen die Schwäche der Erinnerung, gegen ihre Flüchtigkeit, ihre immerwährende Tendenz, sich zu verwischen und zu verschwinden. Aus diesem Kampf entsteht die Idee des Buches, jeden Buches. Und daher seine Dauerhaftigkeit, seine Ewigkeit, möchte man sagen. Denn der Mensch weiß, und mit dem Fortschreiten der Jahre spürt er es immer deutlicher, wie schwach und flüchtig die Erinnerung ist. Wenn er sein Wissen und seine Erfahrungen nicht in eine dauerhafte Form bringt, wird sich das, was er in sich trägt, verflüchtigen. Daher wollen alle ein Buch schreiben. Sänger und Fußballer, Politiker und Millionäre. Und wenn sie das selber nicht können oder keine Zeit dafür haben, beauftragen sie andere damit. So ist es und so wird es immer sein. Auch, weil das Schreiben als leichte und einfache Tätigkeit angesehen wird. All diejenigen, die das glauben, würde ich gerne an den Satz von Thomas Mann erinnern, wonach ein »Schriftsteller ein Mann ist, dem das Schreiben schwerer fällt als allen anderen Leuten«.

Der Wunsch, für andere soviel wie möglich von dem zu bewahren, was man selber erfahren und erlebt hat, führt dazu, daß das Werk Herodots keine einfache Beschreibung der Geschichte der Dynastien, Könige und Palastintrigen ist. Obwohl er viel über Herrscher und ihre Herrschaft schreibt, erfahren wir daraus ebensoviel über das Leben der einfachen Menschen, ihren Glauben und den Ackerbau, über Krankheiten und Naturkatastrophen, über Berge und Flüsse, Pflanzen und Tiere. Zum Beispiel – über die Katzen: *Auch bei einer Feuersbrunst geht es mit den Katzen wunderbar zu. Während die Ägypter um das Feuer herumstehen und auf die Katzen achten, ohne ans Löschen zu denken, schleichen sich die Katzen zwischen den Menschen durch oder springen über sie weg und stürzen sich in die Flammen. Darüber sind dann die Ägypter sehr traurig. Wenn in einem Hause eine Katze von selbst stirbt, schneiden sich alle Bewohner nur die Augenbrauen ab, wenn aber ein Hund stirbt, scheren sie sich den Kopf und den ganzen Leib.*

Oder über Krokodile:

Nun komme ich zum Krokodil. In den vier Hauptwintermonaten frißt es nichts, und obwohl es ein Vierfüßler ist, lebt es doch nicht nur auf dem Lande, sondern auch im Wasser... Von allen uns bekannten Tieren wird dieses aus dem kleinsten das größte; denn seine Eier sind nicht viel größer als ein Gänseei, und das Junge ist nicht größer als das Ei; dann aber wächst es und wird gegen siebzehn Ellen lang, ja noch größer. Es hat Schweinsaugen und große (der Größe seines Körpers entsprechende) spitzige Zähne... Alle anderen Vögel und Tiere fürchten sich vor ihm, der ägyptische Regenpfeifer aber lebt mit ihm in Frieden ... Denn wenn das Krokodil aus dem Wasser kommt und den Rachen aufsperrt (was es gegen den Westwind in der Regel zu tun pflegt), so schlüpft ihm der Regenpfeifer in den Rachen und verschluckt die Blutegel. Solchen Dienst läßt es sich gern gefallen, und es tut dem Vogel nichts zuleide.

Die Katzen und Krokodile waren mir nicht auf Anhieb aufgefallen. Sie machten sich erst nach mehrmaliger Lektüre bemerkbar, als ich plötzlich erschreckt gewahrte, wie die ägyptischen Katzen kopflos ins Feuer sprangen; und als ich einmal am Ufer des Nils saß, meinte ich, das offene Maul eines Krokodils zu sehen und den darin furchtlos herumstochernden kleinen Vogel. Denn das Buch des Griechen muß man, wie jedes hervorragende Werk, oftmals lesen – und jedesmal werden sich uns neue Schichten, neue Inhalte, Bilder und Bedeutungen erschließen, die wir zuvor nicht wahrgenommen haben. In jedem großen Buch sind einige Bücher enthalten, man muß es nur verstehen, zu ihnen vorzudringen, sie zu entdecken, zu enthüllen und zu begreifen.

Herodot genießt die Lebensfülle, um das Fehlen von Telefon und Flugzeug weiß er nicht, er kann sich nicht einmal darüber grämen, daß er kein Fahrrad besitzt. Die Dinge werden erst Jahrtausende später auftauchen, und er kommt wunderbar ohne sie aus. Das Leben der Welt und sein eigenes Leben haben ihre eigene Kraft, ihre nicht versiegende Energie. Die spürt er, von ihr wird er beflügelt. Sicher war das ein Grund dafür, daß er so freundlich, offen und zuvorkommend war, denn nur einem solchen Menschen enthüllen Fremde ihre Geheimnisse. Einem düsteren, verschlossenen Menschen würden sie sich nicht anvertrauen, finstere Naturen wecken in anderen den Wunsch, sich zurückzuziehen, auf Distanz zu gehen, ja sie rufen Ängste wach. Mit einem solchen Charakter versehen, hätte er nichts in Erfahrung bringen können – und wir besäßen heute nicht sein Werk.

Daran mußte ich oft denken, und dabei fühlte ich gleichzeitig, nicht ohne Verwunderung und sogar Beunruhigung, daß ich mich, je mehr ich mich in die *Historien* vertiefte, immer stärker emotional und gedanklich mit der von Herodot beschworenen Welt und ihren Ereignissen identifizierte. Die Zerstörung Athens beschäftigte mich mehr als der jüngste Militärputsch im Sudan, und die Versenkung der persischen Flotte erschütterte mich tiefer als die nächste Militärrevolte im Kongo. Die von mir erlebte Welt war jetzt nicht nur Afrika, über das ich als Korrespondent einer Nachrichtenagentur berichten sollte, sondern auch jene andere, die vor Jahrhunderten untergegangen war, weit weg von hier.

Es war also nicht weiter verwunderlich, daß ich, während ich in einer schwülen Tropennacht auf der Veranda des Hotels Sea View in Dar es Salaam saß, an die durch Thessalien marschierenden Soldaten der Armee des Mardonios dachte, die an einem frostklirrenden Abend (in Europa herrschte gerade Winter) ihre erstarrten Hände an den Feuerstellen zu wärmen suchten.

WÜSTE UND MEER

Ich verlasse für einige Zeit den griechisch-persischen Krieg mit den nicht enden wollenden Feldzügen barbarischer Heere und den Streitereien der zanksüchtigen Griechen darüber, wer von ihnen am wichtigsten ist und wessen Führung sie anerkennen sollen, weil soeben der algerische Botschafter, Judi, angerufen und gesagt hat: »Vielleicht sollten wir uns treffen.« Im Subtext der Redewendung »Vielleicht sollten wir uns treffen« schwingt für gewöhnlich ein Versprechen, eine verlockende Eventualität mit, etwas, das es wert ist, daß wir uns dafür interessieren, ihm unsere Beachtung schenken; als sagte uns jemand: »Triff dich mit mir, ich habe etwas für dich, du wirst es nicht bereuen.«

Judi besaß eine prächtige Residenz – eine luftige, weiße Villa, errichtet im dekorativen altmaurischen Stil und so gebaut, daß alles im Schatten lag, sogar jene Stellen, die sich nach allen Regeln der Logik in der prallen Sonne hätten befinden müssen. Wir saßen im Garten, hinter der hohen Mauer war das Rauschen des Meeres zu hören. Es war die Zeit der Flut, und aus der Tiefe des Meeres, von irgendwo jenseits des Horizonts, rollten haushohe Wellen ans Ufer heran, die sich unweit von uns brachen, denn die Villa stand direkt am Meer, an einem niedrigen, steinigen Ufer.

Während meines Besuchs unterhielten wir uns über alles mögliche, allerdings über nichts von Bedeutung, so daß ich mir schon Gedanken zu machen begann, weshalb er mich gerufen hatte, als er endlich sagte:

»Ich glaube, es würde sich für dich lohnen, nach Algerien zu fahren. Dort könnte es jetzt interessant werden. Wenn du willst, stelle ich dir ein Visum aus.«

Mit dem, was er sagte, überraschte er mich. Wir hatten das Jahr 1965, und in Algerien ereignete sich nicht viel. Das Land war seit drei Jahren unabhängig, und an seiner Spitze stand ein intelligenter, populärer junger Mann – Ahmed Ben Bella.

Mehr wollte mir Judi nicht verraten, und weil sich für ihn, einen Moslem, die Zeit des Abendgebets näherte und er bereits die Perlenkette herausholte und begann, die smaragdgrünen Kugeln durch die Finger gleiten zu lassen, hielt ich die Zeit für gekommen zu gehen. Ich war in einem Zwiespalt. Wenn ich versuchte, in Polen die Erlaubnis für diese Reise einzuholen, würden sie mich mit Fragen löchern – warum, weshalb, was ist der Grund und so weiter. Und ich hatte keine Ahnung, warum ich dorthin fahren sollte. Aber grundlos durch halb Afrika zu reisen war eine schwerwiegende Insubordination und ein finanzieller Schaden, und ich war für eine Presseagentur tätig, in der man jeden Pfennig umdrehte und man selbst die kleinste Ausgabe penibel rechtfertigen mußte.

Doch die Art, wie Judi mir diesen Vorschlag unterbreitet hatte, der ermunternde Ton seiner Stimme, war so überzeugend, ja drängend gewesen, daß ich beschloß, das Risiko der Reise auf mich zu nehmen. Ich flog von Dar es Salaam über Bangui, Fort Lamy und Agades, und weil auf diesen Strecken kleine, langsame Maschinen mit niedriger Flughöhe verkehren, bot allein der Flug über die Sahara zahllose fesselnde Bilder – fröhlich bunte, dann wieder eintönige und schwermütige, in denen auf einmal, als Kontrast, eine grüne, bevölkerte Oase aus der toten Mondlandschaft tauchte.

Der Flughafen von Algier war menschenleer und geschlossen. Da unser Flugzeug zu einer Binnenlinie gehörte, durfte es dennoch landen. Es wurde sofort von Soldaten in graugrünen Kampfanzügen umstellt, die uns, eine Handvoll Passagiere, zu einem Glasgebäude eskortierten. Die Kontrolle war nicht streng, und die Soldaten waren höflich, wenn auch wortkarg. Sie sagten nur, in der Nacht habe es einen Staatsstreich gegeben und »der Tyrann sei gestürzt« worden, der Generalstab habe die Macht übernommen. »Der Tyrann?« wollte ich schon fragen. »Was für ein Tyrann?« Ich war Ben Bella zwei Jahre zuvor in Addis Abeba begegnet. Er hatte auf mich den Eindruck eines freundlichen, ja liebenswürdigen Menschen gemacht.

Die Stadt ist groß, sonnig, und erstreckt sich breit, wie ein riesiges Amphitheater, über die Bucht. Man muß ständig bergauf oder bergab gehen. Es gibt Straßen mit französischem Chic und andere voll arabischer Betriebsamkeit. In Algier herrscht eine mediterrane Mischung von Baustilen, Bekleidung und Gebräuchen. Alles flimmert, duftet, betört, ermüdet. Alles macht neugierig, wirkt anziehend, faszinierend, gleichzeitig aber auch beunruhigend. Wer müde ist, kann sich in eines der vielen hundert arabischen oder französischen Cafés setzen. Er kann in einem der vielen hundert Bistros oder Restaurants essen. Da das Meer nahe ist, gibt es überall Fisch und eine unglaubliche Fülle von frutti di mare – Krustentiere, Muscheln, Tintenfische, Kalamare, Austern.

Doch Algier ist vor allem ein Ort, an dem zwei Kulturen aufeinandertreffen und zusammenleben – die christliche und die arabische. Die Geschichte dieses Zusammenlebens ist die Geschichte der Stadt (die übrigens noch eine lange Vorgeschichte hat – eine phönizische, griechische, römische). Wenn sich ein Mensch ständig entweder im Schatten einer Kirche oder einer Moschee bewegt, nimmt er fortwährend die dazwischen verlaufenden Grenzen wahr.

Zum Beispiel in der Innenstadt. Ihr arabischer Teil heißt Kasbah. Um dorthin zu gelangen, muß man Dutzende breiter, steinerner Stiegen hinaufsteigen. Aber nicht die Stiegen sind das Problem, sondern die Andersartigkeit, die man um so stärker verspürt, je tiefer man in die verwinkelten Gassen der Kasbah vordringt. Sind wir überhaupt bereit, in dieses Winkelwerk einzudringen, es zu erforschen? Oder sind wir eher bestrebt, rasch durchzulaufen, um uns aus dieser unbequemen, peinlichen Lage zu befreien, in der wir beim Gehen fortwährend Dutzende reglose Augenpaare auf uns gerichtet sehen, die uns von überall her anstarren? Doch vielleicht scheint uns das bloß so? Vielleicht sind wir überempfindlich? Aber warum sind wir ausgerechnet in der Kasbah überempfindlich? Warum macht es uns nichts aus, wenn uns jemand auf einer französischen Straße aufmerksam mustert? Warum stört uns das dort nicht, in der Kasbah jedoch schon, warum ist es uns hier unangenehm? Die Blicke sind schließlich überall ähnlich, auch die Tatsache des Angestarrtwerdens, und doch empfinden wir die beiden Situationen völlig unterschiedlich.

Wenn wir endlich die Kasbah verlassen und ein französisches Viertel erreichen, atmen wir vielleicht nicht gerade auf vor Erleichterung, aber wir fühlen uns eindeutig besser, wohler, geborgener. Und warum kann man gegen diese heimlichen, ja unbewußten Zustände und Gefühle nichts machen? Jahrtausendelang und auf der ganzen Welt – nichts machen?

Ein Ausländer, der an diesem Tag mit mir nach Algier geflogen wäre, hätte nichts davon bemerkt, daß es hier in der Nacht zuvor so ein wichtiges Ereignis wie einen Staatsstreich gegeben hatte, daß der in der ganzen Welt beliebte Ben Bella gestürzt worden war und seinen Platz ein weitgehend unbekannter und – wie sich bald herausstellen sollte – verschlossener, wortkarger Offizier eingenommen hatte, Houari Boumedienne, der Oberbefehlshaber der Armee. Die ganze Aktion hatte sich in der Nacht abgespielt, weit entfernt vom Stadtzentrum, in einem exklusiven Villenviertel namens Hydra, wo Regierungsmitglieder und die Generalität wohnten, ein Stadtteil, der für gewöhnliche Passanten nicht zugänglich war.

In der Stadt selber waren keine Schüsse und Explosionen zu hören, keine Panzer fuhren durch die Straßen, kein Militär marschierte. Am Morgen fuhren oder gingen die Menschen zur Arbeit wie immer, die Ladenbesitzer öffneten ihre Läden, die Verkäufer ihre Buden, die Barmänner luden zum morgendlichen Kaffee. Die Hausmeister besprenkelten die Straße mit Wasser, um der Stadt vor der mittäglichen Sonnenglut ein wenig lindernde Kühlung angedeihen zu lassen. Die Autobusse heulten erbärmlich, wenn sie sich eine steile Straße hinaufquälten.

Ich ging deprimiert und verärgert über Judi herum. Weshalb hatte er mich zu dieser Reise überredet? Warum war ich hierhergekommen? Was sollte ich von hier aus berichten? Wie meine Reise rechtfertigen? Bedrückt, sah ich plötzlich, wie in der Avenue Mohammed V. ein Auflauf entstand. Ich rannte hin. Leider waren das nur Gaffer, die zuschauten, wie sich zwei Autofahrer zankten, die auf der Kreuzung zusammengestoßen waren. Am anderen Ende der Straße sah ich wieder eine Menge. Ich rannte auch dorthin. Dort hatten sich Leute versammelt, die geduldig auf die Öffnung der Post warteten. Mein Notizblock war leer, ich hatte keine Story.

Hier in Algier wurde mir nach meinen ersten Jahren als Reporter langsam bewußt, daß ich den falschen Weg eingeschlagen hatte. Dieser bestand in der Suche nach spektakulären Bildern, in der Illusion, man könne sich mit einem Bild über den Versuch, die Welt gründlicher zu begreifen, hinwegschwindeln, im Glauben, die Welt ließe sich nur durch das erklären, was sie bereit ist, uns zu zeigen: Schüsse und Explosionen, Flammen und Rauch, Staub und Brandgeruch, Trümmer, verzweifelte Menschen, Leichen.

Aber wie ist es zu diesem Drama gekommen? Was kommt in diesen Szenen der Vernichtung, voller Schreie und Blut, zum Ausdruck? Welche subkutanen und unsichtbaren, gleichzeitig jedoch mächtigen und nicht aufzuhaltenden Kräfte haben dazu geführt? Stellen sie das Ende eines Prozesses dar, oder sind sie erst der Anfang, die Ankündigung der nächsten Akte, erfüllt von Spannungen und Konflikten? Und wer wird die kommenden Akte verfolgen? Wir, die Korrespondenten und Reporter, jedenfalls nicht. Denn kaum sind am Ort des Geschehens die Toten begraben, die Wracks der verbrannten Autos weggeräumt und die von Glas übersäten Straßen gesäubert worden, packen wir bereits unsere Taschen und ziehen weiter, dorthin, wo in diesem Moment Autos brennen, Schaufenster zerschlagen und Gräber für die Gefallenen ausgehoben werden.

Kann man dieses Klischee nicht überwinden, aus dieser Abfolge von Bildern nicht aussteigen, nicht versuchen, tiefer zu schürfen? Da ich nicht über Panzer, verbrannte Autos und zertrümmerte Läden schreiben konnte, weil ich nichts Derartiges gesehen hatte, aber dennoch meine eigenmächtige Reise rechtfertigen wollte, begann ich nach den Hintergründen, dem Auslöser des Umsturzes zu forschen; ich wollte herausfinden, was dahintersteckte und was der Umsturz zu bedeuten hatte, das heißt, ich begann Gespräche zu führen, die Menschen und Orte in Augenschein zu nehmen und in ihnen zu lesen, kurz – ich versuchte zu begreifen.

Algier betrachtete ich damals als einen der faszinierendsten und dramatischsten Orte der Welt. Auf dem engen Raum dieser schönen, wenn auch überfüllten

Stadt überkreuzten sich zwei große Konflikte der modernen Welt: einer – zwischen Christentum und Islam (der hier im Zusammenstoß zwischen dem kolonialistischen Frankreich und dem kolonisierten Algerien zum Ausdruck kam), und der zweite, der gleich nach dem Abzug der Franzosen und dem Erlangen der Unabhängigkeit an Schärfe gewonnen hatte – ein innerislamischer Konflikt, ein Konflikt zwischen seiner offenen, dialogbereiten, ich möchte sagen, mediterranen Richtung und jener verschlossenen, aus einem Gefühl der Unsicherheit und Desorientierung in der modernen Welt entstandenen Richtung der Fundamentalisten, die sich einerseits der modernsten Technik und Organisation bedienten, andererseits jedoch die Verteidigung ihres Glaubens und ihrer Sitten als Grundbedingung für ihre Existenz, die einzige Identität, die sie besaßen, ansahen.

In seinen Anfängen, zu Zeiten Herodots, war Algier ein Fischerdorf gewesen, und später ein phönizischer und griechischer Hafen. Die Vorderseite wendet es dem Meer zu, doch auf der anderen Seite der Stadt, gleich dahinter, beginnt die große wüstenartige Provinz, die man hier *bled* nennt, bewohnt von Menschen, die nach den Gesetzen des alten, in sich geschlossenen Islam leben. In Algier spricht man geradezu von der Existenz zweier Formen des Islam – eines, der Islam der Wüste genannt, und eines zweiten, den sie als Islam des Flusses (oder Meeres) bezeichnen. Der erste ist die Religion der streitbaren Nomadenstämme, die in einer denkbar menschenfeindlichen Umgebung, wie die Sahara sie darstellt, um ihre Existenz, um ihr Überleben kämpfen, während der zweite Islam, der des Flusses (oder Meeres) der Glauben der Kaufleute, der Handelsreisenden, der Menschen der Straße und der Basare ist, für die Offenheit, Freundlichkeit und Austausch nicht bloß Fragen kaufmännischen Kalküls darstellen, sondern wichtige Voraussetzungen ihres Daseins.

Solange der Kolonialismus herrschte, einte dieser Gegner die beiden Richtungen, doch dann kam es zum Konflikt.

Ben Bella war ein mediterraner Mensch, erzogen in der französischen Kultur, ein offener Geist mit einem versöhnlichen Charakter; die einheimischen Franzosen nannten ihn einen Moslem des Flusses oder Meeres. Boumedienne hingegen war der Führer einer Armee, die jahrelang in der Wüste gekämpft hatte, dort hatte sie ihre Basis und ihre Lager gehabt, von dort hatte sie ihre Rekruten bezogen, sie hatte sich auf die Hilfe der Nomaden, der Menschen der Oasen und der Wüstenberge gestützt.

Auch in ihrem Aussehen unterschieden sie sich. Ben Bella war stets gepflegt, elegant, vornehm, zuvorkommend, freundlich lächelnd. Als sich Boumedienne ein paar Tage nach dem Umsturz zum ersten Mal in der Öffentlichkeit zeigte, sah er aus wie ein Panzerfahrer, der soeben aus einem vom Staub der Sahara verkrusteten Panzer geklettert war. Er versuchte sogar ein Lächeln aufzusetzen, doch man konnte sehen, daß ihm das schwerfiel, daß das nicht sein Stil war.

In Algier erblickte ich zum ersten Mal das Mittelmeer. Ich sah es aus der Nähe, konnte die Hand hineintauchen, seine Berührung spüren. Ich mußte nicht nach dem Weg fragen, ich wußte, daß ich, ständig bergab gehend, zu guter Letzt zum Meer kommen würde. Es war im übrigen schon von weitem zu sehen, es blitzte zwischen den Häusern hervor und lag dann am Ende einer steil hinunterführenden Straße vor mir.

Am Ufer erstreckte sich das Hafenviertel, einfache, hölzerne Bars standen nebeneinander aufgereiht, in denen es nach Fisch, Wein und Kaffee roch. Am stärksten spürte man jedoch den herben Duft des Meeres, den die Brisen herantrugen, eine sanfte, angenehme Erfrischung.

Ich hatte noch nie zuvor einen Ort erlebt, an dem die Natur dem Menschen so freundlich gesinnt ist. Es gab hier alles gleichzeitig – die Sonne und kühlenden Wind, klare Luft und das Silber des Meeres. Vielleicht erschien es mir deshalb so bekannt, weil ich so viel darüber gelesen hatte. Die glatten Wellen des Meeres hatten etwas Freundliches, Beruhigendes an sich, sie schienen zur Reise einzuladen, zum Kennenlernen. Man verspürte Lust, sich zu den beiden Fischern zu setzen, die zum Fang ausfuhren und gerade vom Ufer ablegten.

Ich kehrte nach Dar es Salaam zurück, traf jedoch Judi nicht mehr an. Sie sagten mir, er sei nach Algier gerufen worden, ich nehme an, um befördert zu werden, als einer der Beteiligten an der siegreichen Verschwörung. Jedenfalls kam er nicht wieder. Ich habe ihn auch nie mehr getroffen, konnte mich also auch nicht dafür bedanken, daß er mich zu dieser Reise ermuntert hatte. Der Militärumsturz in Algerien war der Anfang einer ganzen Serie, einer ganzen Kette ähnlicher Umstürze, die im nächsten Vierteljahrhundert große

Verheerungen über die jungen postkolonialen Staaten des Kontinents bringen sollten. Diese Staaten erwiesen sich von Anfang an als schwach, und viele sind das bis heute geblieben.

Außerdem war es mir dank dieser Reise erstmals vergönnt, am Ufer des Mittelmeeres zu stehen. Ich glaube, daß ich Herodot seit damals etwas besser verstehen kann. Sein Denken, seine Neugierde, seine Sicht der Welt.

DER ANKER

Immer noch am Mittelmeer, dem Meer Herodots, allerdings in seinem östlichen Teil, wo Europa an Asien stößt und die beiden Kontinente sich durch ein Netz sanft geformter, sonniger Inseln miteinander verbinden, deren ruhige, beschauliche Buchten Segler zum Besuch und Verweilen einladen.

Der Führer der Perser, Mardonios, verließ sein Winterlager und brach *mit seinem Heere aus Thessalien auf und zog in Eilmärschen nach Athen.* Doch als er in die Stadt kommt, findet er keine Bewohner vor. Athen ist zerstört und leer. Die Bevölkerung hat die Stadt verlassen und sich nach Salamis zurückgezogen. Er schickt einen Vertrauten dorthin, einen gewissen Murychides, um den Athenern neuerlich den Vorschlag zu unterbreiten, sie mögen sich kampflos ergeben und König Xerxes als ihren Herrscher anerkennen.

Murychides trägt diesen Vorschlag der obersten Behörde Athens vor, dem Rat der Fünfhundert, und die Menge der Athener ist bei den Beratungen dieser Versammlung anwesend. Alle können hören, wie ein Mitglied des Rates namens Lykides das Wort ergreift und sagt, seiner Ansicht nach wäre es ratsam, dem versöhnlichen Vorschlag des Mardonios zu folgen und sich mit den Persern zu arrangieren. Als sie das vernehmen, werden die Athener von Zorn gepackt, sie umringen den Sprecher und steinigen ihn an Ort und Stelle.

Halten wir für einen Moment bei dieser Szene inne.

Wir befinden uns im demokratischen Griechenland, das stolz ist auf seine Freiheit des Wortes und Denkens. Und da spricht einer seiner Bürger frei seine Meinung aus. Augenblicklich erhebt sich Geschrei! Lykides hat offenbar vergessen, daß Krieg ist, und wenn Krieg herrscht, werden alle demokratischen Freiheiten, auch die Freiheit des Wortes, hintangestellt. Im Krieg gelten nämlich andere, eigene Gesetze, die den ganzen Kodex von Prinzipien auf eine einzige, grundsätzliche und ausschließliche Regel reduzieren – Sieg um jeden Preis!

Kaum hat daher Lykides seine Ausführungen beendet, da wird er schon erschlagen. Man kann sich vorstellen, wie aufgebracht, erregt und irritiert die Menge war, die ihn anhörte. Das waren Menschen, denen die persische Armee im Nacken saß, die bereits ihr halbes Land eingebüßt, ihre Stadt verloren hatten. An dem Ort, wo der Rat zusammentritt und sich Gaffer drängen, gibt es genug Steine. Griechenland ist ein steiniges Land, überall liegen sie herum, man braucht sich nur zu bücken. Und genau das geschieht! Jeder greift nach dem nächsten, handlichsten Stein und schleudert ihn gegen Lykides. Vermutlich schreit dieser auf, erschrocken, dann blutüberströmt, er stöhnt vor Schmerz, krümmt sich, fleht um Gnade. Doch vergeblich! Die blindwütige Menge, im Zustand der Sinnesverwirrung, des Wahnsinns hört nichts mehr, sie überlegt nicht, ist nicht imstande innezuhalten. Sie kommt erst wieder zu sich, als Lykides bereits gesteinigt, für immer zum Schweigen gebracht worden ist.

Doch damit nicht genug!

Herodot schreibt: *Als es auf Salamis um Lykides zu diesem Auftritt kam und auch die Frauen der Athener davon hörten, hetzten sie einander auf und zogen Arm in Arm aus eigenem Antriebe vor die Wohnung des Lykides und steinigten seine Frau und seine Kinder.*

Die Frau und die Kinder! Was konnten Lykides' Kinder dafür, daß er für einen Kompromiß mit den Persern eintrat? Wußten sie überhaupt etwas von diesen Persern? Daß es zum Beispiel nicht ratsam war, sich mit ihnen zu unterhalten, ja daß dafür der Tod drohte? Hatten die Kleinsten überhaupt eine Vorstellung davon, wie der Tod aussah? Und in welchem Moment wurden sie sich bewußt, daß die Omas und Tanten, die unvermutet vor ihrem Haus auftauchten, keine Süßigkeiten und Weintrauben mitgebracht hatten, sondern Steine, mit denen sie ihnen im nächsten Moment die Köpfe zerschmettern würden?

Das Schicksal des Lykides zeigt, wie brisant, schmerzlich und emotional für die Griechen das Problem der Kollaboration mit den Okkupanten war. Was tun? Wie sich verhalten? Wie sich entscheiden? Kooperieren oder Widerstand leisten? Reden oder boykottieren? Sich arrangieren und zu überleben suchen oder die heroische Geste wählen und aufs Schlachtfeld stürmen? Schwierige, drängende Fragen, peinigende Dilemmata.

Angesichts dieser Optionen sind die Griechen gespalten, und die Spaltung beschränkt sich nicht auf

Diskussionen und Streitgespräche. Sie bekämpfen einander mit Waffen, auf dem Schlachtfeld, die Athener ziehen gegen die Thebaner, die Phokier gegen die Thessalier, sie schlagen sich gegenseitig die Schädel ein, kratzen einander die Augen aus, schneiden einander die Köpfe ab. Kein Perser kann bei einem Griechen soviel abgrundtiefen Haß hervorrufen wie ein anderer Grieche, wenn der nur aus dem gegnerischen Lager oder einem verfeindeten Stamm kommt. Vielleicht ist das ein Ausdruck irgendwelcher Komplexe, Schuldkomplexe, Renegatenkomplexe, Verratkomplexe? Ausdruck verborgener Ängste, der Angst vor dem Fluch der Götter?

Jedenfalls kommt es schon wenig später erneut zu Zusammenstößen, in den beiden letzten Schlachten dieses Krieges, geführt bei Platää und Mykale.

Zuerst Platää. Als Mardonios erkannte, daß die Athener und Spartaner nicht nachgeben und sich nicht fügen wollten, machte er Athen dem Erdboden gleich und zog sich nach Norden zurück, in die Gebiete der mit den Persern kollaborierenden Thebaner, wo das flache Terrain der Standardformation der Perser entgegenkam – der schweren Reiterei. Diese Ebene, in der Nähe von Platää, erreichten auch die Mardonios verfolgenden Athener und Spartaner. Beide Armeen bezogen einander gegenüber Aufstellung, nahmen Schlachtordnung ein und – warteten. Alle hatten das Gefühl, es stünde ein großer Moment, ein entscheidender, tödlicher Augenblick bevor. Tage vergingen, doch beide Seiten verharrten in bestürzendem, lähmendem Stillstand, während sie – getrennt voneinander – die

Götter befragten, ob dies der geeignete Augenblick sei, um den Kampf zu beginnen, doch die Antwort lautete jeweils: Nein.

An einem dieser Tage veranstaltete einer der Thebaner, ein kollaborierender Grieche namens Attaginos, ein Festmahl für Mardonios, zu dem er fünfzig hervorragende Perser und ebenso viele erstrangige Thebaner lud, wobei er immer einen Perser und einen Thebaner auf einem gemeinsamen Kissen Platz nehmen ließ. Auf einem der Kissen saß der Grieche Tersander und neben ihm ein Perser, dessen Namen Herodot nicht nennt. Beide essen und trinken zusammen, bis der Perser plötzlich, offenbar nachdenklich gestimmt, Tersander fragt: »*Siehst du die Perser hier bei Tisch und das Heer, das wir dort am Flusse im Lager gelassen haben?*« *Den Perser müssen offenbar üble Ahnungen ankommen, denn er sagt zum Griechen:* »*Von alle denen wirst du sehr bald nur noch wenige am Leben sehen.*« *Bei diesen Worten hätte der Perser bitterlich geweint.* Tersander bemüht sich, dem Schluchzen des sich offenbar bis zum Trübsinn betrinkenden Persers Einhalt zu gebieten, und sagt, selber noch nüchtern, zu ihm: »*Müßte man das nicht auch Mardonios sagen und den Persern, die unter ihm in hohen Ehren stehen?*« Worauf der Perser mit einem tragisch klingenden, wenn auch klugen Satz antwortet: »*Freund, was Gottes Wille ist, kann kein Mensch abwenden. Auch glaubt einem ja keiner, wenn man die Wahrheit sagt. Viele Perser wissen das sehr gut, aber wir können nicht anders und müssen notgedrungen mitmachen. Das Schmerzlichste aber ist, daß man beim besten Willen nichts ausrichten kann.*«

Der großen Schlacht bei Platää, die mit einer Niederlage der Perser endet und für lange Zeit die Herrschaft Europas über Asien besiegelt, gehen kleine Scharmützel voraus, in denen die Reiterei der Perser die sich verteidigenden Griechen attackiert. Bei einem dieser Zusammenstöße kommt Masistios, faktisch der stellvertretende Führer der persischen Truppen, ums Leben. *Bei einem Angriff der Reiterscharen wurde das Pferd des Masistios, das den übrigen weit voraus war, durch einen Pfeilschuß in der Seite verwundet, so daß es sich vor Schmerz bäumte und Masistios abwarf. Als er am Boden lag, fielen die Athener gleich über ihn her und erbeuteten sein Pferd, ihn selbst aber, der sich zur Wehr setzte, erschlugen sie. Zuerst freilich gelang ihnen das nicht, seiner Rüstung wegen; denn er trug unter seinem roten Rock einen goldenen Schuppenpanzer, und wenn sie auf den Panzer schlugen, taten sie ihm nichts, bis einer dahinter kam und ihm einen Stich ins Auge versetzte. So kam er zu Fall und ums Leben.*

Nun entbrennt ein wütender Kampf um den Leichnam. Die Leichen von Führern sind heilig. Die fliehenden Perser kämpfen verbissen, weil sie den Toten mitnehmen wollen. Ihre Bemühungen sind vergeblich. Geschlagen kehren sie ins Lager zurück. *Als die Reiter ins Lager kamen, war das ganze Heer und vor allem Mardonios selbst um Masistios in tiefer Trauer. Man schor nicht nur sich selbst das Haar, sondern auch den Pferden und Zugtieren, und erging sich in entsetzlichen Wehklagen, daß ganz Boiotien davon widerhallte; war doch der Mann gefallen, der bei den Persern und dem Könige nach Mardonios im höchsten Ansehen stand.*

Die Griechen hingegen, die sich Masistios nicht entreißen ließen, luden *den Leichnam auf einen Wagen und fuhren damit durch ihre Reihen. Der Leichnam aber war seiner Größe und Schönheit wegen sehenswert. Deshalb taten sie das auch, und die Leute traten aus dem Gliede, um sich Masistios anzusehen.*

Das alles spielt sich ein paar Tage vor der großen und entscheidenden Schlacht ab, die keine der beiden Seiten zu beginnen wagt, weil die Weissagungen dafür nach wie vor ungünstig sind. Auf persischer Seite war der Wahrsager ein gewisser Hegesistratos, ein Grieche vom Peloponnes, doch ein Feind der Spartaner und Athener, *den die Spartaner früher gefangen genommen und ins Gefängnis geworfen hatten, um ihn hinzurichten, weil er ihnen viel zuleide getan. In seiner Not, wo es galt, sein Leben zu retten, und ihm vor dem Tode noch schwere Qualen bevorstanden, wußte er sich auf eine kaum glaubliche Weise zu helfen. Während er, mit einem Fuß in einen eisenbeschlagenen Stock geschlossen, im Gefängnis lag, gelang es ihm, sich eines zufällig hereingebrachten eisernen Werkzeugs zu bemächtigen, und er entschloß sich sogleich zu einer so heroischen Tat, wie sie mir sonst nicht vorgekommen. Um nämlich den Fuß herausziehen zu können, schnitt er sich selbst den vorderen Teil des Fußes ab. Nachdem er das getan, grub er sich, da er bewacht wurde, durch die Wand und entfloh nach Tegea, indem er den Weg bei Nacht zurücklegte, bei Tage aber sich im Walde versteckte und unter freiem Himmel blieb, und so kam er auch, obwohl die Lakedaimonier ihn überall suchten, in der dritten Nacht glücklich nach Tegea. Die waren nicht wenig erstaunt über seinen Wagemut, wie sie den halben Fuß da liegen sahen, ihn aber nicht finden konnten.*

Wie brachte Hegistratos das zuwege?

Es genügt schließlich nicht, die Muskeln durchzutrennen, man muß auch noch die Sehnen und Knochen durchschneiden. Natürlich gibt es auch in unseren Zeiten Selbstverstümmelungen, Zeugen berichten, in den Gulags hätten sich Menschen manchmal eine Hand abgehackt oder ein Messer in den Bauch gestoßen. Es wird sogar der Fall eines Häftlings beschrieben, der seinen Penis mit einem Nagel an ein Brett heftete. Doch dabei ging es immer darum, sich von der schwersten Arbeit zu befreien, ins Spital zu kommen, um dort liegen und ausruhen zu können. Aber sich den Fuß abschneiden und dann sogleich flüchten?

Laufen?

Rennen?

Wie ist das möglich? Man kann doch höchstens auf den Händen und einem Fuß dahinrobben? Der zweite Fuß mußte höllisch weh tun! Konnte er das Blut stillen? Ist er während der Flucht vor Erschöpfung nicht ohnmächtig zusammengebrochen? Vor Durst? Vor Schmerzen? Fühlte er sich nicht dem Wahnsinn nahe? Sah er keine Dämonen? Quälten ihn keine Erscheinungen? Er mußte den Stumpf doch durch Staub und Dreck schleifen? War der Fuß nicht angeschwollen? Begann er nicht zu eitern? Blau anzulaufen?

Und doch entkommt er den Spartanern, wird wieder gesund, fertigt sich eine hölzerne Prothese und wird später sogar Wahrsager Mardonios', des Führers der Perser.

In der Zwischenzeit steigt bei Platää die Spannung. Nachdem den Göttern über eine Woche lang erfolglos Opfer dargebracht wurden, sind die Wahrsagungen endlich so günstig, daß sich Mardonios entschließt, die Schlacht zu beginnen – eine verständliche menschliche Schwäche: Er hat es eilig, den Feind zu vernichten, um möglichst rasch Tyrann von Athen und ganz Griechenland zu werden. Nun beginnt also seine Reiterei den Griechen zuzusetzen und macht *dem ganzen griechischen Heere mit ... Wurfspießen und Pfeilen viel zu schaffen,* worauf die persische Reiterei zum Angriff übergeht. Als die Köcher geleert sind, kommt es zu einem schrecklichen Kampf Mann gegen Mann. Ein paar hunderttausend Soldaten fallen übereinander her, liefern sich mörderische Zweikämpfe, verstricken sich in tödlichen Umarmungen. Jeder haut dem anderen das über den Schädel, was er gerade zur Hand hat, rammt ihm das Messer zwischen die Rippen, tritt ihn gegen das Schienbein. Man kann sich das kollektive Schnauben und Stöhnen, Röcheln und Jammern, die Flüche und Schreie vorstellen!

In diesem blutigen Tumult erwies sich nach Ansicht Herodots der Spartaner Aristodemos als der Mutigste. Ihm war folgendes widerfahren: Er gehörte zu den dreihundert Soldaten des Leonidas, die bei der Verteidigung der Thermopylen gefallen waren, nur Aristodemos war, keiner wußte zu sagen wie, am Leben geblieben. Dafür, daß er überlebt hatte, war er mit Schande und Verachtung überschüttet worden. Nach dem Kodex von Sparta durfte man die Thermopylen nicht überleben, wer dort gewesen war und tatsächlich für die Verteidigung des Vaterlandes gekämpft hatte, mußte ums Leben gekommen sein. Daher die Inschrift auf dem gemeinsamen Grab der Abteilung des Leonidas: »Wanderer, kommst du nach Sparta, verkünde dort, du habest uns hier liegen sehen, wie das Gesetz es befahl.«

Offensichtlich waren nach den strengen Gesetzen von Sparta auf seiten der Verlierer keine überlebenden Kombattanten vorgesehen. Wer in den Kampf zog, durfte nur als Sieger hervorgehen, als Verlierer konnte er lediglich umkommen. Und da hatte von der Truppe des Leonidas einzig Aristodemos überlebt. Wegen dieser Tatsache war er nun von Ehrlosigkeit und Schande gezeichnet. Keiner wollte mit ihm reden, alle wandten sich verächtlich von ihm ab. Sein wie durch ein Wunder gerettetes Leben begann ihn zu bedrücken, zu würgen, zu ersticken. Es wurde ihm zur Mühsal. Er suchte einen Ausweg, eine Erlösung. Und da bot sich die Gelegenheit, die erniedrigende Schmach abzuwaschen, das gebrandmarkte Leben heldenhaft zu beenden. Es kam zur Schlacht von Plataä. Aristodemos vollbrachte wahre Wunder der Tapferkeit – er *hätte offenbar sterben wollen, weil er sich seiner Schuld bewußt gewesen, und nur deshalb sich so tollkühn vorgewagt und so wütend gefochten.*

Vergeblich. Die Gesetze Spartas sind unerbittlich. Sie kennen kein Erbarmen, keine Menschlichkeit. Die einmal auf sich geladene Schuld bleibt Schuld für immer, und wer sich entehrt hat, kann sich nimmermehr reinigen. So fehlt denn auch unter den in dieser Schlacht ausgezeichneten Griechen der Name des Aristodemos – *weil er wegen jener Schuld den Tod gesucht hatte.*

Der Tod Mardonios', des Führers der Perser, entschied den Ausgang der Schlacht. In damaligen Zeiten versteckten sich die Heerführer nicht hinter der Front in getarnten Bunkern, sondern zogen an der Spitze ihrer Truppen in die Schlacht. Wenn der Führer allerdings fiel, zerstob die Armee und floh vom Schlachtfeld. Im Kampf mußte der Führer von weitem erkennbar sein (meist saß er zu Pferd), denn das Verhalten der Soldaten hing davon ab, was der Führer machte. So war es auch bei Platää: *Wo Mardonios auf seinem weißen Rosse mit der Kernschar der tausend tapfersten Perser in der Schlacht selbst zugegen war, ging es am heißesten her. Solange Mardonios noch lebte, hielten die Perser stand und streckten viele Lakedaimonier zu Boden. Aber als Mardonios gefallen und auch jene Kernschar erlegen war, hielten die übrigen nicht länger stand und flohen vor den Lakedaimoniern.*

Herodot zufolge soll sich auf der griechischen Seite einer besonders ausgezeichnet haben. Es ist der Athener Sophanes. Er trug *am Gürtel seines Panzers an einer ehernen Kette einen eisernen Anker, den er, wenn er an den Feind kam, immer auswarf, damit ihn die Feinde, wenn sie ausfielen, nicht aus dem Gliede reißen könnten, den er aber aufzog, wenn die Feinde flohen, um sie verfolgen zu können.*

Was für eine großartige Metapher! Wir brauchen keinen Rettungsring, der uns passiv an der Oberfläche hält, sondern einen kräftigen Anker, mit dem sich der Mensch an sein Werk schmieden kann.

BLACK IS BEAUTIFUL

Von der Küste Dakars zur Insel Gorée braucht die lokale Fähre nicht einmal eine halbe Stunde. Wenn wir am Heck stehen, sehen wir, wie die Stadt noch einige Zeit auf den Kämmen der von der Schiffsschraube aufgewirbelten Wellen tanzt und dann immer kleiner wird, bis sie sich am Ende in ein helles Steinband verwandelt, das sich über den ganzen Horizont dahinzieht. In diesem Moment dreht sich das Schiff, wendet der Insel das Heck zu und schrammt, unter dem Stampfen der Maschine und dem Kreischen bebenden Eisens, an der Betonwand der Anlegestelle entlang.

Ich muß zuerst über den hölzernen Steg, dann über den Sandstrand und schließlich durch ein gewundenes, enges Gäßchen gehen, bis ich zur »Pension de famille« gelange, wo mich der Patron Abdou und die schweigende, lautlos umherhuschende, jedoch stets geschäftige Wirtin Mariem erwarten. Abdou und Mariem sind ein Ehepaar und werden, das ist an der Figur der Frau zu sehen, bald Nachwuchs bekommen. Obwohl sie noch sehr jung sind, wird das bereits ihr vierter Sprößling sein. Abdou blickt voll Zufriedenheit auf den sich deutlich abzeichnenden Bauch seiner Frau: dieser beweist, daß in ihrem Hause alles in bester Ordnung ist. »Wenn nämlich eine Frau mit flachem Bauch herumläuft«, sagt Abdou, und Mariem nickt dazu wortlos, »dann bedeutet das, daß etwas nicht stimmt, dem Verlauf der Natur zuwiderläuft.« Die beunruhigte Familie und die Bekannten beginnen Fragen zu stellen, hartnäckig zu bohren, gewisse Befürchtungen zu äußern und manchmal auch Boshaftigkeiten zu flüstern. So aber verläuft alles übereinstimmend mit dem Rhythmus der Welt, dem zufolge eine Frau einmal im Jahr einen sichtbaren Beweis ihrer gebefreudigen Fruchtbarkeit zu liefern hat.

Beide gehören der Gemeinschaft der Peul an, das ist die größte ethnische Gruppe in Senegal. Die Peul sprechen die Sprache Wolof und haben eine hellere Haut als andere Westafrikaner – aus diesem Grund sagt eine Theorie, sie seien vom Nil, aus Ägypten, in diesen Teil des Kontinents gekommen, vor langer Zeit, als die Sahara noch von Grün bedeckt war und man gefahrlos durch die heute unwirtliche Wüste wandern konnte.

Daher die noch weiter zurückreichende Theorie, entwickelt von dem senegalischen Sprachhistoriker Cheikh Anta Diop in den fünfziger Jahren des 20. Jahrhunderts, über die ägyptisch-afrikanischen Wurzeln der griechischen und damit auch der europäischen und westlichen Zivilisation. So wie der heutige Mensch einst in Afrika geboren wurde, so hat auch die europäische Kultur auf diesem Kontinent ihre Wurzeln. Für Cheikh Anta Diop, der ein umfassendes vergleichendes Wörterbuch der ägyptischen und der Wolof-Sprache erstellte, ist Herodot eine große Autorität, behauptet er doch in seinem Werk, zahlreiche Elemente der griechischen Kultur stammten aus Ägypten und Libyen, das heißt, die Kultur Europas, vor allem ihr mediterraner Teil, sei afrikanischen Ursprungs.

Die These Anta Diops fällt mit der in Paris Ende der dreißiger Jahre des 20. Jahrhunderts entwickelten Theorie der Négritude zusammen. Ihre Urheber waren zwei damals junge Dichter, der Senegalese Léopold Senghor und der aus Martinique stammende Abkomme afrikanischer Sklaven Aimé Césaire. Sie verkündeten in Gedichten und Manifesten den Stolz auf ihre durch Jahrhunderte vom weißen Mann erniedrigte Rasse, den Stolz, schwarz zu sein, ein Loblied auf die Errungenschaften und Werte, die schwarze Menschen zur Weltkultur beitrugen.

Das alles geschieht Mitte des 20. Jahrhunderts, in der Epoche des Erwachens des außereuropäischen Bewußtseins, der Suche der Menschen Afrikas und überhaupt der sogenannten Dritten Welt nach ihrer eigenen Identität und, im speziellen Fall Afrikas, des Wunsches, jegliche Sklavenkomplexe abzuschütteln. Die These Anta Diops und auch die Theorie der Négritude von Senghor und Césaire schlagen sich in den Schriften Sartres, Camus' oder Davidsons nieder und bringen den Europäern zu Bewußtsein, daß unser Planet, bislang dominiert von Europa, sich zu einer neuen, multikulturellen Welt entwickelt, in der auch außereuropäische Gesellschaften und Kulturen nach einem würdigen Platz in der Familie der Menschheit streben.

In diesem Zusammenhang stellt sich das Problem des Verhältnisses zum anderen Anderen. Bislang hat man immer über die Beziehung: Ich und der Andere, nachgedacht, wobei allerdings der Andere aus der eigenen Kultur stammte. Nun sind wir mit dem Problem konfrontiert: Ich und der Andere, der freilich aus einer anderen Kultur kommt, durch die er geprägt wurde, mit anderen Sitten und Werten.

1960 erringt Senegal die Unabhängigkeit. Präsident wird der obengenannte Dichter Léopold Senghor, ein häufiger Besucher der Klubs und Cafés des Quartier Latin von Paris. Was für ihn und seine Freunde aus Afrika, der Karibik und beiden Amerikas jahrelang eine Theorie war, ein Plan, ein Traum, nämlich zu den symbolischen Wurzeln zurückzukehren, zu den verschütteten Quellen, zu den Anfängen ihrer Welt, aus der sie durch Horden von Sklavenhändlern brutal herausgerissen wurden, um für Generationen in eine fremde, herabwürdigende und feindliche Wirklichkeit geworfen zu werden, das konnte nun erstmals die Form praktischen Handelns, ambitionierter Projekte, kühner und weitsichtiger Realisierung annehmen.

Schon in den ersten Tagen seiner Präsidentschaft beginnt Senghor mit den Vorbereitungen des ersten Weltfestivals schwarzer Kunst (Premier Festival Mondial des Arts Nègres). Ja, schwarzer Kunst, denn es handelt sich um die Kunst aller Menschen schwarzer Hautfarbe, nicht nur der Afrikaner, es geht darum, diese Kunst in ihrer ganzen Dimension, Größe, Universalität, Lebendigkeit und Vielfalt zu zeigen. Afrikanität – das waren ihre Wurzeln, doch nun umspannt diese Kunst die ganze Welt.

Senghor eröffnet das Festival 1963 in Dakar. Es soll ein paar Monate dauern. Da ich zur Eröffnung zu spät komme und alle Hotels in der Stadt besetzt sind, erhalte ich ein Zimmer in der »Pension de famille«, die Mariem und Abdou führen, Senegalesen aus Peul, vielleicht Nachkommen eines ägyptischen Fellachen oder, wer weiß, vielleicht sogar eines Pharaos.

Am Morgen stellt Mariem ein Stück saftige Papaya, einen Becher sehr süßen Kaffee, ein halbes Baguette und ein Glas Marmelade vor mich hin. Obwohl sie schweigsam ist, gebietet der Brauch, die morgendliche Portion von Fragen zu stellen: wie ich geschlafen habe, ob ich ausgeschlafen bin, ob es auch nicht zu heiß war, ob mich Moskitos gestochen haben, ob ich Träume hatte. »Und wenn ich nichts geträumt habe?« frage ich. »Das ist unmöglich«, sagt Mariem. Sie träumt immer etwas. Sie träumt von Kindern, Vergnügungen und dem Besuch bei den Eltern im Dorf. Schöne und angenehme Träume.

Ich danke für das Frühstück und gehe zur Anlegestelle. Die Fähre bringt mich nach Dakar. Die ganze Stadt befindet sich im Festival-Fieber. Ausstellungen, Lesungen, Konzerte, Theater. Es sind alle da, Ost- und Westafrika, Süd- und Zentralafrika, Brasilien und Kolumbien, die ganze Karibik, mit Jamaika und Puerto Rico an der Spitze, Alabama und Georgia, die Inseln des Atlantiks und des Indischen Ozeans.

Auf den Straßen und Plätzen gibt es zahlreiche Theateraufführungen. Das afrikanische Theater ist nicht so rigide wie das europäische. Irgendwo kann sich zufällig eine Gruppe von Menschen zusammenfinden, um ein spontan ausgedachtes Stück aufzuführen. Es gibt keinen Text, alles ist ein Produkt des Augenblicks, der jeweiligen Stimmung, der Phantasie. Alles kann zum Thema werden: wie die Polizei eine Bande von Dieben schnappt, wie die Kaufleute dagegen kämpfen, daß die Stadt ihnen den Marktplatz wegnimmt, wie Ehefrauen um einen Mann kämpfen, der jedoch in eine andere verliebt ist. Der Inhalt muß einfach sein, und die Sprache für alle verständlich.

Einer hat eine Idee und meldet den Wunsch an, Regisseur zu sein. Der Regisseur verteilt die Rollen, und das Spiel kann beginnen. Wenn das auf der Straße, auf einem Platz oder in einem Hof geschieht, sammelt sich sofort eine Menge. Die Menschen lachen während der Aufführung, geben Kommentare ab, klatschen Applaus. Wenn die Handlung interessant ist, bleiben die Zuseher trotz der glühenden Hitze stehen, schauen aufmerksam, wie sich die Intrige entwickelt, doch wenn das Stück nicht Hand und Fuß hat und sich die soeben versammelte Truppe nicht einig wird, löst sich das Theater rasch wieder auf, Schauspieler und Zuschauer verlaufen sich, um den Platz anderen zu überlassen, die vielleicht mehr Glück haben.

Manchmal sehe ich, wie die Schauspieler den Dialog unterbrechen, um einen rituellen Tanz aufzuführen, dem sich die Zuschauer sofort anschließen. Es kann ein heiterer, fröhlicher Tanz sein, doch es kommt auch vor, daß die Tänzer von einer ernsten, getragenen Stimmung gepackt werden – die Teilnahme am gemeinsamen Rhythmus ist ein Erlebnis, ist wesentlich und wichtig. Dann endet der Tanz, und die Schauspieler kehren wieder zurück zu ihrem Dialog, und die Zuschauer, eben noch in mystischer Trance gefangen, lachen von neuem, ausgelassen und heiter.

Das Theater ist nicht nur mit dem Tanz verbunden. Ein wichtiger, ja untrennbarer Teil des Theaters ist auch die Maske. Die Akteure spielen manchmal in Masken, oft haben sie diese allerdings nur dabei – in der Hand, unter dem Arm, manchmal sogar auf den Rücken gebunden, weil es in dieser Hitze nicht leicht ist, längere Zeit eine Maske vor dem Gesicht zu tragen. Die Maske ist ein Symbol, sie ist ein Gebilde voller Emotionen und Bedeutungen, sie erzählt von der Existenz einer anderen Welt, deren Zeichen, Mal, Sendbote sie ist. Sie teilt uns etwas mit, warnt vor etwas, obwohl scheinbar leblos und reglos, weckt sie allein durch ihren Anblick in uns Gefühle und Emotionen, verlangt sie von uns, sich ihr unterzuordnen.

Senghor versammelte Tausende und Abertausende von Masken, viele entlieh er aus Museen. In ihrer Masse, ihrer Gemeinsamkeit stellten die Masken eine geheimnisvolle Welt für sich dar. Man begann zu begreifen, weshalb die Masken so eine Macht über die Menschen besessen, sie hypnotisiert, überwältigt oder in Ekstase versetzt hatten. Und es wurde auch klar, warum die Notwendigkeit der Maske und der Glaube an ihre magische Kraft ganze Gesellschaften verbanden und ihnen gestatteten, sich über Kontinente und Ozeane hinweg zu verständigen. Die Masken verliehen ihnen ein Gefühl der Gemeinschaft und Identität, stellten eine Form kollektiver Tradition und Erinnerung dar.

Während ich von einer Theateraufführung zur anderen ging, von einer Masken- und Skulpturenausstellung zur nächsten, hatte ich das Gefühl, ich würde Zeuge der Wiedergeburt einer großen Kultur, des Erwachens ihres Gefühles der Andersartigkeit, ihrer Bedeutung und ihres Stolzes, des Bewußtseins ihrer globalen, universalen Reichweite, denn hier gab es nicht nur Masken aus Mozambique und dem Kongo, sondern auch Lampen des Macumba-Kultes aus Rio de Janeiro und Kräuter der schützenden Götter des haitianischen Vodoo und Kopien von Sarkophagen der Pharaonen.

In die Freude über die wiedererwachende Gemeinschaft mischte sich jedoch auch ein Gefühl der Ernüchterung und Enttäuschung. Ein Beispiel: Hier in Dakar las ich das kurz zuvor erschienene Buch des amerikanischen Schriftstellers Richard Wright, *Black Power*. Anfang der fünfziger Jahre unternahm Wright, ein Afroamerikaner aus Harlem, geleitet von dem Wunsch, in das Land seiner Vorväter (man sprach von einer Rückkehr in den Schoß der Mutter – Afrika) zurückzukehren, eine Reise nach Ghana.

Ghana kämpfte zu jener Zeit für seine Unabhängigkeit, es marschierte, protestierte, revoltierte. Und Wright nahm teil an diesen Aufmärschen, er lernte das Alltagsleben in den Städten kennen, er besuchte die Märkte in Akkra und Takoradi, er sprach mit Händlern und Plantagenbesitzern, und er stellte fest, daß sie zwar alle dieselbe schwarze Hautfarbe besaßen, daß jedoch sie, die Afrikaner, und er, der Amerikaner, einander völlig fremd waren, daß sie keine gemeinsame Sprache hatten: was ihnen wichtig erschien, war ihm völlig gleichgültig. Je länger seine afrikanische Reise dauerte, um so schwerer fiel es dem Autor, dieses Gefühl der

Fremdheit zu ertragen, das er als Fluch und Alptraum erlebte.

Die Philosophie der Négritude versucht diese Barrieren in Form fremder Kulturen, die die Welten der Schwarzen voneinander trennen, zu überwinden und ihnen eine verbindende Sprache, eine Gemeinsamkeit wiederzugeben.

In der »Pension de famille« habe ich ein Zimmer im ersten Stock. Aber was für ein Zimmer! Es ist groß, die Wände sind aus Stein, statt der Fenster besitzt es zwei Öffnungen, statt der Tür – eine Öffnung, die jedoch groß wie ein Scheunentor ist. Ich habe auch eine große Terrasse, von der aus man aufs Meer sieht. Meer und nichts als Meer. Atlantik. Durch das Zimmer weht ständig eine kühle Brise, was mir das Gefühl gibt, auf einem Schiff zu wohnen. Die Insel freilich bewegt sich nicht, und auch das immer ruhige Meer ist gewissermaßen reglos, nur die Farben verändern sich ständig – die Farben des Meeres, des Himmels, des Tages und der Nacht. Überhaupt alle Farben, die der Wände und Dächer des benachbarten Dorfes, der Segel der Fischerboote, des Sandes am Strand, der Palmen und Mangobäume, der unablässig kreisenden Möwen und Seeschwalben. Einem farbempfindlichen Menschen verursacht dieser schläfrige Ort Kopfschmerzen, er ist faszinierend und berauschend, doch nach einiger Zeit wirkt er betäubend und ermüdend.

Nicht weit von der Hotelpension, zwischen großen Strandfelsen und Buschwerk, sieht man die Reste gekalkter Mauern, zerstört durch die Zeit und das Salz. Die Mauern und überhaupt die ganze Insel Gorée besitzen eine üble Vergangenheit. Zweihundert Jahre lang und vielleicht länger war die Insel ein Gefängnis, ein Konzentrationslager und ein Hafen, von dem afrikanische Sklaven auf die andere Erdhalbkugel gebracht wurden – nach den beiden Amerikas und in die Karibik. Es gibt verschiedene Zählungen, wonach damals von Gorée ein paar, ein Dutzend oder sogar zwanzig Millionen junger Frauen und Männer verschifft wurden. Für die damaligen Zeiten auf jeden Fall eine schwindelerregende Zahl! Der massenhafte Menschenraub und die Transporte entvölkerten ganz Afrika.

Der Kontinent leerte sich, wurde von Busch und Wildgewächsen überwuchert.

Ohne Unterbrechung wurden jahrelang Kolonnen von Menschen aus dem Inneren Afrikas zu dem Ort getrieben, wo heute Dakar steht, und von dort mit Booten auf die Insel geschafft. Ein Teil kam bereits hier um, vor Hunger oder Durst, durch Krankheiten, während sie auf die Schiffe warteten, die sie über den Atlantik bringen sollten. Die Toten wurden auf der Stelle ins Meer geworfen und von den Haien zerrissen. Die Gewässer rings um Gorée waren ein einziger riesiger Futterplatz. Die Raubfische kreisten in Geschwadern um die Insel. Ein Fluchtversuch war sinnlos – die Fische lauerten den Tollkühnen auf, sie bewachten sie ebenso eifrig wie die weißen Wächter. Von denen, die mit Schiffen weggebracht wurden, kam nach Berechnung von Historikern die Hälfte unterwegs um. Von Gorée nach New York sind es auf dem Seeweg über sechstausend Kilometer. Diese Entfernung und die schrecklichen Reisebedingungen überlebten nur die Kräftigsten.

Machen wir uns heute darüber Gedanken, daß die Reichtümer der Welt seit Urzeiten von Sklaven erarbeitet wurden? Bei den Bewässerungssystemen in Mesopotamien, den chinesischen Mauern, den ägyptischen Pyramiden, der Akropolis in Athen angefangen über die Zuckerrohrplantagen in Kuba, die Baumwollfelder in Louisiana und Arkansas bis zu den Kohlengruben in Kolyma und den deutschen Autobahnen? Und die Kriege? Seit frühesten Zeiten haben die Menschen Kriege geführt, um Sklaven zu erbeuten. Zu erbeuten, in Fußeisen zu legen, mit Peitschen zu treiben, zu vergewaltigen, eine Befriedigung zu verspüren, daß man einen anderen Menschen sein eigen nennen konnte. Sklaven waren ein wichtiger, manchmal der einzige Grund für Kriege, ihr mächtiger und sogar offizieller Auslöser.

Diejenigen, die die atlantische Reise überlebten (man sprach davon, daß die Schiffe *black cargo* transportierten), nahmen ihre afrikanisch-ägyptische Kultur mit, die Herodot so fasziniert hatte und die der unermüdliche Grieche, lange bevor diese auf die andere Halbkugel gelangt war, in seinem Buch beschrieb.

Und was für Sklaven hatte Herodot selber? Wie viele? Wie hat er sie behandelt? Ich glaube, daß er ein gutherziger Mensch war und daß sie sich über ihren Herrn nicht beklagen konnten. Sie haben mit ihm ein gutes Stück der Welt gesehen und dienten ihm vielleicht später, als er sich in Thurioi niederließ, um seine *Historien* zu schreiben, als lebendes Gedächtnis, als wandelnde Enzyklopädie, riefen ihm Namen, Bezeichnungen und Details von Geschichten in Erinnerung, die er vergessen hatte, und leisteten dadurch ihren Beitrag zu der erstaunlichen Datenfülle des Buches.

Doch was geschah mit ihnen, als Herodot starb? Wurden sie zum Verkauf auf den Markt gebracht? Oder waren sie vielleicht schon so alt wie ihr Herr und haben kurz nach ihm das Zeitliche gesegnet?

*SZENEN DES WAHNSINNS
UND DER
BESONNENHEIT*

Am angenehmsten wäre es, sich am Abend auf der Terrasse an einen Tisch mit einer Lampe zu setzen, dem Rauschen des Meeres zuzuhören und dabei Herodot zu lesen. Doch genau das ist ein Problem, denn es genügt, die Lampe zu entzünden, und die Dunkelheit beginnt sich zu beleben, zu kreuchen und zu fleuchen, weil ganze Schwärme von Insekten dem Licht zustreben. Die aufgeregtesten und vorwitzigsten Exemplare sausen beim Anblick der Helligkeit blind drauflos und knallen mit dem Kopf gegen die erleuchtete Glühlampe, worauf sie tot zu Boden fallen. Andere, noch nicht ganz wach, kreisen vorsichtiger herum, dafür pausenlos und unermüdlich, als versorgte sie das Licht mit unerschöpflicher Energie. Eine regelrechte Pein ist eine Sorte winziger Fliegen, so keck und gierig, daß es ihnen nichts ausmacht, wenn sie verscheucht oder erschlagen werden – die einen kommen ums Leben, doch schon warten Wolken anderer darauf, zum Angriff zu starten. Denselben Eifer legen auch anderes Gewürm, Käferchen und verschiedene, mir namentlich nicht bekannte lästige und böswillige Insekten an den Tag. Das ärgste Hemmnis für die Lektüre ist jedoch eine gewisse Sorte Nachtfalter, die offensichtlich durch etwas beunruhigt und gereizt werden, was sie in den Pupillen des Menschen zu sehen glauben, denn sie versuchen, sich auf die Augen zu setzen und diese zu verdecken, sie mit ihren dunkelgrauen fleischigen Flügeln zu verkleben.

Von Zeit zu Zeit kommt Abdou als mein Retter. Er schleppt ein klappriges Öfchen mit glühenden Kohlen herbei, auf die er aus einem Beutel eine Mischung aus Harzbrocken, kleinen Wurzeln, Samen und Beeren schüttet, worauf er mit der ganzen Kraft seiner mächtigen Lungen in das knisternde Feuer bläst. Ein scharfer, schwerer, betäubender Geruch steigt empor. Wie auf ein Kommando ergreift der Großteil der Bande panisch die Flucht, während der Rest, der das verabsäumt und zurückbleibt, noch eine Zeitlang benommen auf mir und dem Tisch herumkrabbelt, bis er plötzlich erstarrt und gelähmt zu Boden fällt.

Abdou geht mit zufriedener Miene ab, und ich habe für einige Zeit Ruhe und kann lesen. Herodot nähert sich langsam dem Ende seines Werkes. Vier Szenen beschließen sein Buch:

I. Eine Schlachtenszene (die letzte Schlacht – Mykale).

Am selben Tag, als die Griechen bei Platää die Armee der Perser zerschlugen, deren Überlebende sich in die Heimat zurückzogen, vernichtete die griechische Flotte am anderen, östlichen Ufer der Ägäis, bei Mykale, einen anderen Teil der persischen Armee, womit sie den Krieg gegen die Perser (oder Asien) mit einem Sieg der

Griechen (oder Europas) abschloß. Die Schlacht bei Mykale nahm einen kurzen Verlauf. Die Heere beider Seiten standen einander gegenüber. *Als die Griechen schlagfertig waren, rückten sie gegen die Barbaren vor.* Während sie vorstürmten, erreichte sie plötzlich die Nachricht, ihre Stammesbrüder hätten bei Platää die Perser vernichtet.

Wie diese Nachricht zu ihnen gelangt ist, schreibt Herodot nicht. Es ist auf jeden Fall rätselhaft, denn die Entfernung zwischen Platää und Mykale ist groß, sie beträgt mindestens ein paar Tage Segelreise. Einige äußern heute die Ansicht, die Sieger hätten möglicherweise die Information durch eine Linie von Feuern weitergegeben, die von Insel zu Insel entzündet wurden; wenn einer das weithin lodernde Feuer sah, entzündete er ebenfalls ein solches, damit der nächste in der Linie es sah und mit dem Lichtschein der Flammen die Nachricht weiterschicken konnte. Es genügte jedenfalls, daß die Kunde zu den Griechen gelangte, um ihrem Heer Mut zu machen und sie um so kampfesfreudiger in die Schlacht ziehen zu lassen. Der Kampf ist verbissen, der Widerstand der Perser entschlossen, doch am Ende tragen die Griechen den Sieg davon. *Nachdem die Griechen die Barbaren in der Schlacht oder auf der Flucht größtenteils niedergemacht, steckten sie die Schiffe und das ganze Lager in Brand. Vorher hatten sie jedoch die Beute an den Strand gebracht...*

II. Eine Liebesszene (*love story* und Hölle der Eifersucht).

Zur selben Zeit, als die Heere der Perser bei Platää und Mykale bluten und untergehen und die verbliebenen Soldaten, von den Griechen verfolgt und hingemordet, sich zur persischen Stadt Sardeis durchzuschlagen suchen, denkt der dort untergeschlüpfte König Xerxes gar nicht an den Krieg, an seine schändliche Flucht aus Athen und die totale Niederlage des Imperiums, sondern ergeht sich in riskanten und verwerflichen Liebesspielen. Die Psychologie kennt den Begriff der Verdrängung – der Versuch, ein böses Erlebnis, eine schlimme Erinnerung aus dem Gedächtnis zu tilgen, um Ruhe und geistige Ausgeglichenheit wiederzufinden. Auch in der Psyche des Xerxes muß sich offenbar ein solcher Prozeß abgespielt haben. In einem Jahr führt er, aufgeblasen und machtlüstern, die größte Armee der Welt nach Griechenland, und im nächsten, nach der Niederlage, vergißt er das Ganze, und das einzige, was ihn von diesem Moment an beschäftigt und lockt, sind – die Frauen.

Als Xerxes nach seiner Flucht aus Griechenland Zuflucht in Sardeis gefunden hatte, *verliebte er sich in die Frau des Masistes, die auch dort war. Trotz aller Bemühungen konnte er sie jedoch nicht dazu bewegen, sich ihm zu ergeben... Da es Xerxes nicht gelungen war, seinen Zweck auf andere Weise zu erreichen, verheiratete er seinen Sohn Dareios mit der Tochter des Masistes und dieser Frau, weil er hoffte, sie würde ihm dann eher zu Willen sein.* Anfangs macht der König also nicht Jagd auf das junge Mädchen mit Namen Artaynte, sondern auf ihre Mutter und seine Schwägerin, die ihm in Sardeis noch attraktiver erschien als die Tochter.

Als jedoch Xerxes von Sardeis in die Hauptstadt seines Imperiums, nach Susa, und in den dortigen königlichen Palast zurückkehrt, ändert sich sein Geschmack.

Aber als er dort angekommen war und die Frau des Dareios in sein Haus aufgenommen hatte, verlangte ihn nicht länger nach der Frau des Masistes, sondern er verliebte sich nunmehr in die Frau des Dareios, die Tochter des Masistes, die sich ihm auch ergab ...

Nach einiger Zeit aber kam das auf folgende Weise an den Tag. Amestris, die Gemahlin des Xerxes, hatte einen großen, besonders schönen bunten Mantel gewebt und ihn Xerxes geschenkt. Er aber hatte seine Freude daran, hängte ihn um und ging damit zu Artaynte. Nachdem er auch an ihr seine Freude gehabt, forderte er sie auf, sich für die ihm erwiesene Gunst etwas auszubitten; jede Bitte würde er ihr gewähren.

Die Schwiegertochter aber ist keck genug, den Mantel von ihm zu erbeten. Erschrocken versucht Xerxes ihr diesen Wunsch auszureden. Er befürchtet, auf diese Weise werde Amestris ihren Verdacht hinsichtlich seiner Missetaten bestätigt finden. Er bietet daher dem Mädchen *Städte, Gold in Menge, ja ein Heer, über das niemand zu befehlen haben sollte als sie allein!* Doch das Trotzköpfchen sagt: Nein. Es will den Mantel haben, nur den Mantel, und sonst nichts.

Und der König eines Weltreichs, der Herrscher über Leben und Tod von Millionen Menschen, muß nachgeben. *Da sie sich damit nicht zufrieden gab, schenkte er ihr dann doch den Mantel. Sie aber war über das Geschenk sehr erfreut, hängte sich den Mantel um und machte Staat damit.*

Als auch Amestris hörte, daß sie ihn hätte, und dahinter kam, wie das zusammenhing, richtete sich ihr Haß nicht gegen diese Frau, sondern weil sie glaubte, ihre Mutter wäre schuld daran und hätte das zuwege ge-

bracht, sollte die Frau des Masistes ihr dafür büßen. Damit wartete sie jedoch, bis Xerxes, ihr Mann, sein Königsmahl hielt – dieses Mahl wird alle Jahre nur einmal, am Geburtstage des Königs, gehalten und heißt auf persisch »Tykta« ... das vollkommene Mahl. Nur bei der Gelegenheit pflegt sich der König den Kopf zu salben und die Perser zu beschenken. – Den Tag wartete Amestris ab und bat sich an ihm die Frau des Masistes von Xerxes als Geschenk aus. Er aber hielt es für unerhört und abscheulich, ihr die Frau seines Bruders auszuliefern, zumal da sie an der Sache ganz unschuldig war; denn er merkte recht gut, weshalb sie ihn darum bat.

Da sie aber immer wieder darum bat, mußte er sich endlich doch in das Unvermeidliche finden; denn nach Landessitte darf beim Königsmahl den Gästen keine Bitte abgeschlagen werden. So willigte er dann wenn auch schweren Herzens ein und erlaubte ihr, als er sie ihr schenkte, mit ihr zu machen, was sie wollte. Darauf ließ er seinen Bruder kommen und sagte zu ihm: »Masistes, du bist ... ein tapferer Mann, aber von der Frau, die du jetzt hast, mußt du dich scheiden; ich will dir statt ihrer meine Tochter zur Frau geben, und die kannst du zu dir nehmen; denn ich wünsche nicht, daß du die jetzige noch länger behältst.«

Masistes war äußerst verwundert. *»Herr, wie kannst du mir so etwas zumuten: meine Frau, von der ich Söhne und Töchter habe, von denen du eine sogar deinem Sohne zur Frau gegeben hast, die Frau, die ich so herzlich lieb habe, soll ich verstoßen und deine Tochter heiraten? Es ist zwar eine hohe Ehre für mich, daß du mich für würdig hältst, der Mann deiner Tochter zu werden, tun aber werde ich weder das eine noch das andere.«*

Darauf Xerxes erzürnt: »*So, das hast du nun davon, Masistes, jetzt sollst du weder meine Tochter haben, noch jene Frau noch länger behalten, damit du lernst, daß man Wohltaten dankbar annehmen muß.*« *Als Masistes das hörte, ging er hinaus und sagte nichts weiter als:* »*Herr, ich bin auch noch da.*«
Unterdessen, während Xerxes mit seinem Bruder sprach, ließ Amestris die Schergen des Xerxes kommen und die Frau des Masistes verstümmeln. Sie ließ ihr die Brüste abschneiden und sie den Hunden vorwerfen, ihr auch Nase, Ohren, Lippen und Zunge abschneiden und schickte sie so verstümmelt nach Hause.

Spricht Amestris zu ihrer Schwägerin, als sie diese in ihre Hände bekommt? Überschüttet sie sie mit Verwünschungen, während man ihr stückweise die Brust absäbelt (scharfer Stahl war damals noch unbekannt)? Oder schnaubt und zischt sie nur vor Haß? Wie verhielten sich die Leute der Wache, die das Opfer festhalten mußten? Masistes' Frau brüllte doch sicher vor Schmerz, zappelte und versuchte, sich zu befreien. Taxierten sie ihre Brüste? Schwiegen sie verschreckt? Kicherten sie heimlich? Vielleicht wurde die Schwägerin, der man das Gesicht zerschnitt, ohnmächtig, und man mußte sie immer wieder mit Wasser begießen? Und was war mit den Augen? Stach ihr die Königin die Augen aus? Herodot erwähnt nichts dergleichen. Hat er es vergessen? Hat Amestris es vergessen?

Masistes hatte davon zwar noch nichts gehört, ahnte aber, daß es ein Unglück geben würde, und lief schnell nach Hause. Als er seine Frau so grausam zugerichtet fand (die nichts sagen konnte ohne Zunge, im übrigen wissen wir nicht, ob sie überhaupt bei Bewußtsein war), *besprach er sich sogleich mit seinen Söhnen und machte sich mit ihnen und einigen anderen nach Baktra auf, um in Baktrien einen Aufruhr zu erregen und den König vom Throne zu stoßen. Dazu wäre es, glaube ich, auch wohl gekommen, wenn er früh genug bei den Baktriern und den Saken angelangt wäre; denn sie liebten ihn, und er war Statthalter von Baktrien. Aber als Xerxes hörte, daß er es darauf abgesehen, schickte er ihm ein Heer nach, und er wurde unterwegs mit seinen Söhnen und allen seinen Anhängern erschlagen. Damit genug von der Liebschaft des Xerxes und dem Ende des Masistes.*

Alles das ereignet sich an der Spitze der Macht, des Imperiums. An der Spitze, das heißt am gefährlichsten Ort, der immer wieder von Blut trieft. Der König lebt mit seiner Schwiegertochter zusammen, die Königin zersäbelt die unschuldige Schwägerin. Das Opfer wird sich später, da ihm die Zunge herausgeschnitten wurde, nicht einmal darüber beklagen können. Das Gute wird bestraft, es erleidet eine Niederlage: Der gute Mensch, Masistes, wird auf Befehl seines Bruders ermordet, seine Söhne werden getötet, die Frau wird auf grausamste Weise verstümmelt. Am Ende, Jahre später, wird auch Xerxes selber erdolcht werden. Was geschah mit der Königin? Kommt sie ums Leben, nimmt die Tochter des Masistes Rache an ihr? Das Rad von Verbrechen und Strafe dreht sich schließlich immer weiter. Hat Shakespeare Herodot gelesen? Unser Grieche beschrieb eine Welt der wüstesten Leidenschaften und königlichen Morde zweitausend Jahre vor dem Autor eines Hamlet und Henry VIII.

III. Szene der Rache (Kreuzigung).

In Sestos und Umgebung regiert zu jener Zeit ein vom König eingesetzter Statthalter, Artayktes, *ein ruchloser Bösewicht, der auch den König, als er nach Athen zog, belogen hatte* ... Herodot wirft ihm vor, er habe Gold, Silber und andere Kostbarkeiten gestohlen und auch *mit Weibern Unzucht an heiliger Stätte* getrieben.

Auf ihrer Verfolgung der Reste der gegnerischen Armee kamen die Griechen in der Absicht, die Brücken über den Hellespont zu zerstören (über die die persische Armee nach Griechenland marschiert war), zur am stärksten befestigten Stadt der Perser auf europäischer Seite, Sestos, und begannen sie zu belagern. Zuerst konnten sie die Stadt lange nicht einnehmen. Die griechischen Soldaten äußerten sogar schon den Wunsch, nach Hause zurückzukehren, doch ihre Führer wollten das nicht gestatten. In der Zwischenzeit gingen in Sestos die Vorräte zur Neige, und der Hunger begann die Belagerten zu dezimieren. *In der Stadt aber war es schon so weit gekommen, daß die Leute die Bettgurte kochten und aßen. Wie sie auch damit den Hunger nicht mehr stillen konnten, entflohen Artayktes und Oiobazos mit den Persern bei Nacht aus der Stadt, indem sie sich hinten, wo die wenigsten Feinde standen, von den Stadtmauern hinabließen.*

Die Griechen jagten ihnen hinterher. *Artayktes und die Perser, die sich erst später mit ihm auf die Flucht gemacht hatten, wurden ... eingeholt und nach längerer Gegenwehr entweder niedergemacht oder gefangen genommen und von den Griechen in Fesseln nach Sestos geführt. Unter den Gefangenen aber befanden sich auch Artayktes und sein Sohn ... Sie führten ihn also hinaus an den Strand, wo Xerxes die Brücke geschlagen hatte, nach anderen auf eine Anhöhe oberhalb der Stadt Madytos und schlugen ihn dort ans Kreuz. Den Sohn des Artayktes aber steinigten sie vor seinen Augen.*

Herodot sagt uns nicht, ob der gekreuzigte Vater noch lebt, während sie den Sohn mit Steinen erschlagen. Ist die Wendung »vor seinen Augen« wörtlich zu verstehen oder bloß metaphorisch gemeint? Vielleicht hat Herodot die Zeugen gar nicht nach diesen heiklen und grausigen Details befragt? Vielleicht konnten ihm die Zeugen darüber auch nichts sagen, weil sie die Geschichte nur aus Erzählungen kannten?

IV. Retrospektive Szene (soll man ein besseres Land suchen?)

Herodot erinnert daran, daß ein Vorfahre des gekreuzigten Artayktes ein gewisser Artembares war, der einst dem damaligen König der Perser, Kyros dem Großen, folgenden, von seinen Landsleuten akzeptierten Vorschlag gemacht hatte: *»Nachdem Zeus Astyages die Herrschaft genommen und sie den Persern, vor allen aber dir, Kyros, gegeben hat, wollen wir auch nicht länger hier in unserem kleinen und noch dazu rauhen Lande bleiben, sondern uns ein besseres dafür aussuchen ... Wann aber böte sich uns dazu eine bessere Gelegenheit als gerade jetzt, wo wir so viele Völker und ganz Asien beherrschen?« Als Kyros das hörte, lachte er und sagte: »Nur zu; dann aber müßt ihr euch darauf gefaßt machen, aus Herren zu Knechten zu werden, denn in üppigen und weichlichen Ländern kommen immer auch nur Weichlinge zur Welt; denn in demselben Lande pflegen reiche Früchte und tapfere Männer nicht zugleich auf den Bäumen zu wachsen.«*

Da sahen die Perser ein, daß Kyros recht hatte, und standen von ihrem Vorhaben ab, weil sie lieber in ihrer armen Heimat über andere herrschen, als in dem reichsten Lande von anderen beherrscht werden wollten.

Ich las den letzten Satz und legte das Buch auf den Tisch. Abdous Räucherzauber hatte längst aufgehört zu wirken, und wieder umschwirrten mich von allen Seiten Schwärme von Fliegen, Moskitos und Nachtfaltern. Jetzt waren sie sogar noch rastloser und lästiger. Ich gab auf und flüchtete von der Terrasse.

Am Morgen ging ich zur Post, um Nachrichten nach Polen zu schicken. Am Schalter erwartete mich ein Telegramm. Mein guter, fürsorglicher Chef, Michał Hofman, ersuchte mich, falls sich in Afrika nichts Außergewöhnliches ereigne, für ein Gespräch nach Warschau zu kommen. Ich blieb noch ein paar Tage in Dakar, dann nahm ich Abschied von Mariem und Abdou, lief durch die engen, gewundenen Gäßchen von Gorée und flog nach Hause.

HERODOTS ENTDECKUNG

Kurz vor meiner Abreise aus Gorée besuchte mich eines Abends noch ein Kollege, ein tschechischer Korrespondent, den ich einst in Kairo kennengelernt hatte: Jarda. Er war ebenfalls nach Dakar zum Festival, zum Premier Festival Mondial des Arts Nègres, gekommen. Wir gingen stundenlang durch die Ausstellungen und versuchten Sinn und Bedeutung der Masken und Skulpturen der Banbara, Makonde oder Ife zu erraten. Sie alle hatten für uns ein bedrohliches Aussehen. Wenn man sie bei Nacht sah, im flackernden Licht der Feuer und Fackeln, schienen sie zum Leben zu erwachen und konnten einem Angst und Schrecken einjagen.

Wir unterhielten uns über die Schwierigkeiten, in einem kurzen Artikel, in ein paar Worten, etwas über die afrikanische Kunst zu schreiben. Wir waren in einer anderen, uns bisher unbekannten Welt gelandet, während wir doch nur unsere eigenen Begriffe und unser Vokabular kannten, mit dem sich das hier Gesehene nicht wiedergeben ließ. Wir waren uns dieser Probleme bewußt, sahen jedoch keine Lösung.

Hätten wir zu Zeiten Herodots gelebt, wären Jarda und ich Skythen gewesen, die damals unseren Teil Europas bewohnten. Wir wären auf rassigen Pferden, für die sich die Griechen so sehr begeisterten, durch Wälder und Felder geritten, hätten mit Bogen geschossen und Kumys getrunken. Herodot hätte großes Interesse für uns gezeigt, hätte nach unseren Sitten und unserem Glauben gefragt, danach, was wir essen und worin wir uns kleiden. Dann hätte er genau beschrieben, wie wir die Perser in die Falle eines schneereichen und beißend kalten Winters lockten und ihre Armee besiegten und wie der von uns verfolgte König Dareios nur knapp mit dem Leben davonkam.

Während unseres Gesprächs sah Jarda Herodots Buch auf dem Tisch liegen. Er fragte mich, wie ich darauf gestoßen sei. Ich erzählte ihm, wie ich das Buch auf meinen Weg mitbekommen hatte und wie ich mit der Zeit, je mehr ich darin las, gleichzeitig zwei Reisen unternahm, eine, um meine Aufgaben als Korrespondent zu erfüllen, und die zweite auf den Spuren der Expeditionen Herodots. Ich fügte hinzu, der Titel, *Geschichten* oder *Historien*, entspreche meines Erachtens nicht dem Wesen des Werkes. In jenen Zeiten bedeutete das griechische Wort *historia* eher »Forschung« oder »Untersuchung«, und dieser Begriff würde die Absichten und Zielsetzungen des Autors besser wiedergeben. Schließlich saß er nicht in Archiven und schrieb keine akademischen Arbeiten, wie das Gelehrte später machten, sondern wollte erforschen, kennenlernen und beschreiben, wie täglich Geschichte entsteht, wie die Menschen sie schaffen, wie es kommt, daß die Richtung der Geschichte oft gegensätzlich zu den Bemühungen und Erwartungen der Menschen verläuft. Sind es die Götter, die darüber entscheiden, oder ist der Mensch aufgrund seiner Unvollkommenheit und Einschränkungen nicht imstande, sein Schicksal klug und rational zu gestalten?

»Als ich«, sagte ich zu Jarda, »mit der Lektüre dieses Buches begann, stellte ich mir die Frage, wie der Autor das Material dafür zusammentragen konnte.« Es gab schließlich noch keine Bibliotheken, keine umfassenden Archive, keine Ordner mit Presseausschnitten oder unabhängige Datenbanken. Schon auf den ersten Seiten gibt Herodot darauf eine Antwort, wenn er zum Beispiel schreibt: *Nun behaupten die persischen Gelehrten ...* oder: *Die Phoiniker behaupten nämlich ...,* und er fügt hinzu: *Das sagen die Perser, dies die Phoiniker. Ich lasse es dahingestellt, wie es wirklich dabei zugegangen. Zunächst aber will ich den Mann nennen, von dem ich weiß, daß er zuerst gegen die Griechen feindlich aufgetreten ist, und dann in meiner Erzählung fortfahren und dabei die Städte der Menschen anführen, große sowohl wie kleine. Denn viele Städte, die vormals groß waren, sind klein geworden, und viele, zu meiner Zeit große, waren früher klein. Da ich weiß, wie bald die Herrlichkeit der Welt vergeht, werde ich beide erwähnen.*

Doch woher konnte Herodot, ein Grieche, wissen, was die fern wohnenden Perser oder Phönizier, die Bewohner Ägyptens oder Libyens sagen? Weil er zu ihnen gereist ist, sie befragt, beobachtet hat. Und aus dem, was andere ihm erzählten und was er selber gesehen hat, setzte sich sein Wissen zusammen. Das heißt, seine erste Handlung war die Reise. Aber ist das nicht bei allen Reportern der Fall? Daß sich unser erster Gedanke darauf richtet, uns auf den Weg zu machen? Der Weg ist die Quelle, er ist eine Schatzkammer, ein Reichtum. Erst wenn er wieder auf Reisen geht, fühlt sich der Reporter wie er selber, fühlt er sich zu Hause.

Bei der Lektüre Herodots entdeckte ich in ihm mit der Zeit eine verwandte Seele. Was veranlaßte ihn zu seinen Reisen? Was lag seinem Handeln zugrunde? Was drängte ihn, die Mühen der Reise auf sich zu nehmen, die nächsten Expeditionen zu wagen? Ich glaube, es war die Neugierde auf die Welt. Der Wunsch, dort zu sein, um jeden Preis das zu sehen, unbedingt das zu erleben.

Das ist im Grunde eine Leidenschaft, die man nur selten antrifft. Der Mensch ist von Natur aus ein seßhaftes Wesen. Seit er sich dem Ackerbau widmen und die risikoreiche und ärmliche Existenz des Jägers und Sammlers aufgeben konnte, hat er sich zufrieden auf seinem Stückchen Boden niedergelassen, sich gegen andere mittels Mauern oder Gräben abgegrenzt, bereit, für diesen Platz sein Blut zu vergießen, ja sogar sein Leben zu opfern. Wenn er von dort aufbrach, dann unter Zwang, getrieben vom Hunger, von Seuchen oder Kriegen oder auf der Suche nach einer besseren Arbeit oder aus sonstigen beruflichen Gründen – weil er ein Segler war, ein Handelsreisender, ein Karawanenführer. Doch aus eigenem Wunsch jahrelang die Welt zu durchmessen, um sie kennenzulernen, zu ergründen, zu begreifen? Und um das dann später zu beschreiben? Solche Menschen hat es immer nur wenige gegeben.

Woher stammte bei Herodot diese Leidenschaft? Vielleicht führte sie sich auf die Frage zurück, die im Kopf des Kindes geboren wird: Woher stammen die Schiffe? Wenn Kinder an einer Bucht im Sand spielen, sehen sie fern am Horizont plötzlich ein Schiff auftauchen, das auf sie zukommt und immer größer wird. Aber von wo ist dieses Schiff so plötzlich gekommen? Die meisten Kinder werden sich so eine Frage gar nicht erst stellen. Doch eines von ihnen, das gerade an einer Sandburg baut, fragt vielleicht: Von wo ist dieses Schiff hergekommen? Diese ferne, ferne Linie des Horizonts sieht doch aus wie das Ende der Welt! Ist etwa hinter dieser Linie noch eine Welt? Und hinter der noch eine andere? Welche? Und das Kind beginnt nach einer Antwort zu suchen. Und dann, wenn es erwachsen ist, sucht es sie noch dringender, mit vermehrtem, unstillbarem Erkenntnisdrang.

Der Weg selber ist bereits ein Teil der Antwort. Die Bewegung. Die Reise. Ja, das Buch Herodots entstand aus der Reise heraus, es ist die erste große Reportage der Weltliteratur. Ihr Autor besitzt die Intuition eines Reporters, das Auge und Ohr eines Reporters. Er ist rastlos, er muß über das Meer fahren, die Steppe durchqueren, in die Wüste vordringen – dann berichtet er uns darüber. Er verblüfft uns durch seine Ausdauer, nichts vermag ihn abzuschrecken, er sagt kein einziges Mal, er habe vor etwas Angst.

Was leitet ihn, wenn er sich unerschrocken und nimmermüde in seine großen Abenteuer stürzt? Ich glaube, es ist der optimistische Glaube, den wir, die modernen Menschen, seit langem verloren haben: daß es möglich ist, die Welt zu beschreiben.

Herodot fesselte mich von Anfang an. Ich las oft in seinem Buch, kehrte immer wieder zu ihm zurück, zu seinen Gestalten, den darin beschriebenen Szenen, den Dutzenden von Erzählungen, den zahllosen Abschweifungen. Ich machte oft den Versuch, mich in diese Welt zu versetzen, mich in ihr zu orientieren, mich an sie zu gewöhnen.

Das fiel mir nicht schwer. Aus der Art zu schließen, wie er die Menschen und die Welt sah und beschrieb, muß er ein verständnisvoller und herzlicher Mensch gewesen sein, ohne Böswilligkeit und ohne Haß. Er wollte alles verstehen, wollte ergründen, warum jemand so handelt und nicht anders. Er gab nicht dem Menschen als Einzelperson die Schuld, sondern dem System, nicht das Individuum war von Natur aus schlecht, verdorben, niederträchtig, schlecht war vielmehr das System, in dem der Mensch leben muß. Daher war er ein glühender Anhänger der Freiheit und Demokratie und ein Gegner des Despotismus, der Alleinherrschaft und Tyrannei, denn er war der Ansicht, der Mensch hätte nur in der Demokratie eine Chance, in Würde zu leben, er selber, Mensch zu sein. Seht her, schien Herodot zu sagen, eine kleine Gruppe griechischer Kleinstaaten hat die große östliche Macht nur deshalb bezwungen, weil die Griechen sich frei fühlten und bereit waren, für diese Freiheit alles zu geben.

Doch obwohl unser Grieche die Überlegenheit seiner Landsleute anerkannte, stand er ihnen nicht unkritisch gegenüber. Er sah, wie leicht sich das löbliche Prinzip von Diskussion und freier Rede in giftiges und zerstörerisches Gezänk verwandeln konnte. Er zeigte, daß die Griechen imstande waren, sich sogar noch auf dem

Schlachtfeld in die Haare zu kriegen, im Angesicht der auf sie einstürmenden Reihen der feindlichen Armee. Als sie gewahr wurden, daß die Soldaten des Xerxes bereit waren loszuschlagen, daß sie schon die ersten Pfeile abschossen und zu ihren Schwertern griffen, begannen die Griechen zu streiten, welchen Perser sie zuerst angreifen sollten – den, der von links kam, oder den, der von rechts auf sie eindrang. War diese Streitsucht einer der Gründe, weshalb die Griechen nie imstande waren, einen gemeinsamen Staat zu schaffen?

Die Armeen von Insekten, die die Abende zuvor nur mich attackierten, haben sich nun, da auch noch Jarda da ist, geteilt und bilden zwei riesige, summende, lästige Schwärme. Da wir uns ihrer nicht erwehren können und die Nase voll haben von ihrem beharrlichen Piesacken, rufen wir Abdou zu Hilfe, der wie ein antiker Priester mit seinen duftenden Räuchersachen die bösen Mächte vertreibt, die in diesem Fall die Form aggressiver Moskitos und beißender Fliegen angenommen haben.

Wir verschieben das Gespräch über die aktuelle Situation Afrikas (ein Thema, mit dem wir uns schließlich täglich beschäftigen müssen) auf später und bleiben bei Herodot. Jarda, der den Griechen vor langer Zeit gelesen hat und meint, er habe davon nicht viel im Gedächtnis behalten, fragt mich, was mich an dem Buch am meisten beeindruckt habe.

Die anrührende Tragik, sage ich. Herodot ist ein Zeitgenosse der größten griechischen Tragöden – Aischylos, Sophokles (mit dem er befreundet war) und Euripides. Seine Zeit ist das goldene Zeitalter des Theaters, die szenische Kunst durchtränkt den Geist der religiösen Mysterien, der Volksbräuche, der nationalen Feste, der Gottesdienste und Dionysien. Das hat auch einen Einfluß auf die Art und Weise, wie die Griechen schreiben, wie Herodot schreibt. Er zeigt das Geschick der Welt durch das Schicksal Einzelner; auf den Seiten seines Buches, das sich zum Ziel setzt, die Geschichte der Menschheit zu verewigen, begegnen wir stets konkreten Menschen, einem Menschen mit einem Namen, groß oder niedrig, gütig oder grausam, siegreich oder unglücklich. Unter verschiedenen Namen und in immer neuen Kontexten und Situationen treten Antigonen und Medeen auf, Kassandren und Dienerinnen der Klytaimnestra, es gibt den Geist des Dareios und die Vasallen des Aigistos. Mythos vermischt sich mit Wirklichkeit, Legenden vermengen sich mit Fakten. Herodot will das eine vom anderen trennen, er mißachtet keine der Ordnungen und stellt keine über die andere. Er weiß, wie sehr das Denken und die Handlungen des Menschen von der ihm innewohnenden Welt der Geister, Ängste und Prophezeiungen abhängig sind. Er weiß, daß das Traumbild, das der König im Schlaf sieht, über das Schicksal des Staates und Millionen seiner Untertanen entscheiden kann. Er weiß, wie schwach das menschliche Wesen ist, wie wehrlos gegenüber der Angst, die in seiner eigenen Vorstellung geboren wird.

Gleichzeitig setzt sich Herodot das ehrgeizigste aller Ziele: die Geschichte der Welt aufzuzeichnen. Das hat keiner vor ihm versucht. Er ist als erster auf diese Idee gekommen. Während er ständig Material für sein Werk zusammenträgt und Zeugen, Barden und Priester befragt, wird er mit dem Problem konfrontiert, daß jeder von ihnen etwas anderes erinnert, etwas anderes und auf andere Weise. Dazu entdeckt er viele Jahrhunderte vor uns ein wichtiges, doch perfides und trügerisches Merkmal des Gedächtnisses – die Menschen erinnern sich an das, woran sie sich erinnern wollen, und nicht an das, was tatsächlich geschehen ist. Denn jeder färbt die Wirklichkeit nach eigenem Gutdünken, jeder bereitet daraus in seinem Tiegel eine eigene Mixtur. Daher ist es unmöglich, zur Vergangenheit als solcher, wie sie wirklich war, vorzudringen; uns sind nur verschiedene Varianten zugänglich, mehr oder weniger glaubwürdige, die uns heute mehr oder weniger ansprechen. Die Vergangenheit als solche existiert nicht. Es gibt nur zahllose Versionen davon.

Herodot ist sich dieser Komplikation bewußt, doch er gibt sich nicht geschlagen, er führt seine Forschungen weiter, er präsentiert verschiedene Ansichten von einem Ereignis oder verwirft sie alle als absurd, dem gesunden Menschenverstand widersprechend, er will kein untätiger Zuhörer sein, kein passiver Chronist, er möchte aktiv teilhaben an der Erschaffung der herrlichen Kunst, die Geschichte genannt wird – die heutige, die gestrige, eine noch ältere.

Auf das Entstehen des Bildes von der Welt, das er uns überliefert, nehmen nicht nur die Zeugen des Vergangenen Einfluß, deren Berichte er verwendet, sondern auch seine Zeitgenossen. In jenen Zeiten lebt der Schöpfer in engem, direktem Kontakt mit seinen Abnehmern. Es gibt schließlich noch keine Bücher, der Autor stellt dem Publikum einfach vor, was er geschrieben hat, und das Publikum hört zu, reagiert darauf, kommentiert. Das Verhalten des Publikums ist für ihn ein wichtiger Hinweis, ob die von ihm eingeschlagene Richtung und die Art, wie er schreibt, akzeptiert wird und sich allgemeiner Anerkennung erfreut.

Die Reisen des Herodot wären nicht möglich gewesen ohne die damals bestehende Institution des Proxenos – des Freundes der Gäste. Der Proxenos war so etwas wie ein Konsul. Freiwillig oder bezahlt, kümmerte er sich um diejenigen, die aus seiner Heimatstadt kamen. Am neuen Wohnort eingewöhnt und verwurzelt, half der Proxenos dem angekommenen Landsmann bei der Erledigung seiner Geschäfte, verschaffte ihm Informationen, Kontakte. Die Rolle des Proxenos war eine ganz spezielle in dieser ungewöhnlichen Welt, in der die Götter unter den Menschen hausten und sich oft nicht von ihnen unterschieden. Man mußte dem Neuankömmling besondere Gastfreundschaft erweisen, weil man nie sicher sein konnte, ob der um Essen und ein Dach über dem Kopf bittende Wanderer wirklich nur ein Mensch war oder doch ein Gott, der menschliche Gestalt angenommen hatte.

Eine wertvolle und unerschöpfliche Quelle waren für Herodot auch die damals weitverbreiteten Wächter des Gedächtnisses aller Art, Amateurgeschichtler, wandernde Lautenspieler. Bis heute kann man in Westafrika den Griot treffen und hören. Er ist ein durch Dörfer und Märkte ziehender Erzähler von Legenden, Mythen und Geschichten seines Volkes, Stammes oder Klans. Für ein geringes Entgelt, ja für eine bescheidene Mahlzeit und einen Becher kühlen Wassers, erzählt der alte Griot, ein Mensch großer Weisheit und blühender

Phantasie, die Geschichte des eigenen Landes, was sich dort einst zugetragen hat, welche Begebenheiten, Ereignisse und Wunder. Ob es wahr ist oder nicht, vermag keiner zu sagen, und es ist auch besser, es nicht zu ergründen.

Herodot reist, um eine Antwort auf die Frage des Kindes zu finden: Woher stammen die Schiffe am Horizont? Von wo kommen sie gefahren? Also ist das, was wir mit eigenen Augen sehen, noch nicht die Grenze der Welt? Es gibt also noch andere Welten? Welche? Wenn ich groß bin, möchte ich sie kennenlernen. Doch es ist besser, daß so ein Mensch nicht gänzlich erwachsen wird, sondern noch ein wenig Kind bleibt. Denn nur Kinder stellen wichtige Fragen und wollen wirklich etwas ergründen.

Und Herodot lernt mit der Begeisterung und Energie eines Kindes seine Welt kennen. Seine wichtigste Entdeckung: Es gibt der Welten viele. Und jede ist anders.

Jede ist wichtig.

Und man muß sie kennenlernen, denn die anderen Welten, die anderen Kulturen sind wie Spiegel, in denen wir uns und unsere Kultur sehen. Mit ihrer Hilfe können wir uns selber besser kennenlernen, denn es ist unmöglich, die eigene Identität zu bestimmen, solange wir sie nicht mit anderen konfrontiert haben.

Aus diesem Grund geht Herodot, nachdem er dies erkannt hat – die Entdeckung der Kultur der anderen als Spiegel, in dem wir uns selber sehen, um uns selber besser erkennen zu können –, Tag für Tag von neuem auf seine Reise, wieder und wieder.

WIR STEHEN IM DUNKEL, UMGEBEN VON LICHT

Doch Herodot begleitete mich nicht immer. Oft mußte ich so überraschend auf Reisen gehen, daß ich weder Zeit noch den Kopf hatte, an meinen Griechen zu denken. Manchmal hatte ich das Buch sogar dabei, doch es gab so viel Arbeit, und die tropische Hitze laugte mich so aus, daß mir die Kraft und der Wunsch fehlten, zum wiederholten Mal die schließlich ungemein wichtige Unterhaltung zwischen Otanes, Megabysos und Dareios über das Wesen der Macht zu lesen oder mir ins Gedächtnis zu rufen, wie die Äthiopier aussahen, mit denen Xerxes aufbrach, um Griechenland niederzuwerfen. *Die Äthiopier hatten Panther- und Löwenfelle um und führten große Bogen, wohl vier Ellen lang, die aus dem Blütenstiel der Dattelpalme gemacht waren, und dazu kleine Pfeile von Rohr, an dem sich vorn statt des Eisens ein spitzer Stein befand ... Außerdem hatten sie Lanzen, an denen als Spitze ein spitzes Gazellenhorn angebracht war, und dann auch noch mit Buckeln beschlagene Keulen. Wenn sie in den Krieg ziehen, bestreichen sie sich den Leib halb mit Kreide, halb mit Mennig.*

Aber sogar wenn ich nicht nach dem Buch griff, konnte ich mir etwa den oftmals gelesenen Epilog des Krieges zwischen Griechen und Amazonen ohne Schwierigkeiten ins Gedächtnis rufen: *Als die Griechen Krieg mit den Amazonen führten ... und nach dem Siege am Thermodon mit den gefangen genommenen Amazonen, wie es heißt, auf drei Schiffen wieder abfuhren, fielen jene auf der See über die Männer her und brachten sie um. Da sie aber keine Schiffe kannten und mit Steuern, Segeln und Rudern nicht umzugehen wußten, ließen sie sich, nachdem sie die Männer erschlagen, von Wind und Wellen treiben und kamen nach Kremnoi am Maiotis-See. Kremnoi aber liegt im Lande der freien Skythen. Hier gingen sie ans Land und durchstreiften die Umgegend. Die ersten besten Pferde aber, die ihnen vorkamen, nahmen sie weg, machten sich damit beritten und plünderten das Land der Skythen.*

Die Skythen wußten nicht, was sie daraus machen sollten. Sprache, Kleidung, der ganze Menschenschlag war ihnen unbekannt. Sie hielten sie aber alle für junge Männer und griffen sie an. Nach dem Treffen fielen ihnen jedoch einige Tote in die Hände, und nun sahen sie, daß es Weiber waren.

Sie beschlossen daher, die fremden Frauen nicht zu töten, sondern junge Skythen in einer Zahl, die jener der Amazonen entsprach, auszuschicken, damit sie in ihrer Nähe ihr Lager aufschlugen. *Das beschlossen die Skythen, weil sie gern Kinder von ihnen haben wollten.*

Die abgeschickten Jünglinge machten es auch so, wie ihnen befohlen war. Als die Amazonen sahen, daß sie ihnen nichts zuleide tun wollten, bekümmerten sie sich nicht weiter um sie; die beiden Lager aber kamen einander alle Tage näher...

Um die Mittagszeit pflegten die Amazonen sich zu zerstreuen und einzeln oder zu zweien beiseite zu gehen, um ihre Notdurft zu verrichten. Als die Skythen das bemerkten, machten sie es auch so; und als einer einmal eine dabei allein traf und sie gebrauchen wollte, wehrte sie sich nicht, sondern ließ es sich gefallen. Miteinander sprechen konnten sie nicht – weil sie sich nicht verstanden –, aber durch eine Handbewegung gab sie ihm zu verstehen, er möge sich am folgenden Tage wieder hier einfinden und noch einen mitbringen, auch sie würde nicht allein kommen und eine andere mitbringen. Darauf ging der Jüngling weg und sagte es den andern. Am folgenden Tage begab er sich mit einem andern wieder an die alte Stelle und traf hier seine Amazone, die dort mit einer zweiten schon auf ihn wartete. Als die andern Jünglinge das merkten, mußten ihnen auch die übrigen Amazonen den Willen tun.

Seitdem lebten sie zusammen in demselben Lager...

Sogar wenn ich die *Historien* jahrelang nicht zur Hand nahm, dachte ich an den Autor. Einst eine reale und wirkliche Gestalt, geriet er später für zweitausend Jahre in Vergessenheit und war heute, nach vielen Jahrhunderten, zumindest für mich, wieder lebendig. Ich verlieh ihm Aussehen und Merkmale, die mir gefielen. Dadurch war er bereits mein Herodot und mir besonders nah – und ich hatte eine gemeinsame Sprache mit ihm, konnte mich mit ihm unterhalten.

Ich stellte mir vor, er käme auf mich zu, wenn ich am Strand war, legte seinen Stock weg, schüttelte den Sand von den Sandalen und knüpfte sogleich ein Gespräch mit mir an. Zweifellos gehörte er zu jenen redseligen Menschen, die immer auf der Suche nach Zuhörern sind, die Zuhörer brauchen, weil sie ohne sie austrocknen würden, nicht leben könnten. Diese Naturen sind unermüdliche und ewig aufgeregte Vermittler – sie haben hier etwas gesehen, dort etwas gehört und müssen das sofort an andere weitergeben, sie sind keine Sekunde imstande, etwas für sich zu behalten. Darin sehen sie ihre Mission, das ist ihre Leidenschaft. Hinzugehen, hinzufahren, etwas in Erfahrung zu bringen und es sofort der Welt zu verkünden!

Doch solche Fanatiker werden nicht viele geboren. Der Durchschnittsmensch beweist kein besonderes Interesse für die Welt. Er lebt und muß mit seinem Leben irgendwie zurechtkommen, je weniger Anstrengung es kostet, um so besser. Die Welt kennenzulernen ist jedoch anstrengend, sehr sogar, es nimmt den Menschen voll und ganz in Anspruch. Die meisten Menschen entwickeln eher entgegengesetzte Fähigkeiten: Sie schauen – ohne zu sehen, sie horchen – ohne zu hören. Wenn daher jemand wie Herodot erscheint – ein Mensch, besessen vom Wunsch, vom Drang, von der Manie, etwas in Erfahrung zu bringen, und wenn er obendrein noch Verstand und schriftstellerisches Talent besitzt –, dann geht er sofort in die Weltgeschichte ein!

Eines zeichnet solche Individuen aus: Sie haben das unersättliche Wesen von Hohltieren, Schwämmen, die alles leicht aufsaugen und es ebenso leicht wieder abgeben. Sie behalten nichts länger für sich, und da die Natur keine Leere duldet, brauchen sie immer Neues, müssen ständig etwas aufsaugen, ergänzen, vermehren, vergrößern. Herodots Denken ist nicht imstande, bei einem Ereignis oder einem Land zu verweilen. Da ist etwas, was ihn unablässig fortträgt, unruhig dahinjagt. Ein Faktum, das er heute entdeckt und festgestellt hat, erscheint ihm bereits morgen nicht mehr faszinierend, er muß schon wieder woandershin gehen, fahren, weiterreisen.

Obwohl für andere nützlich, sind solche Menschen an sich unglücklich, weil sie in Wahrheit sehr einsam sind. Natürlich suchen sie andere, und sie glauben sogar, sie hätten in einem Land oder einer Stadt tatsächlich welche gefunden, die ihnen nahestehen, sie hätten sie kennengelernt und alles von ihnen erfahren, doch eines Tages wachen sie auf und spüren auf einmal, daß sie nichts mit diesen Menschen verbindet, daß sie auf der Stelle von hier wegfahren möchten, weil sie von einem ganz anderen Land, anderen Menschen angezogen, angelockt werden, während das Ereignis, dem sie sich noch gestern widmeten, in ihren Augen bereits verblaßt und all seine Bedeutung und seinen Sinn verloren hat.

In Wahrheit sind sie mit nichts wirklich verbunden, schlagen sie nirgends tiefere Wurzeln. Ihre Empathie ist ehrlich, doch oberflächlich. Die Frage, welches der bereisten Länder ihnen am besten gefällt, bringt sie in Verlegenheit – sie wissen nicht, was sie darauf antworten sollen. Welches? Auf eine gewisse Weise – alle, in jedem gibt es etwas, was sie anzieht. In welches Land sie noch einmal zurückkehren wollten? Neuerliche Verlegenheit – diese Frage haben sie sich noch nie gestellt. Sicher wissen sie nur, daß sie auf den Weg, die Trasse zurückwollen. Wieder unterwegs zu sein, das ist es, wovon sie träumen.

Wir haben keine rechte Ahnung, was den Menschen in die Welt hinauszieht. Neugierde? Abenteuerlust? Das Bedürfnis, unaufhörlich staunen zu können? Der Mensch, der nicht mehr staunen kann, ist verbraucht, hat ein ausgebranntes Herz. In dem Menschen, der meint, alles sei schon dagewesen, der über nichts mehr zu staunen vermag, ist das Schönste abgestorben – der Reiz des Lebens. Herodot ist genau das Gegenteil davon. Ein Nomade, ständig in Bewegung, geschäftig, rastlos, voller Pläne, Ideen, Hypothesen. Unablässig auf Reisen. Sogar wenn er zu Hause ist, doch wo ist sein Zuhause? Dann ist er entweder soeben von einer Reise zurückgekehrt, oder er bereitet sich auf die nächste vor. Die Reise als Mühsal und Forschen, als Versuch, alles zu erfahren – das Leben, die Welt, sich selber.

In seinen Gedanken trägt er eine Karte der Welt mit sich herum, die er übrigens selber geschaffen, verändert, ergänzt hat. Sie ist ein lebendiges Bild, ein bewegliches Kaleidoskop, eine flimmernde Leinwand. Auf ihr begeben sich Tausende von Ereignissen. Die Ägypter erbauen die Pyramiden, die Skythen jagen ein kapitales Stück Wild, die Phönizier entführen Mädchen, und die Königin von Kyrene, Pheretima, stirbt eines entsetzlichen Todes: *sie wurde nämlich bei lebendigem Leibe von Würmern gefressen.*

Auf der Karte Herodots gibt es Griechenland und Kreta, Persien und den Kaukasus, Arabien und das Rote Meer. Es gibt jedoch weder China noch die beiden Amerikas und auch nicht den Pazifik. Es fehlt ihm die Gewißheit, wie Europa geformt ist, und er macht sich auch über die Herkunft des Namens Gedanken. *Ob Europa im Osten und im Norden von der See umflossen wird, weiß man nicht; so viel aber weiß man, daß es sich der Länge nach vor den beiden anderen Erdteilen hinzieht ... Ebensowenig habe ich ermitteln können, wer ihnen die verschiedenen Namen gegeben, und weshalb man sie so genannt hat.*

Er beschäftigt sich nicht mit der Zukunft. Morgen, das ist einfach ein weiteres Heute. Ihn interessiert der gestrige Tag, die verschwindende Vergangenheit, er befürchtet, sie könnte aus unserem Gedächtnis verfliegen, wir könnten sie verlieren. Dabei sind wir doch Menschen, weil wir Geschichten und Mythen erzählen, das unterscheidet uns von den Tieren; gemeinsame Geschichten und Legenden festigen die Gemeinschaft, und der Mensch kann nur in der Gemeinschaft existieren. Noch sind der Individualismus, der Egozentrismus, der Freudianismus nicht erfunden, das kommt erst zweitausend Jahre später. Einstweilen versammeln sich die Menschen an den Abenden um einen langen, gemeinsamen Tisch, beim Feuer, unter einem alten Baum (gut, wenn das Meer in der Nähe ist), sie essen, trinken Wein und reden. In diese Unterhaltung werden Erzählungen und diverse Geschichten eingeflochten. Wenn ein zufälliger Gast erscheint, ein Reisender, wird er zu Tisch gebeten. Er sitzt da und hört zu. Am nächsten Morgen zieht er weiter. Am neuen Ort wird er ebenfalls eingeladen. Das Szenario dieser Abende wiederholt sich. Wenn der Reisende ein gutes Gedächtnis hat, und Herodot muß ein phänomenales Gedächtnis gehabt haben, dann sammeln sich mit der Zeit eine Menge Geschichten darin an. Das war eine der Quellen, aus der unser Grieche schöpfte. Eine andere war das, was er sah. Noch eine andere – das, was er sich ausdachte.

Es gab Zeiten, da waren Reisen in die Vergangenheit für mich verlockender als die aktuellen Reisen als Korrespondent und Reporter. Das waren die Zeiten, in denen mich die Gegenwart ermüdete. Alles wiederholte sich ständig: die Politik – ein niederträchtiges, unsauberes Spiel, eine Lüge; das Leben der Durchschnittsmenschen – Armut und Hoffnungslosigkeit; die Teilung der Welt in Ost und West – immer dasselbe.

Und so wie ich mich einst danach gesehnt hatte, die Grenze im Raum zu überschreiten, so faszinierte mich jetzt das Überschreiten der Grenze der Zeit.

Ich befürchtete, ich könnte in die Falle der Provinzialität tappen. Den Begriff der Provinzialität verbinden wir für gewöhnlich mit dem Raum. Provinziell ist jemand, dessen Denken sich auf ein marginales Gebiet beschränkt, dem er eine übermäßige, universelle Bedeutung zumißt.

Doch T. S. Eliot warnt vor einer anderen Provinzialität, nicht der des Raumes, sondern der der Zeit: »In unserer Zeit«, so schreibt er in seinem Essay über Vergil aus dem Jahre 1944, »wo die Menschen mit immer größerer Vorliebe Weisheit mit Wissen und Wissen mit Informiertheit verwechseln und Lebensfragen mit den Mitteln einer technisch-mechanischen Begriffswelt zu lösen suchen, entsteht allgemach eine neue Art des

Provinziellen, der man vielleicht schicklicherweise einen anderen Namen geben sollte. Es ist eine Provinzialität nicht des Raumes, sondern der Zeit; eine Provinzlerhaftigkeit, für die die Geschichte nichts weiter ist als eine Chronik menschlicher Planungen, die der Reihe nach ihre Schuldigkeit getan haben und dann zum alten Eisen geworfen worden sind; eine Provinzlergesinnung, der zufolge die Welt ausschließlich den Lebenden angehört, während die Toten keinen Anteil an ihr haben. Das Gefährliche an dieser Art Provinzialität besteht darin, daß wir alle zusammen, sämtliche Völker des Erdballs, zu Provinzlern werden können; wem es nicht paßt, provinziell zu sein, der kann dann nur noch Einsiedler werden.«

Es gibt also Provinzler des Raumes und Provinzler der Zeit. Jeder Globus, jede Weltkarte zeigt den ersten, wie verloren und blind sie in ihrer Provinzialität sind, so wie jede Geschichte, auch jede Seite des Werkes von Herodot, den zweiten zeigt, daß die Gegenwart immer schon existiert hat, weil die Geschichte bloß eine ununterbrochene Fortsetzung der Gegenwart darstellt – und noch die fernste Geschichte war für die damals lebenden Menschen ihr heutiger Tag, der ihrem Herzen am nächsten war.

Um mich gegen die Provinzialität der Zeit zu wappnen, tauchte ich ein in die Welt Herodots. Der erfahrene, weise Grieche war mein Führer. Wir waren jahrelang zusammen unterwegs. Und obwohl man am besten allein reist, glaube ich, daß wir einander nicht in die Quere kamen – uns trennte eine Entfernung von zweieinhalbtausend Jahren und noch eine andere Art von Distanz, die sich auf meinen Respekt zurückführt –

denn obwohl Herodot anderen gegenüber stets zugänglich, freundlich und gütig war, hatte ich immer das Gefühl, mit einem Riesen zusammen zu sein.

Auf diese Weise verfügten meine Reisen über eine doppelte Dimension: sie fanden gleichzeitig in der Zeit statt (ins antike Griechenland, nach Persien, zu den Skythen) und im Raum (die aktuelle Arbeit in Afrika, Asien, Lateinamerika). Die Vergangenheit existierte in der Gegenwart, beide Zeiten waren miteinander verbunden und erzeugten so einen ununterbrochenen Fluß der Geschichte.

Aber tat ich recht daran, wenn ich versuchte, mich in die Geschichte zu flüchten? War das überhaupt sinnvoll? Schließlich finden wir am Ende in ihr doch wieder genau das, wovor wir glaubten, fliehen zu können.

Herodot ist in ein unlösbares Dilemma verstrickt: Auf der einen Seite widmet er sein ganzes Leben dem Bemühen, die historische Wahrheit zu ergründen, *damit die von Menschen vollbrachten Taten nicht mit der Zeit in Vergessenheit geraten*, auf der anderen stellt in seinen Nachforschungen nicht die tatsächliche Geschichte die wichtigste Quelle dar, sondern die Geschichte, wie sie von anderen erzählt wird, wie sie ihnen erschien, eine selektiv erinnerte und später mit Absicht so dargestellte Geschichte. Kurz, dies ist keine objektive Geschichte, sondern eine, wie unsere Gesprächspartner sie haben wollen. Dieser subjektive Faktor und seine deformierende Wirkung sind nicht zu vermeiden. Unser Grieche ist sich dessen bewußt, und daher macht er immer wieder Einschränkungen: »Wie sie mir sagen«, »Wie sie behaupten«, »das stellen sie unterschiedlich dar« und so weiter. Aus diesem Grund haben wir es nie mit der wirklichen Geschichte im idealen Sinn zu tun, sondern stets mit einer, die erzählt, die dargestellt wird, die so war, wie jemand sagt oder wie jemand glaubt, daß sie gewesen ist. Diese Wahrheit ist vielleicht die schönste Entdeckung Herodots.

Nach Halikarnassos, wo einst Herodot zur Welt kam, fuhr ich mit einem kleinen Schiff von der Insel Kos. Auf halbem Weg holte der greise, schweigsame Schiffsführer die griechische Fahne vom Mast und zog die türkische auf. Beide waren zerknittert, ausgebleicht und zerrissen.

Das Städtchen lag in einer blaugrünen Bucht voller Jachten, die um diese herbstliche Jahreszeit ruhig vor sich hin dümpelten. Als ich einen Polizisten nach dem Weg nach Halikarnassos fragte, korrigierte er mich – nach Bodrum, so heißt der Ort jetzt türkisch. Er war nachsichtig und freundlich. Im billigen kleinen Hotel am Hafen hatte der Junge in der Rezeption eine Knochenhautentzündung, und sein Gesicht war so schrecklich geschwollen, daß ich befürchtete, die Geschwulst könnte im nächsten Moment die Wange zerreißen. Zur Sicherheit hielt ich mich in einiger Entfernung von ihm. Im ärmlichen kleinen Zimmer im ersten Stock ließ sich nichts ordentlich schließen, weder die Tür noch das Fenster, noch den Schrank, was zur Folge hatte, daß ich mich sofort wie zu Hause fühlte, in einer seit Jahren vertrauten Umgebung. Zum Frühstück bekam ich herrlichen türkischen Kaffee mit Kardamom, eine Pita, ein Stück Ziegenkäse, Zwiebel und Oliven.

Ich ging die Hauptstraße des Städtchens entlang, die gesäumt war von Palmen, Gummibäumen und Azaleen. An einer Stelle am Ufer der Bucht verkauften Fischer ihren morgendlichen Fang. Auf einem langen, von Wasser triefenden Tisch packten sie die auf der Platte zappelnden Fische, zerschmetterten ihnen mit einem Gewicht den Kopf, nahmen sie blitzschnell aus und warfen die Eingeweide schwungvoll ins Wasser. Genau dort wimmelte es im Meer von Fischen, die nach den Abfällen schnappten. Am nächsten Morgen fingen die Fischer sie mit Netzen und warfen sie auf den glitschigen Tisch – direkt unter das Messer. Auf diese Weise ernährt die Natur, indem sie ihren eigenen Schwanz frißt, sich selber und die Menschen.

Hinter Bodrum kommt man zu einer schmalen Landzunge mit einer steilen Anhöhe, auf der die noch von Kreuzrittern erbaute Burg des hl. Petrus steht. In der Burg ist ein ungewöhnliches Museum der Unterwasserarchäologie untergebracht. Dort zeigt man, was Taucher am Grund der Ägäis gefunden haben. Besonders bemerkenswert ist die große Sammlung von Amphoren. Amphoren kennt man seit fünftausend Jahren. Voll ausgesuchter Grazie, schlank, mit Schwanenhälsen, verbinden sie die raffinierte Gestalt mit der Festigkeit und Widerstandsfähigkeit des Materials – gebrannter Ton oder Stein. In ihnen wurden Öl und Wein, Honig und Käse, Getreide und Früchte transportiert, und sie kursierten in der ganzen antiken Welt – von den Säulen des Herakles bis nach Kolchis und Indien. Der Boden der Ägäis ist übersät mit den Scherben von Amphoren, doch es gibt dort auch zahllose erhaltene, vielleicht sogar noch mit Öl und Honig gefüllte Amphoren, die auf den Felsbänken unter Wasser wie auf Regalen liegen oder im Sand vergraben sind, wie reglos lauernde Kreaturen.

Doch das, was die Taucher heraufgeholt haben, ist nur ein Bruchteil der versunkenen Welt. Ähnlich wie die, in der wir heute leben, ist auch jene in der Tiefe des Meeres vielfältig und reich. Es gibt dort versunkene Inseln, und auf diesen versunkene Städte, Dörfer und Häfen. Tempel und Sanktuarien, Altäre und Skulpuren. Es gibt untergegangene Schiffe und zahllose Fischerboote. Segler von Kaufleuten und Piratenschiffe. Auf dem Meeresgrund liegen Galeeren der Phönizier und bei Salamis – die große Flotte der Perser, der Stolz des Xerxes. Es gibt dort unzählige Herden von Pferden, Ziegen und Schafen. Wälder und Felder. Wein- und Ölgärten.

Die Welt, wie Herodot sie kannte.

Was mich jedoch am meisten beeindruckte, war ein dunkler Raum, wie eine geheimnisvolle, düstere Höhle, in dem auf Tischen, Regalen und in Vitrinen vom Meeresboden geborgene Glasgegenstände ausgestellt waren – Trinkschälchen, Schüsselchen, Becher, Flakons, Kelche. Man konnte das nicht auf Anhieb sehen, weil der Saal noch offenstand und Tageslicht hineinfiel. Erst als die Tür geschlossen und es dunkel wurde, drehte der Kustos das Licht an. In den Schaukästen leuchten Lämpchen auf, und das zerbrechliche, matte Glas belebt sich, es beginnt zu changieren, zu leuchten, zu pulsieren. Wir stehen in tiefer, dichter Dunkelheit, als befänden wir uns auf dem Grund des Meeres, bei einem Festmahl Poseidons, dessen Gestalt von den ihm assistierenden Göttinnen beleuchtet wird, die Öllämpchen über ihren Köpfen halten.

Wir stehen im Dunkel, umgeben von Licht.

Ich kehrte ins Hotel zurück. In der Rezeption war statt des erkrankten Jungen ein junges, schwarzäugiges Mädchen, eine Türkin. Bei meinem Anblick machte sie eine Miene, in der das professionelle Lächeln, das Touristen ermutigen und anlocken soll, vom Gebot der Tradition zurückgehalten wird, wonach es unbekannten Männern gegenüber einen ernsten, gleichgültigen Gesichtsausdruck zu bewahren gilt.

EDITORISCHE NOTIZ

Sämtliche Zitate von Herodot entstammen dem Band *Das Geschichtswerk des Herodot von Halikarnassos*, aus dem Griechischen von Theodor Braun, Insel Verlag, Frankfurt am Main und Leipzig 2001, © Insel-Verlag Leipzig 1927 – mit Ausnahme des ersten Satzes von Herodots Werk, zitiert auf den Seiten 100–101, 104, 105, 107 und 352, der folgender Ausgabe entnommen wurde: *Historien. Erstes Buch*, herausgegeben von Kai Brodersen, übersetzt von Christine Ley-Hutton, Philipp Reclam jun., Ditzingen 2002.

Das Zitat aus dem Gedicht »Ordons Redoute« von Adam Mickiewicz auf Seite 268 findet sich in dem Band *Mickiewicz. Ein Lesebuch für unsere Zeit*, Volksverlag, Weimar 1955. Das Gedicht wurde übersetzt von Ella Mandl.

Der Auszug aus T. S. Eliots Essay »Was ist ein Klassiker?« auf den Seiten 350 bis 351 stammt aus dem Sammelband *Was ist ein Klassiker?* von T. S. Eliot et al., Suhrkamp Verlag, Frankfurt am Main 1963. Übersetzt wurde Eliots Essay von Hans Hennecke.

RYSZARD KAPUŚCIŃSKI, 1932 in der Kleinstadt Pinsk geboren, die heute zu Weißrußland gehört, war jahrzehntelang in Asien, Amerika und Afrika als Korrespondent und reisender Schriftsteller unterwegs. Er gilt als »Reporter des Jahrhunderts«. In der *Anderen Bibliothek* sind von ihm erschienen: *Der Fußballkrieg. Berichte aus der Dritten Welt* (1990), *Imperium. Sowjetische Streifzüge* (1993), *König der Könige. Eine Parabel der Macht* (1995), *Afrikanisches Fieber. Erfahrungen aus vierzig Jahren* (1999). Im Eichborn Verlag ferner: *Lapidarium* (1992), *Wieder ein Tag Leben. Innenansichten eines Bürgerkrieges* (1994), *Schah-in-Schah. Eine Reportage über die Mechanismen der Macht, der Revolution und des Fundamentalismus* (1997), *Die Welt im Notizbuch* (2000), *Die Erde ist ein gewalttätiges Paradies. Reportagen, Essays, Interviews aus vierzig Jahren* (2000). Alle Bücher Ryszard Kapuścińskis wurden von Martin Pollack aus dem Polnischen übersetzt.

MARTIN POLLACK war lange Zeit als Redakteur für den *Spiegel* in Warschau und Wien tätig und ist selber erfolgreicher Schriftsteller: *Galizien* (Frankfurt am Main 2001), *Anklage Vatermord. Der Fall Philipp Halsmann* (Wien 2002), *Der Tote im Bunker* (Wien 2004).

HERODOT VON HALIKARNASSOS, von ca. 485 bis 425 vor Christus, ist der erste Reporter der Welt. Seine *Historien* loten die Grenzen der damaligen Welt aus, halten die Geschichten ihrer Bewohner fest und sind ein unerschöpflicher Quell faszinierender Berichte und Erzählungen.

INHALT

Die Grenze überschreiten 7

Verurteilt zu Indien 23

Hof und Palast. 38

Rabi singt die Upanishaden 55

Hundert Blumen des Vorsitzenden Mao 70

Das chinesische Denken 87

Die Erinnerung auf den Straßen der Welt 99

Glück und Unglück des Kroisos 110

Das Ende der Schlacht 121

Über die Herkunft der Götter 132

Blick vom Minarett 143

Ein Armstrong-Konzert 155

Das Antlitz des Zopyros 166

Der Hase 176

Unter verstorbenen Königen
und vergessenen Göttern. 189

Ehrungen für den Kopf des Histiaios 201

Bei Doktor Ranke 212

Die Werkstatt des Griechen 225

Ehe ihn Hunde und Vögel zerreißen 237

Xerxes 253

Der Schwur Athens 265

Die Zeit verschwindet 277

Wüste und Meer 287

Der Anker 298

Black is beautiful 309

Szenen des Wahnsinns und der Besonnenheit . . 321

Herodots Entdeckung 332

Wir stehen im Dunkel, umgeben von Licht . . . 343

MEINE REISEN MIT HERODOT, Ryszard Kapuścińskis Erinnerungen an Reiseerlebnisse aus den letzten vierzig Jahren, sind im Dezember 2005 als zweihundertzweiundfünfzigster Band der *Anderen Bibliothek* im Eichborn Verlag, Frankfurt am Main, erschienen. Das polnische Original wurde 2004 bei Wydawnictwo Znak in Krakau verlegt. Die vorliegende Übersetzung stammt von Martin Pollack. Das Lektorat lag in den Händen von Anette Selg.

DIESES BUCH wurde in der Korpus Bulmer von Wilfried Schmidberger in Nördlingen gesetzt und bei Clausen & Bosse gedruckt und gebunden.
  Typographie franz.greno@libero.it